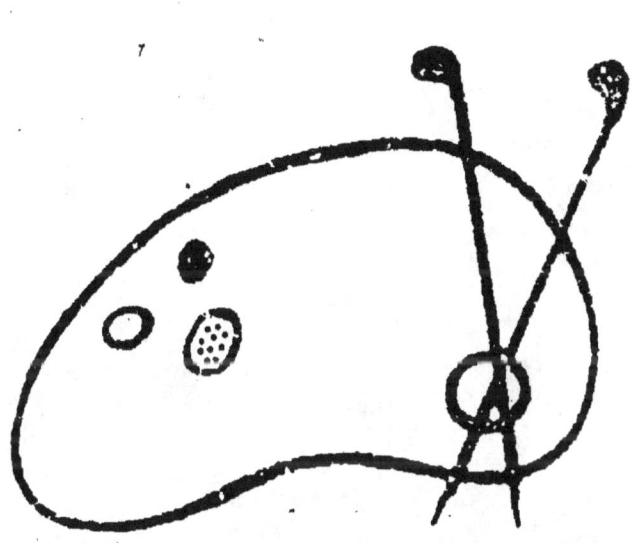

Couvertures supérieure et inférieure
en couleur

BONS AUTEURS A **1** FRANC LE VOLUME

ERNEST CAPENDU

LE MARQUIS
DE
LOC-RONAN

PARIS
A. DEGORCE-CADOT, ÉDITEUR
9, RUE DE VERNEUIL, 9

COLLECTION

JOYEUX ROMANS ILLUSTRÉS

À 2 fr. le volume

Nouvellement parus
- Monsieur Botte
- Les Barons de Felsheim
- La Folle espagnole
- Le Coureur d'aventures
- Le Monsieur

Autres Romans illustrés à 2 fr. le vol.

- Les Gens de Villegaindry, avec 34 gravures
- L'Homme des bois

LE MARQUIS
DE LOC-RONAN

DU MÊME AUTEUR

Édition in-18, à 1 franc 25

(Franco par la poste)

MADEMOISELLE LA RUINE	2 vol.
LES COLONNES D'HERCULE.	1 vol.
ARTHUR GAUDINET	2 vol.
SURCOUF	1 vol.
MARCOF LE MALOUIN	1 vol.
LE MARQUIS DE LOC-RONAN	1 vol.
LE CHAT DU BORD	1 vol.
BLANCS ET BLEUS.	1 vol.
LA MARY-MORGAN	1 vol.
VŒU DE HAINE	1 vol.
LE PRÉ CATELAN	1 vol.

Sceaux. — Impr. Charaire et fils

ERNEST CAPENDU

LE MARQUIS
DE
LOC-RONAN

PARIS
A. DEGORCE-CADOT, ÉDITEUR
9, RUE DE VERNEUIL, 9

MARCOF LE MALOUIN

DEUXIÈME ÉPISODE

LE MARQUIS DE LOC-RONAN

I

LA GUERRE DE L'OUEST

Au confluent de l'Isac et de la Vilaine, à quelques lieues au sud de Redon, et à peu de distance de la mer, s'étend, ou pour mieux dire s'étendait une magnifique forêt dont les arbres, pressés et entrelaçant leurs rameaux, attestaient que la hache dévastatrice de la spéculation n'avait pas encore entamé leurs hautes futaies, véritable bois seigneurial, dont les propriétaires successifs avaient dû se montrer jaloux presque autant de la vétusté de leurs chênes, que de celle de leurs parchemins.

Ceux qui connaissent cette partie de la rive droite de la Loire, ce quadrilatère naturel formé par la Loire, la Vilaine, l'Erdre et l'Isac, seront sans doute prêts à nous accuser d'inexactitude en lisant les lignes précédentes. Aujourd'hui, en effet, que la rage du déboisement s'est par malheur emparée de la population des exploiteurs territoriaux, c'est à peine si, dans la vieille Armorique, on retrouve quelque reste de ces forêts magnifiques plantées par les druides, forêts qui portaient en elles quelque chose de si mystérieux et de si grandement noble, qu'elles ont inspiré les poètes du moyen age, et qu'ils n'ont pas voulu d'autre séjour pour théâtre des exploits des chevaliers de la *Table-Ronde*, des amours de la belle *Geneviève*, et des enchantements du fameux *Merlin*.

Avant que la Révolution eût appuyé sur les têtes son niveau égalitaire, coupant avec le fer de la guillotine celles qui demeuraient trop droites, la Bretagne et la Vendée avaient religieusement conservé leur aspect sauvage. Il était rare de pouvoir quitter un chemin creux, bordé d'ajoncs et de genêts, sans donner dans quelque bois épais et touffu, ou dans quelque marais de longue étendue.

Dans le pays de Vannes surtout, dans la partie septentrionale du département de la Loire-Inférieure, de Nantes à Pont-Château, de Blain même à Guéméné, le *sillon de Bretagne* forme une série de collines dont la pente, presque insensible sur le versant opposé à la Loire, est beaucoup plus prononcée du côté du fleuve. Sur toute l'étendue de ce vaste coteau, dont le sommet atteint presque Séverac, et où donne le cours inférieur de la Loire qu'on aperçoit jusqu'à son embouchure dans l'Océan, le sol n'offre, sur plus d'un tiers de son parcours, que des forêts, des landes et des marais.

Avant les premières années de ce siècle, la route de Nantes à Redon ne traversait pour ainsi dire qu'un seul bois, et, de la Loire à la Vilaine, l'œil ne se reposait que sur les hautes futaies, les chênes gigantesques, les champs de bruyères et les cépées séculaires. Au confluent de l'Isac et de la Vilaine, la forêt prenait des proportions véritablement grandioses et pouvait, à bon droit, passer pour l'une des plus belles parties du pays de Vannes, si riche cependant en sites sauvages et pittoresques.

Aux derniers jours de la terrible année 1793, la guerre de l'Ouest était dans toute sa fureur, et déchirait la Bretagne et la Vendée avec un acharnement sans exemple. Républicains et royalistes, chouans ou sans-culottes se livraient aux plus odieuses et aux plus épouvantables représailles. La terre de France était baignée du sang de ses enfants, et fertilisée par leurs cadavres.

— Il n'y a qu'un moyen d'en finir, disait un officier républicain, c'est de retourner de trois pieds le sol vendéen et le sol breton !

C'est que, ainsi que l'avait prédit La Bourdonnaie, la Bretagne et la Vendée étaient tout entières en armes, et que l'armée royaliste s'était augmentée des trois quarts de la population. Jamais, selon Barrère, depuis les croisades, on n'avait vu tant d'hommes se réunir si spontanément. Les paysans s'étaient levés lentement, ainsi que l'avait fait observer Boishardy ; mais, une fois levés, ils marchèrent audacieusement en avant.

Quatre chefs principaux, quatre noms qui resteront éternellement soudés à l'histoire de cette malheureuse guerre, commandaient les royalistes. Selon un historien contemporain, Bonchamp était la tête de cette armée, dont Stofflet et La Rochejacquelein étaient les bras, dont Cathelineau était le cœur.

On connaît les premiers efforts tentés dès 1791 par les gentilshommes de Bretagne pour opposer une digue à l'influence révolutionnaire. L'avortement de la conspiration de La Rouarie et la mort de ce chef arrêtèrent momentanément l'explosion du vaste complot mûri dans l'ombre. Mais si les bras manquaient encore, les têtes étaient prêtes, et attendaient avec impatience un acte du gouvernement qui excitât les esprits à la révolte. Le décret relatif à la levée des trois cent mille hommes fut l'étincelle qui mit le feu aux poudres.

Le 10 mars 1793, jour fixé pour le tirage, la guerre commença sur tous les points. Un coup de canon, tiré imprudemment dans la ville de Saint-Florent-le-Vieux sur des conscrits réfractaires, porta la rage dans tous les cœurs. Le soir même, six jeunes gens qui rentraient dans leur famille, traversant le bourg de Pin-en-Mauge, furent accostés par un homme qui leur demanda des nouvelles. Cette homme qui, les bras nus, les manches retroussées, pétrissait le pain de son ménage, était un colporteur marchand de laine, père de cinq enfants, et qui se nommait Cathelineau. Faisant passer son indignation dans l'esprit de ses auditeurs, il se met à leur tête, fait un appel aux gars du pays, recrute des forces de métairie en métairie, et arrive le 14 à la Poitevinière. Bientôt le tocsin sonne de clocher en clocher. A ce signal, tout paysan valide fait sa prière, prend son chapelet et son fusil, ou, s'il n'a pas de fusil, sa faux retournée, embrasse sa mère ou sa femme, et court rejoindre ses frères à travers les haies.

Le château de Jallais, défendu par un détachement du 84° de ligne et par la garde nationale de Chalonnes, est attaqué. Le médecin Rousseau, qui commande, fait braquer sur les assiégeants une pièce de six ; mais les jeunes gens, improvisant la tactique qui leur vaudra tant de victoires, se jettent tous à la fois ventre à terre, laissent passer la mitraille sur leurs têtes, se relèvent, s'élancent, et enlèvent la pièce avec ses artilleurs.

Ces premiers progrès donnent à la révolte d'énormes et rapides développements qui viennent porter l'inquiétude jusqu'au sein de la capitale. Le 19 mars, la Convention rend un décret dont l'article 6 condamne à mort les prêtres, les ci-devant nobles, les ci-devant seigneurs, leurs agents ou domestiques, ceux qui ont eu des emplois ou qui ont exercé des fonctions publiques sous l'ancien gouvernement ou depuis la Révolution, pour le fait seul de leur présence en pays insurgé. Cette sommation, si elle ne parvenait pas à étouffer la guerre, devait lui donner un caractère ouvertement politique. C'est ce qui arriva.

Charette, La Rochejacquelein, La Bourdonnaie, de Lescure, d'Elbée, Bonchamp, Dommaigné, Boishardy, Cormatin, Chantereau, se mirent rapidement à la tête des révoltés, les uns habitant la Vendée, les autres arrivant à la hâte de Bretagne. Les ordres de rassemblement, distribués de tous côtés, portaient :

« Au saint nom de Dieu, de par le roi, la paroisse de *** se rendra tel jour, à tel endroit, avec ses armes et du pain. »

Là, on s'organisait par compagnie et par clocher. Chaque compagnie choisissait son capitaine par acclamation : c'était d'ordinaire le paysan connu pour être le plus fort et le plus brave. Tous lui juraient l'obéissance jusqu'à la mort. Ceux qui avaient des chevaux formaient la cavalerie. L'aspect de ces troupes était des plus étranges : c'étaient des hommes et des chevaux de toutes tailles et de toutes couleurs ; des selles entremêlées de bâts ; des chapeaux, des bonnets et des mouchoirs de tête ; des reliques attachées à des cocardes blanches, des cordes et des ficelles pour baudriers et pour étriers. Une précaution qu'aucun n'oubliait, c'était d'attacher à sa boutonnière, à côté du chapelet et du sacré cœur, sa cuiller de bois ou d'étain. Les chefs n'avaient guère plus de coquetterie : les capitaines de paroisse n'ajoutaient à leur costume villageois qu'une longue plume blanche fixée à la Henri IV sur le bord relevé de leur chapeau.

La masse des combattants vendéens se divisait en trois classes. La première se composait de gardes-chasse, de braconniers, de contrebandiers, tous ayant une grande habitude des armes, pour la plupart tireurs excellents, et en grande partie armés de fusils à deux coups et de pistolets. C'était là le corps des éclaireurs, l'infanterie légère, les tirailleurs. Sans officiers pour les commander, ils faisaient la guerre comme ils avaient fait la chasse au gibier ou aux douaniers. Leur tactique était simple : se porter rapidement le long des haies et des ravins sur les ailes de l'ennemi et les dépasser. Alors, se cachant derrière les plus légers obstacles, ne tirant qu'à petite portée, et, grâce à leur adresse, abattant un homme à chaque coup, ils devenaient pour les troupes républicaines des assaillants aussi dangereux qu'invisibles. Souvent une colonne se voyait décimée sans qu'il lui fût permis de combattre l'ennemi qui l'accablait.

Quinze ans plus tard, les soldats de l'empire retrouvaient dans la Catalogne un pendant à cette guerre d'extermination. Les guérilleros avaient plus d'un point de ressemblance avec les Vendéens.

La seconde classe de l'armée royaliste était celle formée par les paysans les plus déterminés et les plus exercés, militairement parlant, au maniement du fusil. C'était la cohorte des braves, le bataillon sacré toujours en avant, toujours le premier dans l'attaque et le dernier dans la retraite. Tandis que la majorité d'entre eux se dressait en muraille inébranlable en face de l'armée républicaine, une partie soutenait les tirailleurs, et tous attaquaient sur la ligne l'ennemi ; mais seulement lorsque les ailes commençaient à plier.

Une compagnie de ce bataillon portait le nom terrible et symbolique de « le Vengeur ». Rendus promptement illustres par leurs exploits, les héros du bataillon sacré ne marchaient que précédés de l'effroi qui mettait les bleus en fuite sur leur sanglant passage. *Le Vengeur* devait tomber anéanti, semblable au vaisseau son homonyme, sans laisser debout un seul de ses hommes. C'était à Cholet que devait s'élever son tombeau.

La troisième classe, composée du reste des paysans, la plupart mal armés, s'établissait en une masse confuse autour des canons et des caissons. La cavalerie, formée des hommes les plus intelligents et les plus audacieux, servait à la découverte de l'ennemi, à l'ouverture de la bataille, à la poursuite des vaincus et des fuyards, et surtout à la garde du pays après la dispersion des soldats.

Quand les combattants se trouvaient réunis pour une expédition au lieu qui leur avait été désigné, avant d'attaquer les bleus ou d'essuyer leur charge, la troupe entière s'agenouillait dévotement, chantait un cantique, et recevait l'absolution du prêtre qui, après avoir béni les armes, se mêlait souvent dans les rangs pour assister les blessés ou exciter les timides en leur montrant le crucifix.

La manière de combattre des Vendéens ne variait jamais. Pendant que l'avant-garde se portait intrépidement sur le front de l'ennemi, tout le corps d'armée enveloppait les républicains, et se dispersait à droite et à gauche au commandement de : « Égaillez-vous, les gars ! » Ce cercle invisible se resserrait alors en tiraillant à travers les haies, et, si les bleus ne parvenaient point à se dégager, ils périssaient tous dans quelque carrefour ou dans quelque chemin creux.

Arrivés en face des canons dirigés contre eux, les plus intrépides Vendéens s'élançaient en faisant le plongeon à chaque décharge. « Ventre à terre, les gars ! » criaient les chefs. Et se relevant avec la rapidité de la foudre, ils bondissaient sur les pièces dont ils s'emparaient en exterminant les canonniers.

Au premier pas des républicains en arrière, un cri sauvage des paysans annonçait leur déroute. Ce cri trouvait à l'instant, de proche en proche, mille échos effroyables, et tous, sortant comme une véritable fourmilière des broussailles, des genêts, des coteaux et des ravins, de la forêt et de la plaine, des marais et des champs de bruyère, se ruaient avec acharnement à la poursuite et au carnage.

On comprend quel était l'avantage des indigènes dans ce labyrinthe fourré du Bocage, dont eux seuls connaissaient les mille détours. Vaincus, ils évitaient de même la poursuite des vainqueurs; aussi en pareil cas, les chefs avaient-ils toutes les peines du monde à rallier leurs soldats. Au reste, il ne fallait pas que la durée des expéditions dépassât une semaine. Ce terme expiré, quel que fût le dénouement, le paysan retournait à son champ, embrasser sa femme et *prendre une chemise blanche*, quitte à revenir quelques jours après, avec une religieuse exactitude, au premier appel de ses chefs. Le respect de ces habitudes était une des conditions du succès : on en eut la preuve, lorsque, le cercle des opérations s'élargissant, on voulut assujettir ces vainqueurs indisciplinés à des excursions plus éloignées et à une plus longue présence sous les armes.

Tout Vendéen fit d'abord la guerre à ses frais, payant ses dépenses de sa bourse, et vivant du pain de son ménage. Plus tard, quand les châteaux et les chaumières furent brûlés, on émit des bons au nom du roi; les paroisses se cotisèrent pour les fourniture des grains, des bœufs et des moutons. Les femmes apprêtaient le pain, et, à genoux sur les routes où les blancs devaient passer, elles récitaient leur chapelet en attendant les royalistes, auxquels elles offraient l'aumône de la foi.

Les paroisses armées communiquaient entre elles au moyen de courriers établis dans toutes les communes, et toujours prêts à partir. C'étaient souvent des enfants et des femmes qui portaient dans leurs sabots les dépêches de la plus terrible gravité, et qui, connaissant à merveille les moindres détours du pays, se glissaient invisibles à travers les lignes des bleus.

En outre, les Vendéens avaient organisé une correspondance télégraphique au sommet de toutes les hauteurs, de tous les moulins et de tous les grands arbres. Ils appliquaient à ces arbres des échelles portatives, observaient des plus hautes branches la marche des bleus, et tiraient un son convenu de leur corne de pasteur. Une sorte de gamme arrêtée d'avance possédait différentes significations, suivant la note émise par le veilleur. Le son, répété de distance en distance, portait la bonne ou mauvaise nouvelle à tous ceux qu'elle intéressait. La disposition des ailes des moulins avait aussi son langage. Ceux de la montagne des Alouettes, près les Herbiers, étaient consultés à toute heure par les divisions du centre.

Les premiers jours de mars avaient vu éclater la guerre. En moins de deux mois l'insurrection prit des proportions gigantesques, menaçant d'envahir l'ouest entier de la France. Des cruautés inouïes se commettaient au nom des deux partis, et plus le temps s'écoulait, plus la guerre avançait, plus la haine et la sauvagerie prenaient des deux côtés de force et d'ardeur. Pour répondre aux atrocités accomplies par le général républicain Westerman, auquel Bonchamp ne donnait que l'épithète de « *tigre* », quatre cents soldats bleus prisonniers furent égorgés à Machecoul. Sauveur, receveur à La Roche-Bernard, ayant refusé de livrer sa caisse aux insurgés qui s'étaient emparés de la ville aux cris de « Vive le roi! » fut attaché à un arbre et fusillé.

A partir du mois d'avril 1793, la Vendée, théâtre de la guerre, ne devint plus qu'un vaste champ de carnage. La proscription des Girondins, le 31 mai suivant, vint redonner encore de la vigueur au soulèvement des populations et faire atteindre à la guerre civile toute l'apogée de sa rage.

Il y avait loin de la guerre qui se faisait alors à celle commencée sous les auspices de La Rouairie, et qui n'était, pour ainsi dire, qu'une intrigue de gentilshommes bretons. Le 7 juin, une proclamation au nom de Louis XVIII fut faite et lue à l'armée vendéenne, qui s'empara le jour même de Doué. Le 9, elle arriva devant Saumur, emporta la ville et força le lendemain le château à se rendre. Maîtres du cours de la Loire, les royalistes pouvaient alors marcher sur Nantes ou sur La Flèche, même sur Paris.

La France républicaine était dans une position désespérante. Au nord et à l'est, l'étranger envahissait son sol. A l'ouest, ses propres enfants déchiraient son sein.

La Convention, pour résister aux révoltes de Normandie, de Bretagne et de Vendée, était obligée de disséminer ses forces, par conséquent de les amoindrir.

Cathelineau, nommé généralissime des Vendéens,

résolut de s'emparer de Nantes, défendue par le marquis de Canclaux. Une balle, qui tua le chef royaliste, sauva la ville en mettant le découragement parmi les assiégeants. Pendant plusieurs jours, l'armée des blancs, désolée, demanda des nouvelles de celui qu'elle appelait son père. Un vieux paysan annonça ainsi la mort du général :

— Le bon général a rendu l'âme à qui la lui avait donnée pour venger sa gloire.

Cathelineau laissa un nom respecté : aucun chef plus que lui n'a représenté le caractère vendéen. On le surnommait le « *saint d'Anjou* ».

Le 5 juillet, Westerman fut défait à Châtillon. Les 17 et 18, Labarollière fut battu à Vihiers. A la fin du mois, l'insurrection, plus menaçante que jamais en dépit de son échec devant Nantes, dominait toute l'étendue de son territoire.

Biron, Westerman, Berthier, Menou, dénoncés par Ronsin et ses agents, furent mandés à Paris. Beaucoup de gens ne se faisaient point d'illusion : les dangers de la République existaient en Vendée; cette guerre réagissait sur l'extérieur.

— Détruire la Vendée, s'écriait Barrère, Valenciennes et Condé ne seront plus au pouvoir de l'Autrichien ! Détruisez la Vendée, l'Anglais ne s'occupera plus de Dunkerque ! Détruisez la Vendée, le Rhin sera délivré des Prussiens. Enfin, chaque coup que vous frapperez sur la Vendée retentira dans les villes rebelles, dans les départements fédéralistes, sur les frontières envahies.

La Convention, dans une séance solennelle, crut ne pouvoir faire mieux que de fixer au 20 octobre suivant (1793) la fin de la guerre vendéenne, et elle accompagna son décret de cette énergique proclamation :

« Soldats de la liberté, il faut que les brigands de la Vendée soient exterminés avant la fin du mois d'octobre ; le salut de la patrie l'exige, l'impatience du peuple français le commande, son courage doit l'accomplir ! La reconnaissance nationale attend à cette époque tous ceux dont la valeur et le patriotisme auront affermi sans retour la liberté et la République ! »

Ainsi la Convention décrétait, par avance, la victoire; mais autre chose est de vaincre sur le papier, dans les conseils, ou de vaincre sur le champ de bataille. Le gouvernement envoya d'autre généraux en Vendée, où Canclaux se proposait d'opérer un grand mouvement offensif et battait effectivement Bonchamp, dans le moment même où un décret le destituait, ainsi qu'Aubert du Brayer et Grouchy.

Cependant l'armée de Mayence, ayant Kléber à sa tête, avançait à marches forcées. Le 18 septembre, elle rencontra à Torfou les royalistes. Le combat fut sanglant, et les républicains battus après une lutte épouvantable.

Les Vendéens les appelaient, par dérision, les « Faïençais »; mais les républicains ne devaient pas tarder à prendre leur revanche : la bataille de Cholet, la seule qui eut le caractère des batailles militaires, vint porter un rude coup aux royalistes. Elle eut lieu le 14 octobre. Tout y fut carnage, acharnement, héroïsme de part et d'autre. Les Vendéens s'élancèrent en courant en colonnes serrées sur une lande découverte, et enfoncèrent d'abord les bataillons ennemis.

Un tourbillon de fuyards entraîna Carrier à cheval, et le représentant Merlin, brave et payant de sa personne, fit le service du canon; mais les Mayençais accouraient la baïonnette en avant. Kléber, Marceau, Beaupuy, Haxo, se multipliaient et donnaient l'exemple. Tout était encore incertain sur le sort de la journée cependant, lorsque d'Elbée et Bonchamp tombèrent grièvement blessés.

Alors la fortune se décida pour les Mayençais. Les Vendéens se dispersèrent, emmenant néanmoins avec eux les prisonniers qu'ils avaient faits au commencement de l'action.

Quatre jours après, le 18 du même mois, les bleus,

marchant sur Beaupréau, entendirent tout à coup les cris de :

— Vive la République ! vive Bonchamp.

C'étaient quatre mille prisonniers qui revenaient vers leurs camarades. Ils racontèrent que Bonchamp les avait délivrés avant de rendre le dernier soupir : Bonchamp, en effet, étendu sur un matelas et expirant, avait dit aux Vendéens, qui voulaient fusiller ces hommes :

— Grâce aux prisonniers ! Bonchamp l'ordonne.

Puis il mourut. Bonchamp était l'homme le plus aimé, le plus vénéré de l'armée royaliste depuis la mort de Cathelineau. Plus tard, Napoléon dit qu'il en avait été le meilleur général.

Les Vendéens passèrent alors sur la rive droite de la Loire, et les représentants écrivirent à la Convention : « La Vendée n'est plus ! » Le décret qui ordonnait de terminer la guerre avant la fin d'octobre était donc exécuté dès le 18 du mois. Les Parisiens se livrèrent à un enthousiasme sans pareil. Joie prématurée cependant. L'opinion de Kléber, qui prétendait que tout n'était pas fini, devait l'emporter avec le temps.

Moins de quinze jours après, on apprit que les Vendéens existaient encore. Léchelle fut battu, Beaupuy mourut d'une balle en pleine poitrine. Le commandement des « bleus » fut donné à Chalbos, et les royalistes, prenant pour chef suprême La Rochejacquelein, avec Stofflet sous ses ordres, attaquèrent Granville le 14 novembre. Ne réussissant pas à prendre la place, ils furent vengés par leurs succès à Pontorson, à Dol et à Anhain, qui rallumèrent leur ardeur prête à s'éteindre. Les armées républicaines perdaient chaque jour du terrain sous les ordres d'Antoine Rossignol, célèbre par ses continuels revers, bien que le comité de Salut public l'appelât son « fils aîné ». Ce fut alors que, sur la proposition de Kléber, Marceau, à vingt-deux ans, devint général en chef de l'armée républicaine.

Les luttes opiniâtres allaient recommencer plus terribles que jamais, car la Bretagne vint à ce moment au secours de sa sœur la Vendée. Jean Chouan, ou plutôt Jean Cottereau, puisqu'il est plus connu sous ce nom, avait rejoint, avec ses bandes, l'armée de La Rochejacquelein à Laval, et le prince de Talmont était arrivé avec un renfort de cinq mille Manceaux. Cette fois, la guerre allait changer de nom, et se nommer définitivement la « chouannerie ».

II

LE PLACIS DE SAINT-GILDAS

Nous sommes en 1793, au mois de décembre, dans l'antique forêt de Saint-Gildas. Les arbres, dénués de feuilles, révèlent la rigueur de l'hiver; le ciel gris menace de laisser tomber sur la terre ce manteau blanc que l'on nomme la neige, et que les savants nous ont appris être les vapeurs d'un nuage qui, se réunissant en gouttelettes, passent par des régions plus froides, se congèlent en petites aiguilles, et, continuant de descendre, se rencontrent, s'émoussent, se pressent et s'entrelacent pour former des flocons. Un vent du nord-ouest, froid et soufflant par rafales, s'engouffre dans la forêt et la fait trembler jusque dans ses profondeurs. Il est quatre heures du soir, et à cette époque de la saison, le crépuscule du soir commence à assombrir cette partie de l'hémisphère boréal où se trouve le vieux monde. La nuit va descendre rapidement.

Longeant la rive gauche de la Vilaine, un homme vêtu du costume breton, portant au chapeau la cocarde noire et sur la poitrine l'image du sacré cœur, qui indique le chouan, se dirige vers la lisière de la forêt. Une paire de pistolets est passée à sa ceinture de cuir qui supporte déjà un sabre sans fourreau; une carabine est appuyée sur son épaule; il porte en sautoir une poire à poudre, et dans un mouchoir noué devant lui quelques douzaines de balles de calibre.

Une large cicatrice, rose encore, sillonne sa joue droite et indique que cet homme n'est pas resté étranger à la guerre épouvantable qui déchire la province.

Au moment où nous le rencontrons, il se dirige vers la forêt de Saint-Gildas. Cette forêt était alors au pouvoir des royalistes, comme tout le pays environnant jusqu'à Nantes, et les chouans y avaient établi un « placis ».

On désignait par ce nom de placis un campement de chouans dans une forêt. Les royalistes choisissaient pour cela une clairière de plusieurs arpents entourée d'abatis. Des cabanes de gazon, de feuillage, de bois mort, étaient bâties rapidement au milieu de l'enceinte. Au centre on réservait un arbre, ou, à son défaut, on élevait un poteau sur lequel on plaçait une croix d'argent. Un autel de terre et de mousse était dressé au pied.

C'était dans le placis que se réfugiaient les femmes et les enfants qui avaient déserté leurs fermes et leurs granges pillées ou brûlées par les bleus. Les uns s'occupaient à moudre du grain, les autres fondaient des balles. Les enfants tressaient des chapeaux ou fabriquaient des cocardes. Les placis servaient aussi d'ambulance pour les blessés et de quartier général pour les chefs. Des sentinelles, dispersées dans les environs, qui dans les genêts, qui sur les arbres, étaient toujours prêtes à donner le signal d'alarme. Le placis de Saint-Gildas était commandé par M. de Boishardy.

Avant de s'engager dans la forêt, l'homme fit entendre le cri de la chouette. Un cri pareil lui répondit ; puis le son d'une corne, répété successivement, annonça au placis l'arrivée d'un paysan.

En pénétrant dans la clairière, le chouan s'arrêta :

— Te voilà, mon gars ? dit un homme en lui tendant la main. Tu as donc échappé aux balles des bleus ?

— Oui, mais il y en a deux ou trois qui garderont souvenir des miennes.

— Tu as été attaqué ?

— J'ai passé au milieu des avant-postes du général Guillaume.

— Et tu n'as pas été blessé, Keinec?

— Non, Fleur-de-Chêne.

— Ils ont tiré sur toi, pourtant?

— Les balles m'ont sifflé aux oreilles.

— Le pauvre Jahoua va être bien heureux de te revoir; depuis douze jours que tu es parti, il ne parle que de toi.

— Comment va-t-il?

— Mieux.

— Sa blessure est fermée?

— Pas encore, mais cela ne tardera pas.

— Tant mieux.

— Ah çà! vous vous aimez donc bien?

— Comme deux gars qui ont voulu se tuer jadis et qui maintenant sacrifieraient leur existence pour se sauver mutuellement.

— C'est donc ça qu'on vous appelle les inséparables?

— Oui.

— Veux-tu venir le voir?

— Non, il faut que je parle à M. de Boishardy.

— Cela ne se peut pas, il est en conférence avec trois autres chefs.

— Lesquels?

— Tu les verras tout à l'heure quand ils vont sortir.

— Dis toujours leurs noms!

— Non! fit Fleur-de-Chêne en souriant avec finesse.

— Pourquoi ne veux-tu pas parler?

— Je tiens à te faire une surprise.

— Je ne te comprends pas, dit Keinec avec étonnement. Que peuvent me faire les noms des chefs qui sont là?

— J'ai idée qu'il y en aura un qui te fera sauter de joie.

— Eh bien, dis-le donc!

— Tu le veux?

— Oui.

— Allons ! je ne veux pas te faire languir. D'abord, il y a Obéissant [1].
— Après ?
— Serviteur [2].
— Et puis ?...
— Devine !
— Comment veux-tu que je devine ?
— Un ancien ami à toi.
— Marcof ? s'écria Keinec dont les yeux brillèrent de joie.
— Lui-même !
— Oh ! le ciel soit béni ! Depuis quand est-il ici ?
— Depuis deux heures.
— Et son lougre ?
— Il est près de Pœnestin.
— Mène-moi près de Marcof, Fleur-de-Chêne !
— Tout à l'heure, mon gars. Je t'ai dit qu'il y avait conférence. Attends un peu !
— Eh bien, répondit Keinec, je vais voir Jahoua. Tu m'appelleras dès que je pourrai entrer.
— Sois calme, mon gars.

Keinec remercia son compagnon, et se dirigea vers une petite cabane à la porte de laquelle travaillait une jeune fille.
— Bonjour, Mariic, dit Keinec.
— Bonjour, Keinec, répondit la Bretonne.
— Jahoua est au lit ?
— Hélas ! oui, puisqu'il ne peut pas se lever.
— Tu le soignes toujours bien ?
— Je fais ce que je puis, Keinec, et ton ami est content.
— Merci, ma fille.

Keinec entra. Une petite table en bois blanc, et quelques matelas entassés dans un coin, formaient tout l'ameublement de la cabane. Une petite lampe éclairait ce modeste réduit.

---

1. Obéissant était le nom de guerre de M. de Cormatin.
2. Nom de guerre de M. de Chantereau.

Jahoua était étendu sur le lit. Sa figure, pâle et amaigrie, décelait la souffrance. Un linge ensanglanté lui entourait la tête et cachait une partie de son front. Un autre lui bandait le bras droit. En voyant entrer Keinec, sa figure exprima un profond sentiment de joie, et, se soulevant avec peine, il lui tendit les deux bras.

— Comment vas-tu ? demanda Keinec en s'asseyant sur le pied du lit.

— Aussi bien que possible, et mieux encore depuis que je te vois revenu.

— Brave Jahoua !

— Dame ! Keinec, c'est que je t'aime maintenant autant que je t'ai détesté autrefois.

— Et moi, Jahoua, quand je songe que j'ai failli te tuer, j'ai envie de me couper le poignet.

— Ne pensons plus à nous. Tu viens de la Cornouaille ?

— Oui.

— Eh bien ? Aucune nouvelle ?

— Aucune !

— Elle sera morte !

— Assassinée par les bleus, peut-être !

— Pauvre Yvonne ! murmura le blessé.

Deux grosses larmes coulèrent lentement sur ses joues, tandis que Keinec fermait si violemment ses mains que les ongles de ses doigts s'enfonçaient dans les chairs. Les deux hommes étaient plongés dans de ombres pensées.

Après un silence, Jahoua leva la tête.

— Tu as été à Fouesnan ? demanda-t-il.

— Oui, dit Keinec.

— Et tu n'as rien entendu dire ?

— Le village est brûlé, les gars sont sauvés, je n'ai vu personne.

— Et à Plogastel ?

— Rien non plus.

— Et le vieil Yvon ?

— Il est mort.

— Mort ! répéta Jahoua.

— Mort! il y a sept mois.

— Pauvre homme! le chagrin l'aura tué!

— Non, dit sourdement le jeune Breton, il n'est pas mort de chagrin dans son lit, il a été assassiné dans les genêts.

— Assassiné! s'écria Jahoua; par qui donc?

— Par les patriotes de Rosporden! Un soir que le pauvre vieux revenait de Quimper, où il s'était rendu, espérant toujours recueillir quelques nouvelles de sa fille, il a été arrêté par une troupe de sans-culottes de Rosporden, qui rentraient en ville après avoir été fraterniser, comme ils disent, avec les brigands de Quimper. Ils ont voulu lui faire crier : « *Vive la République!* » Yvon n'a pas voulu. Les autres ont insisté. Tu connaissais le vieux pêcheur; tu penses si on pouvait le faire céder facilement. Aux sommations des autres, il répondit invariablement par les cris de : « *Vive le roi!* » Les bandits exaspérés le contraignirent à se mettre à genoux, et comme Yvon ne se rendait pas à leurs ordres réitérés de crier comme eux et avec eux, trois patriotes se jetèrent sur lui, le terrassèrent, le garrottèrent, et, l'attachant ensuite à un arbre, le prirent pour cible. Les lâches déchargèrent en riant leurs fusils sur le vieillard. Le lendemain, on retrouvait son cadavre, et les trois patriotes se vantaient hautement dans le pays de leur expédition.

— Ah! dit Jahoua, nous saurons un jour le nom de ces infâmes.

— Je les ai sus, moi, répondit Keineo.

— Alors nous vengerons Yvon!

— C'est fait!

— Que dis-tu, mon gars?

— Je dis que je me suis rendu à Rosporden; que je m'y suis caché trois jours de suite. Le deuxième jour, à la nuit tombante, je me suis glissé dans la maison qu'habitaient ensemble deux des assassins d'Yvon. L'un d'eux dormait, je l'ai poignardé. L'autre a voulu crier et se défendre, je lui ai brisé le crâne d'un coup de ma hache. Le lendemain, je m'embusquai en guettant le troisième, et la balle de ma carabine l'atteignit en pleine poitrine. Il est tombé sans pousser un soupir. Yvon était vengé. La mission que m'avait confiée M. de Boishardy avait été remplie quelques jours auparavant; rien ne me parlait d'Yvonne; je partis, et me voilà !

Jaboua serra silencieusement la main de Keinec. Le jeune homme reprit :

— Je suis allé aussi à la baie des Trépassés.

— Et Carfor?

— Il n'a pas reparu.

— Keinec, dit Jaboua, quand je pense comment cet homme nous a échappé, je suis tenté de croire à la vertu de ses sortilèges.

— C'est étrange, en effet.

— Quand nous l'avons forcé à nous dire ce qu'était devenue Yvonne, il était brisé par la douleur.

— Je me souviens. Et même nous l'avions porté dans cette crevasse des falaises dont nous avions fermé l'ouverture.

— Oui; et nous devions l'y retrouver ! il devait mourir là !

— Le lendemain, cependant, il n'y était plus.

— Et personne ne l'avait vu dans le pays.

— Qui a pu le délivrer?

— Oh ! c'est incroyable de penser qu'un autre ait été le découvrir dans cet endroit.

— D'autant plus incroyable, que personne n'osait descendre dans la baie.

— Et pourtant il n'y était plus.

— Il aura appelé le diable à son aide !

En ce moment Fleur-de-Chêne entra dans la cabane.

— Viens! dit-il à Keinec.

Le jeune homme s'empressa de le suivre, après avoir promis à Jaboua de revenir promptement.

III

LA CONFÉRENCE

Keinec et son guide traversèrent le placis, et pénétrèrent dans le réduit qui servait d'habitation au chef. Un paysan en gardait l'entrée.

— Attends! fit Fleur-de-Chêne en laissant Keinec sur le seuil, et en disparaissant dans l'intérieur.

Mieux disposée que les autres, la cabane était divisée en deux compartiments. Fleur-de-Chêne reparut promptement dans le premier.

— Faut-il entrer? demanda Keinec.

— Pas encore; dans quelques minutes on t'appellera.

Keinec s'appuya contre le tronc d'un arbre voisin. On entendait confusément un bruit de voix animées s'échapper de l'intérieur.

La demeure du chef n'était pas mieux meublée que celle des soldats. Dans la première pièce, un banc de bois et une petite table. Dans la seconde, celle-ci était la chambre à coucher, une paillasse de fougère étendue dans un angle. Cinq ou six chaises et une vaste table en chêne composaient le reste de l'ameublement. Cinq hommes étaient assis autour de la table sur laquelle était étendue une carte détaillée de la Vendée et de la Bretagne. Quatre d'entre eux portaient un costume à peu près semblable, un peu plus élégant que celui des paysans, mais fort délabré par les fatigues de la guerre et par le séjour dans les bois. Le cinquième seul semblait très soigné dans sa mise. Il portait des bottes molles, une veste brodée, une culotte de peau et un habit de velours cramoisi. Un panache vert s'épanouissait sur son chapeau, et il tenait à la main un mouchoir de fine batiste. Le premier, celui qui tenait le haut bout de la table, était M. de Boishardy. Le second était M. de Cormatin. Le troisième, M. de Chantereau. Le quatrième, l'homme au panache et au mouchoir, était le marquis de Jausset, récemment arrivé de l'émigration, et qui n'avait encore pris aucune part aux affaires actives. Il était envoyé par le comte de Provence. Enfin, en dernier venait Marcof, dont l'œil intelligent échangeait souvent avec celui de Boishardy de nombreux signes qui échappaient à leurs interlocuteurs.

La conférence touchait à son terme. MM. de Cormatin et de Chantereau venaient de se lever. Boishardy leur remit à chacun une feuille de papier sur laquelle se lisaient des caractères d'impression.

— N'oubliez pas, leur dit-il, de faire placarder ce décret partout, c'est un puissant auxiliaire pour notre cause.

— Quel décret, mon très cher? demanda le marquis d'une voix grêle et avec un accent traînard qui contrastait étrangement avec la voix rude et le ton ferme et impératif de Boishardy.

— Le décret de la Convention, dont je vous parlais tout à l'heure.

— Vous plairait-il de le relire?

— Volontiers.

Boishardy ouvrit l'une des feuilles.

— Décret du 31 juillet 1793, dit-il.

— Mais, interrompit Marcof, si ce décret a quatre mois de date, il doit être connu de tous.

— Non pas, capitaine. Ce décret porte la date du 31 juillet, mais il paraît qu'il est resté longtemps en carton à Paris, car il n'est arrivé ici et n'a été placardé qu'il y a quinze jours.

— Continuez alors.

Boishardy reprit :

— Je vous fais grâce des considérants, messieurs. Il y en a deux pages, dans lesquels ces bandits assassins de la Convention nous traitent de brigands, d'aristocrates; j'en arrive aux arrêtés, les voici :

Arrêtons et décrétons ce qui suit :

« 1º Tous les bois, taillis et genêts de la Vendée et de la Bretagne seront livrés aux flammes;

« 2º Les forêts seront rasées;

« 3º Les récoltes coupées et portées sur les derrières de l'armée;

« 4º Les bestiaux saisis;

« 5º Les femmes et les enfants enlevés et conduits dans l'intérieur;

« 6º Les biens des royalistes confisqués pour indemniser les patriotes réfugiés;

« 7º Au premier coup du tocsin, tous les hommes, sans distinction, depuis seize ans jusqu'à soixante, devront prendre les armes dans les districts limitrophes, sous peine d'être déclarés traîtres à la patrie et traités comme tels par tous les bons patriotes. »

Boishardy jeta le papier sur la table.

— Qu'en pensez-vous, messieurs? demanda-il; la Convention pouvait-elle mieux agir, et nos gars, en lisant ou en écoutant les termes de ces articles, ne se défendront-ils pas jusqu'à la mort?

— Sans doute! répondit Cormatin.

— Permettez, fit le marquis en s'éventant gracieusement avec son mouchoir. Tout cela est bel et bon, mais ce n'est pas suffisant. Il faut écraser la République et remettre sur le trône nos princes légitimes.

— C'est ce à quoi nous tâchons, monsieur, dit Chantereau.

— Et vous n'y parviendrez qu'en suivant une autre marche.

— Laquelle? demanda Boishardy en souriant ironiquement.

— Il faut d'abord élire des chefs.

— Nous en avons.

— Mais j'entends par chefs des hommes de naissance.

— Douteriez-vous de la mienne?

— Dieu m'en garde, monsieur de Boishardy! Seulement, vous reconnaîtrez qu'il y a en France des noms au-dessus du vôtre.

— Où sont-ils, ceux-là?

— A l'étranger.

— Eh bien, qu'ils y restent !

— Sans eux vous ne ferez rien de bon, cependant.

— Qu'ils viennent, alors ! s'écria Marcof en frappant sur la table.

— Ils viendront, messieurs, ils viendront !

— Quand il n'y aura plus rien à faire, n'est-ce pas, monsieur le marquis?

— Vous prenez d'étranges libertés, mon cher.

— Marcof a raison, interrompit Boishardy. Nous commençons à être fatigués de cette émigration qui ne fait rien, qui parle sans cesse, et qui, lorsque nous aurons prodigué notre sang pour rétablir la monarchie, viendra, sans nous honorer d'un regard, reprendre les places qu'elle dira lui appartenir ! Morbleu ! qu'elle les garde donc ces places, ou tout au moins qu'elle les défende ! Pourquoi a-t-elle pris la fuite, cette émigration qui doit tout abattre? Est-ce le devoir d'un gentilhomme d'abandonner son roi lorsque le danger menace? Répondez, monsieur le marquis ! Vous prétendez que les émigrés veulent venir en Bretagne. Qui les en empêche? qui s'oppose à leur venue parmi nous? qui les retient de l'autre côté du Rhin, où il n'y a rien à faire? Pourquoi ces retards? Est-ce d'aujourd'hui, d'ailleurs, qu'ils devraient songer à combattre dans nos rangs et à donner leur sang comme nous avons donné le nôtre? Leur place n'est-elle pas auprès de nous? Encore une fois, monsieur, répondez !

Boishardy s'arrêta. Cormatin et Chantereau approuvaient tacitement. Marcof reprit la parole sans laisser le temps au marquis d'articuler un mot.

— Quand monsieur de Jausset a parlé d'hommes de naissance pour commander, dit-il, il a dirigé ses regards vers moi.

— Après?... fit dédaigneusement le marquis.

— Je lui demanderai donc ce qu'il avait l'intention de dire.

— C'est fort simple. Il y a ici une confusion de rangs incroyable, vous avez obéi à un Cathelineau. Vous avez pour chefs des gens nés pour pourrir dans les grades inférieurs.

— Comme moi, n'est-ce pas ?
— Comme vous, mon cher.

Marcof pâlit. Boishardy voulut s'interposer, le marin l'arrêta.

— Ne craignez rien, dit-il ; je traite les hommes suivant leur valeur, et je ne me fâche que contre les gens qui en valent la peine.

Puis, se tournant vers le marquis :

— Monsieur, continua-t-il, vos amis de Gand et de Coblentz nous considèrent, nous, les vrais défenseurs du trône, comme des laquais qui gardent leurs places au spectacle. Si vous leur écrivez, rappelez-leur ce que je vais vous dire ; et, si vous ne leur écrivez pas, faites-en votre profit vous-même.

— Qu'est-ce donc, je vous prie ?
— C'est que, n'ayant rien fait, ils n'ont droit à rien, et qu'ils ne pourront être désormais quelque chose qu'avec notre permission et notre volonté.

— Très bien ! dirent les autres chefs.
— Et quant à vous, monsieur, vous n'aurez le droit de parler ici, devant ces messieurs, devant moi, que quand vous aurez accompli seulement la moitié de ce que chacun de nous a fait. Je ne vous en demande que la moitié, attendu que je vous crois incapable d'en essayer davantage.

— Et moi, répondit le marquis, je vous préviens qu'à partir de ce jour vous n'êtes qu'un simple soldat.

— En vertu de quoi ?
— En vertu de ceci.

Et le gentilhomme posa un papier plié sur la table.

— Qu'est-ce que cela ? demanda Boishardy.
— Une commission de monseigneur le régent du royaume, Son Altesse Royale le comte de Provence.

— Un brevet de maréchal de camp, fit Boishardy en lisant froidement le papier et en le rendant au marquis.

— Vous comprenez ?

— Je comprends que ce grade vous sera accordé quand nous aurons vu si vous en êtes digne.

— En doutez-vous?

— Certainement.

— Vous m'insultez! s'écria le marquis en portant la main à la garde de son épée.

— Il ne peut y avoir de duel ici, répondit Boishardy avec dédain.

— Pardon! je croyais être entre gentilshommes. Mais répondez nettement. Refusez-vous oui, ou non, de m'obéir?

— Oui, mille fois oui!

— Je me plaindrai; j'en appellerai aux royalistes.

— Faites.

— On vous retirera vos troupes, monsieur de Boishardy.

— Si vous demandez cela, priez Dieu de ne pas réussir, monsieur le marquis de Jausset.

— Et pourquoi?

— Parce que, s'écria Boishardy avec véhémence, je vous ferais fusiller avec votre brevet sur la poitrine.

— Vous oseriez?

— N'en doutez pas.

— Et M. de Boishardy a parfaitement raison, ajouta Cormatin. Jusqu'ici, monsieur le marquis, nous nous sommes passés de l'émigration, et nous saurons nous en passer encore. Je vous engage à retourner à Gand: c'est là qu'est votre place. Mais gardez-vous de pareilles rodomontades devant d'autres chefs. Tous n'auraient pas la patience de mon ami, et, tout gentilhomme que vous êtes, vous pourriez bien être accroché à une branche de chêne.

— Messieurs! messieurs! s'écria le marquis blême de colère, il faut que l'un de vous me rende raison de tant d'insolence!

— Assez! fit Boishardy.

Il appela Fleur-de-Chêne en entr'ouvrant la porte. Le paysan accourut.

2.

— Tu vas prendre dix hommes avec toi et escorter monsieur, continua-t-il en désignant le marquis. Tu le mèneras à La Roche-Bernard, et là monsieur s'embarquera pour aller où bon lui semblera.

Le marquis se leva brusquement et sortit sans dire un mot.

— Tonnerre ! s'écria Marcof, on ose nous envoyer de pareils hommes avec des brevets dans leur poche.

— Les émigrés sont fous, dit Chantereau.

— Pis que cela, répondit Boishardy, ils sont ridicules ! Mais oublions cette scène et reprenons notre conversation ou moment où cet imbécile empanaché est venu nous interrompre. Vous, Cormatin, quelles nouvelles de la Vendée ?

— Mauvaises, répondit le chouan en s'avançant. Depuis la bataille de Cholet, Charette s'est tenu isolé dans l'île de Noirmoutier, dont il a fait son quartier général. Il y a quelques jours seulement, il apparut dans la haute Vendée pour y recruter des hommes. Un conseil tenu aux Herbiers l'a confirmé dans son commandement en chef.

— Mais, dit Boishardy, n'a-t-il pas vu La Rochejacquelein ? Celui-ci est passé ici se rendant en Vendée cependant ; et, depuis, je n'en ai pas eu de nouvelles.

— Si ; ils se sont vus à Maulevrier.

— L'entrevue a été mauvaise. Ils ne s'aiment pas.

— Oh ! s'écria Marcof ; toujours la même chose donc ; ici comme parmi les bleus ! Quoi ! Charette et La Rochejacquelein ne réunissent pas leurs forces ? Ils font passer l'intérêt personnel avant le salut de la royauté, les causes particulières avant la cause commune ? De stupides rancunes, de sots orgueils l'emportent sur le bien de la patrie ?

— La Rochejacquelein a repassé la Loire, continua Cormatin.

— Et, ajouta Chantereau, il marche sur le Mans.

— Où il trouvera Marceau, Kléber et Canuel avec des forces triples des siennes ! dit Marcof. Enfin, espérons en Dieu, messieurs.

— Et attendons ici les résultats de cette marche nouvelle, ajouta Boishardy. La Rochejacquelein m'a ordonné de garder à tout prix ce placis, qui renferme d'abondantes munitions et offre une retraite sûre en cas de revers. Vous, Cormatin, et vous Chantereau, regagnez vos campements et tenez-vous, prêts à agir et à vous replier sur moi au premier signal. Adieu, messieurs ! fidèles toujours et quand même, c'est notre devise. Que personne ne l'oublie !

Les deux chefs prirent congé et s'éloignèrent. Marcof et Boishardy demeurèrent seuls. Il y eut entre eux un court instant de silence. Puis, Boishardy s'approchant vivement du marin :

— Vous avez donc été à Nantes ? dit-il.

— Oui, répondit Marcof.

— Si vous aviez été reconnu ?

— Eh ! il fallait bien que j'y allasse, aurais-je dû affronter des dangers mille fois plus terribles et plus effrayants.

— Vous vouliez tenter de revoir Philippe, n'est-ce pas ?

— Oui.

— Avez-vous réussi ?

— Malheureusement non.

— Ainsi, il est toujours dans les prisons ?

— Toujours.

— Et cet infâme Carrier continue à mettre en pratique son système d'extermination ?

— Plus que jamais.

— Philippe est perdu, alors ?

— Perdu, si je ne parviens à le sauver avant huit jours.

— Le sauver ! Est-ce possible ?

— Je n'en sais rien.

— Mais vous le tenterez ?

— Je partirai pour Nantes demain même.

— C'est une folie ! C'est tenter le ciel par trop d'imprudence.

— Folie ou non, je le ferai. Je sauverai le marquis de Loc-Ronan, ou nous mourrons ensemble.

— Quels sont vos projets ?

— Tuer Carrier, répondit Marcof sans la moindre hésitation.

— Mais vous ne parviendrez jamais jusqu'à lui !

— Peut-être.

Boishardy se promena avec agitation dans la chambre, puis revenant se poser en face de Marcof :

— Vous partez demain ? dit-il.

— Oui.

— Vous pensez qu'avant huit jours d'ici vous aurez sauvé Philippe ?

— Ou que nous serons morts tous deux.

— Bien !

— Vous m'approuvez, n'est-ce pas ?

— Je fais mieux.

— Comment cela ? dit Marcof étonné.

— Je vous aide.

— Je n'ai pas besoin de monde ; j'ai laissé mes hommes à bord de mon lougre.

— Non ; mais vous avez besoin d'un bras et d'un cœur dévoués qui vous secondent et agissent comme un autre vous-même si, par malheur, vous succombiez.

— Oui, c'est vrai.

— Avez-vous choisi quelqu'un ?

— Personne encore.

— Alors ne choisissez pas !

— Pourquoi ?

— Parce que j'irai avec vous.

— Vous, Boishardy ?

— Moi-même.

— Mais...

— Ne voulez-vous pas de moi pour compagnon ?

— Si fait ! tonnerre ! à nous deux nous le sauverons.

Et Marcof, prenant Boishardy dans ses bras nerveux, le pressa sur sa poitrine, tandis que des larmes de renaissance glissaient sous ses paupières.

IV

M. DE BOISHARDY

M. de Boishardy connaissait Marcof depuis longtemps. Comme tous les braves cœurs qui s'étaient trouvés en contact avec cette nature si loyale, si franche et si forte, M. de Boishardy s'était épris pour le marin d'une amitié étroite et vive. L'expansion de Marcof le toucha profondément. Ces deux hommes, au reste, étaient bien faits pour se comprendre et s'aimer. D'une bravoure à toute épreuve, d'une hardiesse à défier toutes les témérités, d'un sens droit, d'un coup d'œil ferme et rapide, tous deux étaient créés pour la vie d'aventurier dans ce qu'elle a de noble et de périlleux.

M. de Boishardy est certes l'un des personnages historiques de la chouannerie qui ont légué le plus de souvenirs vivaces sur la vieille terre bretonne. Gentilhomme obscur, peu soucieux des plaisirs de la cour, il avait vu sa jeunesse s'écouler dans une existence toute rustique. A vingt ans, il avait servi comme officier dans le régiment de royale-marine ; cinq ans plus tard, il donnait sa démission et rentrait dans ses terres. Grand amateur de gibier et de beautés champêtres, il chassait le loup, le sanglier et les jeunes filles, lorsque éclatèrent les premiers troubles de l'Ouest. Fermement attaché à son roi, il avait songé tout d'abord à lever l'étendard de l'insurrection.

Comme tous les hommes dont la destinée est de devenir populaire, il avait été doué par la nature de vertus réelles ; à côté de chacune se trouvait un défaut qui lui servait pour ainsi dire de repoussoir. Subissant les lois de ses passions, il faisait bon marché de la vie d'un homme, lorsque cet homme se dressait sur sa route comme un obstacle, et que, pour passer, il fallait l'abattre et marcher sur son cadavre. Énergique, vigoureux et puissant, il avait à un haut degré la générosité de la force.

Ses aventures amoureuses l'avaient rendu célèbre dans les paroisses. A sa vue, les mères tremblaient, les maris pâlissaient, mais les jeunes filles et les jeunes femmes souriaient en faisant une gracieuse révérence au don Juan bas-breton, qui faisait le sujet de bien des causeries intimes au bord de la fontaine et le soir sous la saulaie.

Boishardy inspirait deux sentiments opposés aux paysans. Les uns le redoutaient à cause de sa force et de son audace, les autres l'admiraient à cause de sa bravoure et de son adresse. Tous l'aimaient pour sa familiarité franche et cordiale, ses élans de rude bonté et sa gaieté entraînante. A quinze lieues à la ronde chacun en parlait et chacun voulait le voir.

Cette popularité lui devint d'un puissant secours lorsqu'il voulut soulever le pays. Mêlé d'abord aux intrigues de La Rouairie, ainsi que nous l'avons vu, il se lança à corps perdu dans le soulèvement de 1793, dès que la Vendée eut arboré l'étendard de la contre-révolution, et il ne tarda pas à devenir l'un des chefs les plus renommés et les plus redoutés de la chouannerie bretonne. Charette se mit en rapport avec lui; Jean Chouan l'écoutait souvent comme un oracle; La Rochejacquelein était son ami. En avril, Boishardy avait débuté par parcourir les fermes et les communes, en appelant les paysans aux armes.

— C'est à vous de voir, leur disait-il, si vous voulez défendre vos enfants, vos femmes, vos biens et vos corps, et si vous n'aimez pas mieux obéir à un roi qu'à un ramassis de brigands qui forment la Convention nationale.

La plupart de ceux auxquels il s'adressait n'hésitèrent pas à marcher. Ses premiers et rapides succès contre les bleus entraînèrent les autres, si bien qu'en quinze jours il se trouva à la tête d'une petite armée, et bientôt il alla rejoindre Cathelineau sous les murs de Nantes. Son nom, son titre d'ancien officier, sa force prodigieuse, sa hardiesse et son intrépidité, lui valurent promptement un commandement supérieur dans l'armée vendéenne.

Après la mort de Cathelineau, lorsque les royalistes furent rejetés de l'autre côté de la Loire, Boishardy fut chargé de la périlleuse mission de garder et d'observer tout le haut pays, de Saint-Nazaire à Redon. La Rochejacquelein, comptant sur lui plus peut-être que sur aucun autre chef, lui confia ses munitions, ses réserves d'artillerie et ses papiers les plus importants, puis il lui ordonna de s'établir à Saint-Gildas, au milieu de la forêt, et de garder ses précieux dépôts jusqu'à ce que la guerre prît une nouvelle face. Les royalistes, tout en marchant à l'est, espéraient toujours repasser bientôt en Vendée et reconquérir le territoire envahi par les bleus. L'espèce de relais formé par Boishardy leur devenait donc de la plus grande utilité. Aussi, en dépit de son ardeur et de sa soif des combats, le brave gentilhomme était-il forcé depuis quelque temps à demeurer dans une inaction presque complète, opposée à sa fiévreuse nature. Le projet de Marcof d'aller à Nantes délivrer le marquis de Loc-Ronan lui souriait donc d'autant mieux qu'il le mettait à même de payer de sa personne et de se rapprocher des ennemis de sa cause.

A peine venait-il de prendre cette résolution, que Fleur-de-Chêne entra dans la pièce. Il attendait respectueusement que son chef l'interrogeât. Boishardy lui fit signe d'approcher.

— Ne m'as-tu pas dit que quelqu'un désirait me parler? demanda-t-il.

— Oui, commandant.

— Qui cela?

— Celui de nos gars que vous aviez envoyé en mission il y a près de quinze jours.

— Il est revenu?

— Il arrive à l'instant.

— Bien!

— Faut-il le faire entrer?

— Oui, répondit Boishardy, et se retournant vers

Marcof : nous allons avoir des nouvelles de la Cornouaille, dit-il.

— Et de La Bourdonnaie? ajouta Marcof.
— Oui.
— Qui donc avez-vous envoyé là?
— Un homme sûr.
— Qui se nomme?
— Keinec.
— Tonnerre!... qu'il entre vite!

Fleur-de-Chêne sortit et Keinec pénétra près des deux chefs. En voyant Marcof, le jeune homme ne put retenir un mouvement de joie; le marin lui tendit les mains par un geste tout amical, et comme Keinec les saisit pour les lui baiser, Marcof l'arrêta vivement en le pressant sur sa poitrine. Boishardy les regardait avec étonnement.

— Vous connaissez donc Keinec? demanda-t-il à Marcof.

— Oui, répondit le marin; son père m'a arraché à la mort et a été tué en me sauvant; lui-même m'a rendu de grands services; enfin c'est un enfant auquel j'ai appris à combattre et que je regarde comme mon matelot.

— Tant mieux! car Keinec est un brave cœur et un gars solide. J'ai été, moi aussi, à même de l'apprécier.

En entendant ce double éloge, Keinec rougit de plaisir. Boishardy s'assit, et, s'adressant au jeune homme :

— Tu as accompli ta mission? dit-il.
— Oui, commandant.
— Tu as vu La Bourdonnaie?
— Je l'ai vu.
— Quelles nouvelles de la Cornouaille?
— Les bleus ravagent toujours le pays; la guillotine est en permanence à Brest comme ailleurs; ils tuent, ils tuent tant que le jour dure.
— Après?
— Ceux d'Audierne, de Rosporden et de Quimper ont traqué les gars dans les forêts.
— Ils les ont pris?

— Quelques-uns ont été arrêtés et massacrés.
— Et Yvon? fit Marcof vivement.
— Il est mort!
— Tué?
— Martyrisé par les républicains!
— Tonnerre! s'écria le marin en prenant sa tête dans ses mains par un magnifique mouvement de colère.
— Fouesnan, Penmarc'h, Plogastel, Plomélin, Tréogat, Plohars, ont été réduits en cendres; les habitants se sont sauvés dans les forêts.
— Et que fait le comte de La Bourdonnaie? demanda Boishardy.
— Il ravage aussi les campagnes et détruit tout ce qui appartient aux amis des bleus; il brûle tout et coupe les communications dans l'intérieur; les convois des républicains sont tous arrêtés par nos gars et ne peuvent plus arriver à Brest. Avant un mois, la ville sera prise par la famine.
— C'est tout?
— Non.
— Qu'y a-t-il encore?
— Un papier que je dois vous remettre.

Keinec ôta sa veste, déchira la doublure et en retira une feuille de parchemin. Boishardy avança vivement la main pour la prendre; il l'ouvrit et la parcourut avec une attention extrême. C'était une sorte de feuille d'appel disposée d'une façon bizarre. Sur une première colonne, on lisait des noms; sur une seconde, la désignation exacte et détaillée de la position politique et financière de chacun des individus désignés; enfin suivaient les indications nombreuses relatives à la demeure, au pays, à la ville ou au village habités par chacun d'eux. Puis, devant tous les noms sans exception, on voyait, tracée à l'encre rouge, une des lettres: S. — R. — T.

— Qu'est-ce que cela? fit Marcof en se penchant en avant.

— Les noms de ceux qui, depuis Brest jusqu'à La

Roche-Bernard, en suivant le littoral, s'obstinent à ne vouloir pas prendre les armes.

— Et que veulent dire ces lettres?
— S. — R. — T.?
— Oui.
— Surveiller, Rançonner, Tuer.
— Je comprends.
— Je vais faire copier cette liste et expédier des doubles à tous nos amis du pays de Vannes. Avant trois fois vingt-quatre heures, chaque individu désigné sera traité en conséquence.
— Est-ce que de pareilles mesures ont déjà été prises?
— Oui.
— Avec succès?
— Certes.

Marcof fit un geste d'étonnement.

— Désapprouvez-vous cette façon d'agir? demanda Boishardy.
— Non, répondit le marin; mais je suis surpris que l'on fasse ainsi marcher des hommes et qu'ils se rallient à ceux qui les menacent ou qui frappent.
— Que voulez-vous? le résultat est contre vous.
— C'est possible; mais je n'aurais pas confiance en mes troupes si je commandais à de pareils soldats.
— Bah! après deux ou trois rencontres avec les bleus, ils se battent aussi bien que les autres. Et puis, d'ailleurs, nous allons en avant. Pouvons-nous risquer de laisser des traîtres derrière nous?
— C'est juste.
— Donc, le temps d'expédier une demi-douzaine de nos courriers féminins, et je suis à vous pour ce qui nous est personnel.

Boishardy se plaça devant la table et prit des papiers.

— Mais, fit observer Marcof, pouvez-vous bien vous absenter huit jours? Le placis se passera-t-il de vous?
— Sans aucun doute.

— Votre absence, cependant, peut nuire à la sécurité générale.

— Elle sera ignorée, répondit Boisbardy à voix basse en désignant Keinec.

— Ne craignez pas de parler devant lui. Je réponds de Keinec, dit Marcof à voix basse. D'ailleurs, puisque vous voulez venir avec moi, il est bon je pense, que quelqu'un ici connaisse l'endroit où nous sommes.

— Cela est vrai. Vous avez raison. Il faut que l'on sache où nous trouver, ou du moins où nous serons allés tous deux.

— Autant Keinec qu'un autre pour lui confier ce secret.

— Mieux qu'un autre, même, répondit Boisbardy.

Puis s'adressant au jeune homme.

— Ecoute, continua-t-il, je vais mettre notre existence à tous deux entre tes mains. Un seul mot de toi pourra nous perdre si ce mot est entendu d'un bleu ou d'un traître. Marcof et moi nous partirons cette nuit pour Nantes. Pour tous nos gars, à l'exception de Fleur-de-Chêne, il faut que nous soyons allés près de La Rochejacquelein. Tu comprends?

— Parfaitement, répondit l'amoureux d'Yvonne.

— Songe que la moindre indiscrétion peut nous perdre; si, en mon absence, on attaquait le placis, tu dirais à nos hommes de tenir ferme et que tu vas me prévenir, que tels sont mes ordres. Alors tu courrais près de Cormatin et tu lui annoncerais à lui seul notre absence, en l'invitant à venir prendre le commandement du placis. Il viendrait. Je donnerai des instructions semblables à Fleur-de-Chêne, afin qu'en cas de malheur l'un de vous puisse agir. Et maintenant, comme nous allons à Nantes, comme nous nous risquons dans l'antre de Carrier, il est fort possible que nous n'en revenions pas. Si dans dix jours tu ne nous avais pas revus, tu irais trouver M. de La Rochejacquelein et tu lui remettrais le papier cacheté que je laisserai dans le tiroir de cette table. A défaut de La Rochejacquelein, tu t'adresserais à Stofflet. Tu entends bien, n'est-ce pas?

— Oui, commandant.
— Nous pouvons nous fier à toi?
— Eh bien! non, dit résolument Keinec.
— Comment! s'écria Boishardy stupéfait, tandis que Marcof faisait un geste d'étonnement.
— Je dis qu'il vous faut prendre un autre confident, fit le jeune homme d'un ton ferme.
— Pourquoi?
— Je vais vous le dire, commandant.
Et Keinec s'approcha solennellement des deux hommes.
— Vous venez de me confier que vous alliez à Nantes? dit le jeune homme d'un ton respectueux mais parfaitement ferme et déterminé.
— Oui, mon gars, répondit Boishardy en regardant avec étonnement son interlocuteur.
— Avec Marcof?
— Oui encore.
— J'irai avec vous.
— Toi!
— Sans doute. Vous allez dans la caverne de Carrier, comme vous le dites vous-même. Il y a dix-neuf chances sur vingt pour que vous vous laissiez emporter par votre indignation, et que vous soyez menacés. Un bras de plus aide toujours. Acceptez le mien.
Boishardy regarda Marcof. Keinec surprit ce coup d'œil, et saisissant la main du marin:
— Marcof, lui dit-il, tu sais si je te suis dévoué, si je t'aime, si je te suis fidèle? Eh bien! tu vas à Nantes accomplir quelque grand acte de courage, quelque sublime œuvre de dévouement, j'en suis sûr. Je ne le sais pas, mais je le devine. D'ailleurs, je ne demande pas ton secret; garde-le. Que m'importe? Ne me dis rien; seulement ne repousse pas ma prière. Laisse-moi t'accompagner! Sers-toi de moi comme le chef se sert du soldat, comme le maître se sert du chien. J'obéirai à tes moindres ordres, je te le jure, sans même essayer d'en soupçonner le but, si ce but est un secret que je doive igno-

rer. Mais tu vas risquer ta vie, je veux aller avec toi !
Je le veux et je le ferai !

— Et si je te refusais, moi ? fit Boishardy.

— Si je t'ordonnais de rester au placis ? ajouta Marcof.

— Vous auriez tort, répondit Keinec d'un ton toujours respectueux, mais plus fermement résolu encore ; car je suivrais vos pas malgré vous ! Je désobéirais ! Je vous ai toujours bien servi, monsieur de Boishardy. Je t'ai toujours regardé comme un chef, comme un père respecté, Marcof. Tu m'as vu à l'œuvre, et vous savez que vous pouvez compter tous deux sur mon entier dévouement ; ne me repoussez pas, je vous le répète. Emmenez-moi avec vous, je vous en conjure. Laissez-moi combattre à vos côtés, triompher près de vous ou mourir avec vous. Avant de servir la cause du roi, je veux servir la tienne, Marcof. C'est mon droit, et vous ne pouvez le méconnaître. D'ailleurs, je n'ai jamais rien demandé pour les services que j'ai pu rendre jusqu'ici. Pour prix de mon sang prodigieusement versé, je n'exige rien que la faveur de vous suivre. C'est la première et la seule grâce que j'aie sollicitée. Encore une fois, je vous en conjure, je vous en supplie, accordez-la-moi.

Keinec s'arrêta. En parlant ainsi, il s'était avancé encore, et fléchissait le genou devant les deux chefs. Son regard, plus éloquent que ses paroles, adressait une muette prière et dénotait l'émotion qui s'était emparée de son cœur. On sentait que le jeune homme, profondément impressionné, exprimait simplement ce qu'éprouvait son âme. Puis à côté de cette simplicité de langage se devinait une résolution de fer que l'on aurait pu briser peut-être, mais qu'à coup sûr on n'aurait pas fait plier. Boishardy et Marcof se regardèrent de nouveau. Le premier fit un léger signe de tête. Marcof posa la main sur l'épaule de Keinec.

— Sois prêt cette nuit à trois heures ; nous partirons ensemble, lui dit-il enfin.

— Merci ! s'écria le jeune homme.

Et Keinec, réunissant dans les siennes les mains des deux hommes, les porta chaleureusement à ses lèvres. Puis, relevant la tête avec fierté, il salua et sortit.

— Si j'avais dix mille gars semblables à celui-ci, s'écria Boishardy lorsque le jeune homme se fut retiré, j'accomplirais ce que Cathelineau n'a pu faire avec soixante mille et nous marcherions sur Nantes bannière au vent.

— Je crois qu'à nous trois nous ferons bien des choses, répondit Marcof.

— Je le crois aussi.

— Maintenant, reprit le marin, maintenant, mon cher Boishardy, que tout est convenu entre nous et que vous allez risquer votre vie pour sauver celle du marquis de Loc-Ronan, il faut que vous connaissiez un secret que je vais vous confier.

— Pourquoi?

— Parce que, si Philippe vient à être massacré, si je suis tué aussi, il faut qu'après nous il existe une main pour châtier les coupables. Cette main sera la vôtre, et jamais une main plus loyale n'aura accompli un acte de justice. Je vais vous confier la vie entière de Philippe, et je n'ajouterai même pas que je m'adresse à votre honneur.

Marcof prit une liasse de papiers qu'il avait déposée près de ses armes en entrant dans la pièce. C'étaient les manuscrits qu'il avait trouvés dans l'armoire de fer du château de Loc-Ronan. Marcof le Malouin les déposa sur la table devant Boishardy.

— Lisez cela, dit-il, je vous raconterai le reste ensuite.

Et le marin, laissant son compagnon qui déjà feuilletait les papiers avec une curiosité ardente, sortit à pas lents de la cabane, et se dirigea vers le côté opposé du placis. Fleur-de-Chêne était près de l'autel improvisé. Marcof l'appela.

— Où est Jahoua? lui demanda-t-il.

— Dans la cabane de Mariic, là sur la droite, répondit le chouan en désignant du doigt la petite maisonnette dans laquelle venait de pénétrer Keinec.

Marcof en gagna l'entrée et en franchit le seuil. Il trouva les deux jeunes gens ensemble, et causant tous deux les mains dans les mains, comme deux frères.

— Je vais à Nantes, disait Keinec au fermier; je vais à Nantes, et Nantes est la seule ville de Bretagne dans laquelle nous n'ayons pas encore pénétré.

— Tu espères donc toujours? répondit Jahoua.

— Dieu est bon, et sa puissance est infinie!

— Bien parlé, mon gars! dit Marcof en entrant.

Et, approchant un siège du lit du malade, il s'assit à son chevet.

V

LES AMIS DE PHILIPPE DE LOC-RONAN

Vers dix heures du soir, Marcof quitta la cabane de Mariic, et regagna la demeure de Boishardy. Lorsqu'il y pénétra, le chef des chouans se promenait avec agitation dans la petite pièce.

— Je vous attendais avec impatience, dit-il en voyant entrer le marin.

— Vous avez lu? répondit Marcof en désignant le manuscrit.

— Oui.

— Eh bien?

— Je savais, ou du moins je supposais depuis longtemps une partie de ces mystères.

— Comment cela?

— J'étais à Rennes jadis, lorsque Philippe épousa mademoiselle de Château-Giron, de laquelle j'ai l'honneur d'être un peu parent, et j'assistai à leur union en qualité de témoin. Je sus plus tard qu'elle s'était retirée dans un couvent, et j'avais d'abord attribué cette résolution à quelque chagrin de ménage, chagrin dont j'étais tout d'abord fort loin de supposer la cause épouvantable. Enfin, lorsqu'il y a deux ans passés, le soir même où vous nous apprîtes, à La Bourdonnaie et à moi, que le marquis n'était pas mort, j'entendis la femme que nous avions arrêtée se parer du titre de marquise de Loc-Ronan ; une partie de la lumière se fit à mes yeux, bien que je ne pusse croire que cette aventurière dît vrai et eût droit au noble nom sous l'égide duquel elle se plaçait.

— Elle avait droit cependant à ce titre qu'elle prenait.

— Le croyez-vous ?

— Philippe l'avait épousée !

— Sans doute ; mais il y a là dedans quelque étrange mystère.

— Qui vous le fait penser ?

— La conduite de cette femme.

— Vraiment ?

— Oui : une femme de qualité, une demoiselle de Fougueray, aurait tenu autrement son rang.

— Comment cela ? Je ne comprends pas.

— C'est fort simple. Vous savez que je l'avais fait diriger sur le château de La Guiomarais ?

— Oui.

— Vous n'ignorez pas non plus que c'est dans ce château que La Rouairie vint mourir ?

— Je le sais.

— Donc cette femme s'est trouvée forcément en rapport avec lui.

— Eh bien ?

— Vous ne devinez pas ? La Rouairie était aussi ardent auprès des belles que courageux au milieu du feu ; aussi intrépide en amour qu'au combat. Notre malheureux ami vit cette demoiselle de Fougueray et la trouva charmante. Le fait est qu'elle était à cette époque véritablement fort jolie. Quoique n'étant plus de la première jeunesse, elle avait conservé cette grâce attrayante et luxuriante, ce je ne sais quoi enfin qui fait la puissance de la courtisane. Elle s'aperçut facilement de l'effet qu'elle avait produit, et elle en profita avec une habileté et une coquetterie infernales. J'étais alors en Vendée, La Rouairie était seul, et, comme toujours, il se laissa dominer par ses passions. Bref, vous le devinez, cette femme, cette marquise qui portait un nom illustre, séduisit complètement son gardien et devint sa maîtresse !

— La misérable ! murmura Marcof.

— Attendez donc, mon cher ; elle avait un plan tout tracé d'avance en agissant ainsi, et ce plan, elle le mettait à exécution. Il est probable qu'elle ne comptait plus depuis longtemps ses amants, et qu'un de plus ou de moins lui paraissait chose insignifiante. Donc, ainsi que je vous le disais, elle se donna à La Rouairie dans l'espoir de parvenir à s'évader en abusant de son empire sur le cœur de ce malheureux dont le corps était affaibli par les souffrances. Elle allait, par ma foi, y réussir, lorsque j'arrivai subitement à La Guiomarais. C'était quelques jours avant la mort de La Rouairie. Je vis promptement le manège de la dame ; j'en parlai à notre ami ; mais lui, aveuglé par la passion, me répondit que j'étais dans l'erreur, et que sa prisonnière était la plus belle et la meilleure des créatures de Dieu. J'insistai inutilement, il ne voulut rien entendre. J'offris des preuves, il ne voulut pas ouvrir les yeux. Alors j'avisai à employer un moyen violent. Le soir même, je fis enlever la marquise, et je la conduisis moi-même à La Roche-Bernard, où Cathelineau était établi. Celui-là, pensais-je, ne se laissera pas facilement séduire. Eh bien ! savez-vous ce qu'elle fit? Elle séduisit un rustre, vrai paysan grossier qui la gardait à vue, et, grâce à cet homme, elle parvint à fuir.

— Horrible créature ! s'écria Marcof ; et elle prostitue ainsi le nom sans tache des Loc-Ronan !

— Écoutez donc encore ! A peine libre, elle alla trouver un général républicain, lui révéla la cachette de La Rouairie, et lui promit de le conduire à La Guiomarais.

— Elle le fit ?

— Sans doute. Malheureusement pour elle, La Rouairie était mort ; mais on découvrit son cadavre, mais on fouilla le château, et l'on trouva un bocal dans lequel étaient enfermés les doubles de nos plans et le nom de tous les chefs royalistes. Grâce à cette misérable, notre cause fut à deux doigts de sa perte.

— Et qu'est-elle devenue?

— Je l'ignore.

— Elle vit sans doute à Paris au milieu des saturnales révolutionnaires?

— Je ne crois pas, car dernièrement Cormatin m'a envoyé le signalement d'une femme qui lui ressemblait d'une façon miraculeuse.

— Et cette femme?

— Cette femme venait de traverser Rennes dans la voiture de Carrier.

— Si cela est, nous la verrons à Nantes.

— Prenons garde surtout qu'elle ne nous voie, répondit Boishardy en souriant.

Puis changeant de ton :

— Maintenant, continua-t-il, maintenant que je vous ai dit ce que je savais, apprenez-moi à votre tour ce que Philippe est devenu pendant ces deux années que nous venons de parcourir.

— Mon récit sera court ; moi-même je n'ai pas revu le marquis depuis qu'il s'est fait passer pour mort.

— Alors, comment avez-vous su qu'il était prisonnier à Nantes?

— Par mademoiselle de Château-Giron.

— Sa seconde femme?

— Oui.

— Un ange de bonté, dit-on.

— Et l'on a raison de le dire.

— Où est-elle?

— A bord de mon lougre.

— Depuis longtemps?

— Depuis six semaines.

— Racontez vite, mon cher Marcof ; tout cela m'intéresse au dernier point.

— Philippe, vous le savez, commença Marcof, séjourna quelque temps en Angleterre, et de là passa en

Allemagne. Il demeura dix-huit mois enfermé dans un petit village sur les bords de la Moselle, à trois lieues de Coblentz, espérant toujours que la cause du roi étoufferait la Révolution. Il n'en fut point ainsi, malheureusement. Chaque jour les nouvelles arrivaient plus sinistres. Chaque jour on parlait des guerres qui désolaient la Vendée et la Bretagne. Enfin, la mort du roi vint jeter la consternation parmi les véritables amis du trône. Dès lors, Philippe ne fut plus en proie qu'à une idée fixe : c'était qu'en demeurant inactif il manquait à ses devoirs de gentilhomme, à la foi jurée, au sang de ses ancêtres. Ses amis se battaient ici, et lui était en Allemagne ; son inaction lui semblait criminelle. Le pauvre ami ne pensait plus qu'à nous. Il avait pris, vous le savez encore, un nom supposé. Ne voulant pas voir se renouveler les tortures qui l'avaient si cruellement assailli naguère, il renonçait à son titre même, espérant être ainsi à l'abri des poursuites des deux misérables qui s'étaient attachés sans pitié à lui. Il attribuait la tranquillité morale dont il était enfin parvenu à jouir au pseudonyme qu'il s'était donné en quittant la France. Philippe alors était, ou du moins aurait pu être heureux. Vivant entre mademoiselle de Château-Giron, la femme que son cœur adorait, et le vieux Jocelyn, un ami véritable, il voyait ses jours s'écouler dans une douce quiétude. Mais, je vous l'ai dit, l'amour de ses devoirs, la conscience de son inactivité, le danger que couraient ses amis, tout l'appelait en France, au sein même de la guerre. En dépit des prières de sa femme, il s'embarqua. Elle, courageuse et digne de lui, voulut l'accompagner. Jocelyn naturellement était près d'eux. Ils avaient résolu d'aborder sur les côtes de la Cornouaille ; une bourrasque les contraignit à atteindre Saint-Nazaire. Il y a deux mois et demi de cela. A peine débarqués, ils tombèrent dans un parti de soldats bleus qui venaient de s'emparer nouvellement du pays. Arrêtés et interrogés, ils furent dirigés sur Nantes. A quelque distance de la ville, leur escorte, qui servait à plusieurs centaines d'autres malheureux prisonniers, leur escorte, dis-je, fut attaquée par les nôtres.

— Commandés par qui ? demanda Boishardy.

— Par moi.

— Par vous ?

— Oui, et c'est le ciel qui m'avait conduit là.

— Mais comment y étiez-vous ? Je vous croyais arrivé depuis quinze jours seulement sur nos côtes.

— Vous vous êtes trompé ; mon lougre a jeté l'ancre dans le chenal d'Anjoubert le 28 septembre dernier, et nous sommes aujourd'hui en décembre.

— Comment ne l'ai-je pas su alors ?

— Je vais vous le dire, mon cher Boishardy. Lorsque je touchai terre, j'appris par les paysans que l'armée royaliste avait échoué devant Nantes et que Cathelineau était mort. On me dit que beaucoup de gens s'étaient débandés et erraient sans chef dans le pays, tombant chaque jour entre les mains des bleus. Je résolus de rallier ces hommes, et de les conduire sur l'autre rive de la Loire que je savais être en votre puissance. En conséquence, j'envoyai mon lougre à La Roche-Bernard, et prenant avec moi dix de mes plus solides matelots, je me mis à battre le pays de Beauvoir à Pornic, en me dirigeant vers la Loire. J'étais, vous le voyez, en plein pays ennemi ; mais je n'en avançais pas moins.

— Cela ne m'étonne pas, dit Boishardy en souriant.

— En peu de jours, je réunis deux cents hommes autour de moi ; en une semaine, ce nombre était doublé. Alors je songeai à suivre les côtes, et à me rendre à Paimbœuf où, m'avait-on dit, Cormatin et Chantereau tenaient encore. Rampant donc au milieu des postes républicains, traversant les genêts, enfonçant dans les marais, nous gagnâmes la ville. Elle était au pouvoir des bleus, qui nous assaillirent rudement. Mes hommes firent bonne contenance, et tantôt attaquant, tantôt repoussant l'ennemi, nous atteignîmes Corsept au milieu de la nuit, et nous traversâmes la Loire sur des radeaux que je fis fabriquer à la hâte avec tout ce qui se trouvait de planches et de troncs d'arbres sur ce point de la rive. Nous nous dirigeâmes alors vers Savenay que j'atteignis sans coup férir. Là, j'appris qu'un convoi de prisonniers royalistes était dirigé de Saint-Nazaire sur Nantes. Je résolus de l'attaquer. Effectivement, nous nous embusquâmes dans les genêts et nous attendîmes. C'était entre Bouée et Lavau. On ne m'avait pas trompé. Les bleus arrivèrent, ils étaient deux mille environ, escortant une énorme bande de pauvres victimes, qu'ils traînaient au milieu d'eux. L'affaire s'engagea, et chaudement, je vous l'affirme. Ma troupe était divisée en deux corps. L'un, conduit par Bervic, tenant le haut de la rivière; moi, je devais couper la retraite avec l'autre. Des genêts protégeaient notre attaque. Néanmoins les bleus se défendirent vaillamment; ils avaient l'avantage du nombre. Mes gars attaquèrent avec une frénésie qui tenait de l'invraisemblable. Chacun d'eux espérait retrouver parmi les prisonniers un père, un frère, une femme, un enfant, un ami, un parent.

— Après? fit vivement Boishardy en voyant Marcof s'arrêter pour reprendre haleine.

Le marin continua :

— J'avais déjà entamé la queue de la colonne, j'avais arraché près de la moitié des prisonniers, lorsqu'un renfort arriva de Saint-Étienne, d'où l'on avait entendu le bruit de la fusillade. Bervic commença à faiblir, il était écrasé et pris entre deux feux. Voyant l'impossibilité de tenir contre les républicains, je donnai l'ordre de *s'égailler* dans les genêts. Les bleus voulurent nous poursuivre; mais ils ne jugèrent pas prudent de s'aventurer trop loin, car mes gens tiraillaient de tous côtés et leurs balles arrivaient à coup sûr. Je commandais l'arrière-garde. Bref, la nuit vint, les bleus se remirent en marche et nous avions remporté une demi-victoire. Soixante-deux prisonniers avaient été repris par nous. C'étaient les femmes et les enfants que la fatigue avait fait laisser en arrière et que les bleus avaient abandonnés comme de moindre importance. Dès que nous fûmes en sûreté, je visitai ces malheureux. Plusieurs de mes gars venaient de retrouver leurs femmes, leurs filles ou leurs mères. Les autres apprenaient d'elles des nouvelles de leurs parents. Cinq religieuses de la Miséricorde étaient parmi les prisonniers. Les pauvres filles, terrifiées par leur arrestation, ne pouvaient croire à leur délivrance. Elles demandèrent comme grâce de les envoyer à un de nos placis pour y soigner les blessés. Je le leur promis, lorsque Bervic, venant me rendre compte de l'exécution de différents ordres que je lui avais donnés, prononça mon nom devant elles. En m'entendant nommer, l'une des religieuses fit un brusque mouvement vers moi en joignant les mains comme pour m'adresser une prière.

« — Vous vous appelez Marcof? me dit-elle d'une voix tremblante.

« — Oui, répondis-je assez étonné de cette demande.

« — Vous êtes marin ?

« — Oui, ma sœur.

« — Comment se nomme le bâtiment que vous montiez ?

« — Le *Jean-Louis*. »

Elle ne me répondit pas; mais, se laissant tomber à genoux, elle me sembla murmurer de vives actions de grâces.

« — Qu'avez-donc, ma sœur? lui demandai-je de plus en plus surpris.

« — Il faut que je vous parle ! me dit-elle.

« — Quand cela?

« — Sur l'heure; sans perdre un instant. »

Je la suivis à l'écart. Elle me prit les mains et examina attentivement mes traits avec une curiosité qu'elle ne cherchait point à dissimuler. J'attendais qu'il lui plût de m'adresser la parole. Enfin elle se décida.

« — Vous ne me connaissez pas, me dit-elle, et moi je vous connais. J'ai souvent entendu parler de vous.

« — Par qui donc ?

« — Par ceux qu'il vous faut sauver.

« — Leurs noms ? demandai-je vivement en obéissant à un pressentiment qui me serrait le cœur.

« — Philippe de Loc-Ronan et Jocelyn.

« — Philippe, m'écriai-je. Mais qui donc êtes-vous ?

« — Je suis mademoiselle de Château-Giron, marquise de Loc-Ronan. »

Je poussai un cri de joie qui se changea bientôt en une expression douloureuse, lorsqu'elle me raconta ce qui s'était passé, et ce que je vous ai dit précédemment. Elle ajouta qu'à peine débarqués, ils avaient été pris par les républicains et jetés en prison : puis, comme ni Philippe, ni elle, ni Jocelyn, n'avaient aucun papier pouvant servir à leur faire rendre la liberté, ils devaient être jugés à Nantes par le tribunal révolutionnaire, et tous trois se trouvaient dans la colonne que je venais d'attaquer, et à la quelle je n'avais pu arracher que les femmes et les enfants. Or, un jugement du tribunal révolutionnaire équivaut à une condamnation. En apprenant que Philippe et Jocelyn étaient demeurés parmi les prisonniers que Bervic n'avait pu délivrer, je me sentis devenir la proie d'un désespoir jusqu'alors inconnu à mon âme. Cependant mon énergie naturelle reprit le dessus. Je laissai Bervic prendre le commandement de la bande, et je lui ordonnai de regagner Savenay, où Stofflet devait arriver deux jours après. Avec mademoiselle de Château-Giron, je me dirigeai vers La Roche-Bernard. J'avais pris une résolution. J'installai la pauvre femme à bord du *Jean-Louis*, et je la laissai sous la garde de mes matelots, puis je partis pour Nantes, résolu à tout tenter. J'y entrai le jour même où Carrier était reçu par les autorités de la ville. Tout ce que je pus obtenir, après un séjour de deux semaines, fut de savoir que Philippe et Jocelyn avaient été enfermés au château d'Aux. J'espérais pouvoir parvenir jusqu'à eux; mais il me fallait pour réussir l'aide de bras vigoureux. Ce fut alors que je vins vous trouver.

— Il y a quinze jours, interrompit Boishardy.
— Oui.
— Vous ne m'avez cependant parlé de rien.
— Parce qu'en arrivant je reçus la nouvelle que le château d'Aux avait été évacué, et que les prisonniers qu'il renfermait avaient été incarcérés dans les prisons de la ville. Il me fallait retourner à Nantes et je le fis. Cette fois je fus plus malheureux encore, car je ne rapportai aucun renseignement positif.
— Vous ne savez pas ce qu'est devenu Philippe alors ?
— Je sais qu'il existe encore, voilà tout.
— En êtes-vous certain ?
— Oui. J'ai pu voir les listes des accusés et la date de leurs jugements. Philippe passera devant le tribunal le 26 décembre. Or, vous savez que l'exécution suit de près la condamnation.
— Donc, il faut le sauver avant cette époque, interrompit Boishardy. Eh bien ! mon cher, nous ferons humainement ce que trois hommes peuvent faire, et si Dieu est pour nous, nous réussirons.

A trois heures du matin, au moment où l'on venait de relever les sentinelles, trois hommes sortaient de l'humble demeure de Boishardy. D'eux d'entre eux étaient enveloppés dans de vastes manteaux, précaution que justifiait la neige abondante qui tombait et la rigueur de la saison. Celui qui marchait en avant de ceux-ci, bravant le froid de la nuit, était Keinec, Marcof et Boishardy le suivaient.

Pour que leur absence fût complètement ignorée des paysans du placis, le chef royaliste avait donné le mot de passe à Keinec, qui éclairait la route et avertissait les sentinelles nombreuses veillant autour du campement ; de sorte que Boishardy n'avait pas besoin de se nommer ni de se faire reconnaître.

Après avoir franchi la dernière ligne, les trois hommes atteignirent un carrefour au milieu duquel Fleur-de-Chêne avait conduit trois chevaux sellés et bridés.

Les trois royalistes s'élancèrent d'un même mouvement. Boishardy se pencha vers Fleur-de-Chêne, lui donna ses dernières instructions et piqua sa monture.

— En avant! murmura Marcof.

Presque aussitôt les cavaliers disparurent dans les ténèbres de la nuit, que les branches noueuses des chênes, entrelacées au-dessus de leurs têtes, faisaient plus épaisses encore.

VI

NANTES

Il en est du sort des villes comme de celui des hommes. Pour celles-ci comme pour ceux-là le destin se montre clément ou cruel; envers les unes comme envers les autres, il est favorable ou néfaste, les conduisant de la naissance à la mort, de l'érection à la ruine, soit par une route dorée, toute parsemée de joies et de bonheur, soit par un chemin escarpé et difficile, constamment bordé de ronces et de précipices.

De même que certains hommes, nés sous une heureuse étoile, voient les obstacles s'aplanir sous leurs pas et arrivent à la prospérité suprême en compagnie de la santé, de la beauté et de la richesse, de même certaines cités, toujours florissantes, profitent des événements heureux, des circonstances favorables; et jolies, riantes, situées pittoresquement, bien solides sur leurs fondations, atteignent un renom illustre qui fait accourir dans leur sein les populations étrangères.

Pour d'autres, le contraire existe. Que de villes pauvres, malingres, rachitiques, deshéritées de la nature et du hasard! Combien d'autres voient leur avenir constamment assombri, leur prospérité d'un jour devenir misère, les calamités sans nombre s'abattre sur elles!

Parmi ces dernières, ces villes martyres, il en est peu en France qui aient subi des vicissitudes aussi nombreuses que la vieille capitale de la Bretagne.

Nantes était née non seulement viable, mais encore

vigoureusement constituée. Son enfance fut belle, et elle atteignit l'adolescence sous les auspices les plus brillants. Puis tout à coup l'enfant bien portant devint débile : la guerre, le partage, l'incendie, ces terribles maladies des villes, rendirent sa jeunesse sombre et triste. L'âge mûr la vit puissante, vivace, supportant résolument les terribles secousses des fléaux qui fondirent sur elle ; souffrante un jour, convalescente le lendemain, en pleine santé la semaine suivante, il fallut l'épidémie révolutionnaire pour lui porter un coup dont elle ne put se relever. Vieille, maintenant, elle subit le sort ordinaire, et se voit abandonnée pour de plus jeunes ; mais comme ces femmes aimables sur le retour, qui savent encore attirer près d'elles un cercle d'amis fidèles et de jeunes gens intelligents, Nantes ne sait pas et ne saura jamais ce que c'est que la triste solitude.

L'époque de la fondation de Nantes est à peu près inconnue. Entrepôt des métaux de l'Armorique et de la Grande-Bretagne, sous la domination romaine, elle acquit rapidement une importance véritable. Longtemps subsista près de la porte Saint-Pierre un monument qui attesta cette prospérité : c'était une salle voûtée, longue de cinquante pieds, large de vingt-cinq, qui pouvait avoir été une bourse ou un tribunal de commerce.

Nantes florissait lorsque l'invasion des barbares vint sécher dans sa source cette prospérité radieuse. Rattachée à la Bretagne sous Clovis, ramenée sous le joug des Francs sous Clotaire, elle finit par recevoir le gouvernement d'un évêque, Félix, que Grégoire de Tours a chargé d'anathèmes, et que les Nantais révèrent encore. Félix commença cette série d'évêques qui devaient exercer longtemps dans la ville de la souveraineté temporelle. Homme intelligent et instruit, Félix fut le bienfaiteur du pays. L'Erdre se répandait en marais, il l'endigua. Nantes était à quelques lieues de la Loire, au confluent de l'Erdre et du Seil, il amena, par des travaux gigantesques, la Loire dans la ville même, de sorte que Nantes se trouva baignée désormais par trois cours d'eau, dont un grand fleuve.

« C'est votre génie, Félix, écrivait à l'évêque le poète Fortunat, lors du deuxième concile de Tours, c'est votre génie qui, leur donnant un meilleur cours, force les fleuves à couler dans un nouveau lit. O Félix ! que vous devez être habile à diriger la mobilité des hommes, vous qui avez su soumettre à vos lois des torrents rapides !... »

En 568, Félix fit à Nantes la dédicace d'une cathédrale commencée par son prédécesseur Evhémère, à la place même où s'élève la cathédrale actuelle. La conversion des Saxons du Croisic inaugura la nouvelle maison de Dieu, « dont le vaisseau estoit si superbe en sa structure, dit le P. Albert, et si riche en ornemens et parures, qu'il ne s'en trouvoit pas de pareil en France. »

Comme on le voit, le clergé nantais était riche. Nantes reprenait toute sa prospérité première, et un miracle accompli à ses portes l'avait consacrée en lui donnant un rang distingué parmi les villes chrétiennes.

Un jour deux hommes se rendaient de compagnie au couvent de Vertou. Ces hommes étaient accompagnés d'un âne portant leurs bagages. L'un d'eux, nommé Martin, s'éloigna, recommandant à l'autre la garde de l'animal. Or, le compagnon, accablé de fatigue, s'endormit si bel et si bien, qu'il n'entendit pas, durant son sommeil, un ours gigantesque venir faire son déjeuner du pauvre âne, lequel dut cependant ne pas se laisser avaler sans essayer de pousser quelques plaintes. Mais, soit que le dormeur eût l'oreille dure, soit qu'il eût un sommeil semblable à celui de ce prince allemand qui ne se réveillait qu'au bruit d'une batterie d'artillerie tonnant à la porte de sa chambre, toujours fut-il qu'il n'ouvrit les yeux que pour voir l'ours s'en aller bien tranquillement faire sa digestion du côté du fleuve. Le malheureux, désespéré, ne savait que dire à son compagnon, lorsque Martin fut de retour. Heureusement l'ours avait respecté les bagages. Martin, sans plus s'embarrasser de la situation, appela l'ours, et lui commanda de porter les objets pesants qui gisaient sur le chemin. L'animal accourut, et se prêta de si bonne grâce à la circonstance, qu'il accompagna les deux amis, dont l'un tremblait de tous ses membres, jusqu'à la porte du couvent. Grandes furent la stupéfaction et l'admiration des moines qui, en voyant ce miracle, ne purent faire autrement que de reconnaître pour un saint l'homme qui possédait une telle puissance sur les bêtes féroces. Donc, Martin devint saint Martin, se vit fêté et vénéré dans la contrée, et transforma le couvent en abbaye.

Grâce à ses évêques, qui la gouvernaient sagement, à sa situation éminemment favorable qui faisait d'elle un des marchés où les Francs rencontraient les Bas-Bretons, Nantes voyait s'accroître de jour en jour sa richesse, son commerce et sa population. Mais on eût dit qu'il était écrit au livre du Destin que la prospérité de la ville, ayant acquis une certaine limite, ne devait jamais la franchir, et que la ruine l'atteindrait de période en période.

En comparant la vie de Nantes et la vie humaine, j'ai dit que sa jeunesse avait été maladive. Le première épidémie qui fondit sur elle et faillit la tuer, fut l'invasion des barbares. La seconde, qui la mit encore à deux deux doigts de sa perte, fut celle des Northmans. Un prétendant au comté de Nantes, nommé Lambert, évincé par Charles le Chauve, appela ses pirates, qui marquent une époque de deuil dans l'histoire de presque toutes nos provinces du littoral de l'Ouest. Trois fois les Northmans ravagèrent et saccagèrent la ville au temps de Nomenoë et d'Erispoë, rois de Bretagne, qui essayèrent en vain de les combattre. Salomon fit la paix avec eux et les laissa libres d'agir : si bien que ces sauvages, après avoir égorgé l'évêque Gohard et son clergé au pied des autels, chassèrent les habitants qui s'enfuirent.

Pendant l'espace de trente années consécutives, la ville ne fut plus qu'un vaste et triste désert. Enfin le comte Alain Barbe-Torte résolut de mettre un terme à ces cruelles invasions. Rassemblant une armée imposante, il courut sus aux pirates qu'il rencontra dans la « prée d'Aniane » (aujourd'hui quartier Sainte-Catherine).

Avant la bataille, les soldats du comte, privés d'eau depuis plusieurs heures, mouraient de soif. Alain invoqua la Vierge, et une fontaine jaillit, qui fut nommée la *fontaine de Notre-Dame*.

Ce miracle, en portant l'épouvante dans le cœur des Northmans, augmenta l'ardeur de leurs ennemis, qui les massacrèrent impitoyablement. Alain voulut alors rentrer dans Nantes ; mais telle avait été la calamité qui avait causé l'abandon de la ville, et telles en étaient les funestes conséquences que, pour aller rendre grâces à Dieu dans la superbe basilique érigée par Félix, il lui fallut de son sabre se frayer un passage à travers les ronces et les broussailles qui avaient poussé sur les ruines. Cependant, avec Alain, la vie rentra dans le cadavre : le cœur de la cité palpita, ses principales artères reprirent quelque animation, la population circula de nouveau, le commerce revint, et, grâce au comte médecin, la santé reprit rapidement force et vigueur, bien que durant le Xe, le XIe siècle et une partie du XIIe, des indispositions fréquentes entravassent la marche du rétablissement complet.

Ces indispositions nombreuses furent causées d'abord par Conan le Tors, duc de Bretagne, qui s'empara violemment de la ville. Foulques d'Anjou la délivra et battit le duc à Conquereul en 992. Puis, annexée au trône ducal en 1084, ce fut la révolte contre ses ducs qui vint encore la désoler par de continuelles dissensions intestines.

En dépit de ces guerres incessantes, de ces perpétuels déchirements, la ville, grâce à sa forte constitution, continuait sa marche ascendante vers le bien-être lorsqu'une rechute épouvantable vint la terrasser en 1118. A cette époque un incendie terrible la consuma, à ce point qu'il ne resta debout qu'un ou deux édifices. Pour la seconde fois, il fallut la rebâtir en entier. De là vient qu'aujourd'hui, à dix pieds au-dessous du pavé de la nouvelle ville, on retrouve la chaussée de l'ancienne.

On voit que le destin se montrait cruel envers la malheureuse cité. Enfin, après l'assassinat d'Arthur en 1202, Nantes passa sous le protectorat de Philippe-Auguste, quoique demeurant toujours annexée au duché de Bretagne, et vit recommencer une troisième ère de prospérité.

Alain Barbe-Torte avait jadis divisé la ville en trois parts : il en prit une, il avait donné la seconde aux seigneurs ses compagnons, et remis la troisième à l'évêque. Ce mode de partage, qui se maintint longtemps après la mort du destructeur des Northmans, fut une source de discordes. L'évêque, en souvenir de ses prédécesseurs qui avaient été maîtres absolus, se montra toujours jaloux de ses droits. Ses hommes ne prêtaient serment au duc que sous cette réserve : « Sauf la fidélité que nous devons à l'évêque. » Le tiers des revenus bruts de la ville revenait au prélat, qui percecevait rigoureusement et régulièrement ses droit de « tierçage » et de « pasts nuptial ». En temps de guerre, son armée, sous la bannière épiscopale, marchait distincte de l'armée ducale. De plus l'évêque prétendait à une juridiction tout à fait indépendante de celle du duc, et on le voit même, dans un acte du XIIIe siècle, affirmer que son église est un fief plus noble que comté ou baronnie, et ne relève ni de duc, ni de prince, mais du pape seul. Enfin, lorsqu'il entrait dans la ville de Nantes, les quatre plus puissants seigneurs du comté, les barons de Chateaubriand, d'Ancenis, de Retz et de Pontchâteau, étaient tenus, par une ancienne coutume, de le porter sur leurs épaules depuis le parvis de la cathédrale jusqu'au maître-autel. On vit un duc de Bretagne lui-même, Jean IV, comme baron de Retz et de Chateaubriand, placer sa noble épaule sous la chaise épiscopale.

Cependant, par suite de concessions mutuelles, les Nantais se soudèrent de plus en plus aux Bretons bretonnants, et si la ville ne marqua pas d'une manière prononcée dans les guerres de parti dont la Bretagne fut le théâtre au XIVᵉ siècle, elle se déclara pourtant avec énergie contre le roi Charles V, et, obligée d'ouvrir ses portes à Duguesclin, elle saisit la première occasion de revenir au duc.

Jean V, reconnaissant, y établit sa résidence et en fit la capitale du duché. Profitant de tous les avantages attachés à ce nouveau titre, Nantes, plus forte, plus vivante et plus belle que jamais, traversa assez tranquillement la longue période qui aboutit à l'abolition du duché de Bretagne par le mariage de la duchesse Anne avec Charles VIII. Dès lors elle devint française ; mais on conçoit l'attachement que les Bretons conservèrent pour leurs souverains nationaux, lorsqu'on remarque que l'époque d'abolition du duché fut précisément la plus brillante de la Bretagne indépendante.

François II avait établi une université à Nantes ; il avait achevé, en 1480, ce beau château fondé en 938 par Alain Barbe-Torte, et qui, plus tard, fit dire à Henri IV : « Ventre-saint-gris ! les ducs de Bretagne n'étaient pas de petits compagnons. »

Des traités de commerce passés avec l'Angleterre, l'Espagne et les puissances du Nord, assuraient la tranquillité de la marine. Alors aussi florissait le poète nantais Meschinot, dont Marot prisait fort les vers, et Michel Colomb, l'habile sculpteur, qui devait élever le tombeau du dernier duc.

Nantes était si riche, qu'elle avait pu envoyer à Charles VIII deux navires de mille tonneaux chacun, et néanmoins, devenue française, elle devait voir encore sa prospérité augmenter.

A chaque visite royale, la ville se livrait, par ostentation, à des prodigalités immenses qui dénotaient sa richesse. C'étaient des seize mille litres de vin, des dix mille livres de confitures, des joutes sur l'eau, des processions, des fêtes de toutes sortes organisées rapidement ou luxueusement, et qui augmentaient sa réputation par toute la France.

Sagement administrée, elle vit s'écouler, sans en souffrir, la pénible époque des guerres religieuses, respectant humainement les cultes divers en dépit de l'un de ses évêques, Antoine de Créquy, qui voulait massacrer les protestants. A la Saint-Barthélemy, elle refusa énergiquement et héroïquement de prendre part aux horreurs commises. On lit encore aujourd'hui dans le livre de ses délibérations : « Rassemblés dans la maison commune, le 3 septembre 1572, le maire de Nantes, les échevins et suppôts de la ville, les juges consuls, firent le serment de maintenir celui précédemment fait de ne point contrevenir à l'édit de pacification rendu en faveur des calvinistes, et firent défense aux habitants de se porter à aucun excès contre eux. »

Peut-être fut-ce cette déclaration, plus encore que sa révolte ouverte en faveur du duc de Mercœur, qui amena dans ses murs le Béarnais triomphant pour y rendre ce fameux édit par lequel la tolérance religieuse aurait dû devenir une loi de l'État, et qui, commenté, interprété, violé et rétabli tour à tour, fut la source de tant de maux et de tant de crimes.

Louis XIII vint trois fois à Nantes; la dernière, en 1626 : Richelieu l'accompagnait et fit tomber, au pied du vieux château du Bouffay, la tête illustre d'Henri de Talleyrand, comte de Chalais, qui ne se détacha complètement du corps qu'au trente-cinquième coup de hache!

Ce château du Bouffay ne devait pas manquer de prisonniers fameux : le cardinal de Retz, Fouquet, du Couédic, de Pontcallec, de Talhouët, de Montlouis, y furent incarcérés, les quatre derniers pour n'en sortir que le 18 juin 1720, jour de leur exécution, à l'endroit même où Chalais était tombé.

Pendant le cours du XVIIIe siècle, Nantes atteignit l'apogée de sa splendeur. Calme et heureuse après la conspiration Cellamare, elle étendit son commerce avec une prodigieuse activité. Ses nombreux vaisseaux sillonnaient les mers, ses armateurs la transformaient en une ville coquette, élégante, spacieuse et admirablement construite.

Mais cette fois encore, comme les fois précédentes, Nantes, arrivée au sommet de la colline de la fortune qu'elle avait gravie si péniblement, devait être subitement précipitée de l'autre côté dans un effrayant abîme. Sa plus douloureuse maladie allait encore lui ravir ses forces et sa puissance. Cette maladie, ce fléau, s'appela Jean-Baptiste Carrier.

La Révolution éclata ; la guerre de Vendée survint. Nantes, qui avait donné tête baissée dans les idées nouvelles, tenait pour la République. Les Vendéens résolurent de s'en emparer. Onze mille hommes défendirent la ville contre les cent mille soldats de Cathelineau.

— Périr et assurer le triomphe de la liberté plutôt que de se rendre ! disait le maire Baco, soutenu par le vaillant général Canclaux. Soyons tous sous les armes, et décrétons la peine de mort contre quiconque parlera de capituler !

L'héroïque magistrat municipal fut blessé, mais Cathelineau fut tué, et Nantes fut sauvée. Pour la récompenser de cette belle défense, de ce sublime exemple donné aux autres villes républicaines, la Convention ne trouva rien de mieux à faire que de lui envoyer Carrier.

Le jour même où Marcof confiait à Boishardy les secrets du marquis de Loc-Ronan, l'envoyé extraordinaire de la Convention nationale était à Nantes depuis deux mois accomplis. La pauvre ville avait senti la griffe de ce tigre s'enfoncer dans ses flancs décharnés et amaigris par la souffrance. Le siége qu'elle avait soutenu l'avait déjà cruellement éprouvée. Ses faubourgs, incendiés et détruits, n'offraient plus que l'aspect désolé de vastes ruines, et les bras, l'argent, le courage, manquaient également pour les relever. Les quelques maisons qui y restaient debout chancelaient sur leurs murs noircis, crevassés par les boulets et lézardés par les balles et la mitraille. Les habitants, épouvantés, s'étaient réfugiés dans l'intérieur de la ville. La solitude rendait plus affreux encore ce triste et navrant spectacle de la dévastation.

La ville proprement dite avait un peu moins souffert. Deux quartiers entre autres étaient demeurés à l'abri des boulets : celui de l'île Feydeau d'abord, puis celui fondé en 1785 par le capitaliste Graslin, qui lui avait donné son nom. Le Bouffay, les quais et le port n'avaient pas eu non plus beaucoup à souffrir; et cependant l'aspect de la ville était plus sombre encore et plus désolé que celui des faubourgs. Nulle part on ne voyait plus ce mouvement, ce bruit, cette activité, qui décèlent la cité commerçante. Les rues étaient désertes, les quais mornes et silencieux. Au Bouffay seul il y avait de l'animation. C'est que sur la grande place des exécutions se dressait l'échafaud surmontant une cuve couverte d'un prélat rougeâtre.

Le prélat est un grand carré de toile goudronnée. C'était un perfectionnement dû aux nombreuses réclamations des boutiquiers voisins, dont les magasins étaient inondés de sang par suite des exécutions journalières. Autour de la guillotine, on voyait des quantités de bancs, de tabourets et de chaises. D'intelligents spéculateurs les louaient aux chauds patriotes pour les mettre à même de mieux contempler l'horrible spectacle.

Partout la stupeur et l'épouvante régnaient en maîtresses absolues. En pénétrant dans cette pauvre ville, ensanglantée jour et nuit par des crimes auxquels l'imagination se refuse à croire, on eût dit contempler l'une de ces cités du moyen âge, agonisant sous la peste, et torturée par les mains de fer de quelque bandit qui l'étreignait. Les plus lâches tremblaient sous l'empire de la terreur; les plus forts et les plus braves se sentaient engourdis et énervés. On ne savait plus résister à la mort; elle venait, on ne la fuyait même pas. C'est que, hélas! sur cette ville jadis si florissante s'appesantissait le joug de l'un de ces monstres que la nature se plaît parfois à produire pour prouver que rien ne lui est impossible, et que, si l'homme est le roi de la création par son génie, il peut aussi en devenir l'animal le plus odieux et le plus abject par ses vices.

Jean-Baptiste Carrier était né à Yolai, près d'Auriac, en 1756. Obscur procureur lorsque la Révolution éclata, il s'acharna immédiatement à la poursuite de la noblesse et se mit sur les rangs comme candidat à la Convention, à laquelle il fut effectivement envoyé en 1792.

Votant la mort de Louis XVI sans sursis et sans appel au peuple, il contribua ensuite à la formation du tribunal révolutionnaire, et prit une part active à la journée du 31 mai, qui amena la proscription de la Gironde. A cette époque, la Montagne victorieuse, voulant imprimer aux départements une impulsion conforme à ses vues, songea à revêtir quelques-uns de ses membres de pouvoirs proconsulaires. Chargé d'une mission extraordinaire en Normandie et dans le Nord, Carrier déploya une exaltation frénétique qui lui valut l'approbation de ses amis. Puis Nantes, laissant apparaître depuis le 31 mai des tendances fédéralistes, on y envoya Carrier. Ses prédécesseurs, Foucher et Villers, Merlin et Gillet, lui avaient préparé les voies.

Carrier, commissaire de la Convention, arriva dans le chef-lieu du département de la Loire-Inférieure le 8 octobre 1793, ayant en poche des instructions et des pouvoirs discrétionnaires qui l'autorisaient à employer toutes les rigueurs qu'il jugerait convenables. C'était simplement envoyer tout entière la ville de Nantes au bourreau, et c'était dignement la récompenser de sa belle défense patriotique. Au reste, Canclaux avait été rappelé, et Baco, le maire Baco, qui avait prodigué son sang pour la cause de la liberté, avait été jeté dans les prisons de l'Abbaye pendant un voyage qu'il avait fait à Paris. Avec le proconsul, la terreur était venue s'abattre sur la pauvre cité jadis florissante, maintenant morne et dévastée.

VII

LA COMPAGNIE MARAT

La maison dont Carrier avait fait choix pour y transporter ses dieux lares et qu'il avait fait arranger pour son usage personnel était située dans cette partie de la ville que l'on nomme Richebourg. C'était une habitation d'assez belle apparence, qui semblait tenir à la fois d'une résidence de ministre et d'un corps de garde de sans-culottes.

Un poste était établi au rez-de-chaussée. Deux sentinelles gardaient l'entrée de la maison. D'autres soldats, si ce n'est pas déshonorer ce nom que de le donner à de pareils êtres, fumaient, buvaient ou chantaient : les uns assis sur des bancs, les autres couchés sur les lits de camp du poste. Ces hommes faisaient partie de la compagnie Marat, dont le chef était Carrier, et le lieutenant, Pinard.

Fondée par Carrier et organisée par Pinard, Grandmaison, Goullin, Bachelier et Chaux, cette compagnie était digne de son chef suprême et de ses principaux officiers. Ainsi Chaux, ancien négociant, connu par cinq ou six banqueroutes, avait fait incarcérer tous ses créanciers sous prétexte de royalisme et de modérantisme ; Bachelier, notaire infidèle que la Révolution avait seule sauvé des galères; Goullin, dont le moindre des crimes avait été de faire mourir en prison le bienfaiteur qui l'avait recueilli tout enfant, et lui avait servi de père ;

Grandmaison, accusé jadis de deux assassinats, et qui n'avait dû la vie qu'à des lettres de grâce sollicitées près du roi par quelques nobles qu'il avait su attendrir, et qu'il fit guillotiner plus tard.

La mission de la compagnie Marat était, suivant l'expression consacrée par ses membres, de *fouiller* les gros négociants. Le jour où Carrier l'avait organisée, il avait adressé l'allocution suivante à la réunion Vincent la Montagne :

« Vous, mes bons sans-culottes, qui êtes dans l'indigence, tandis que d'autres sont dans l'abondance, ne savez-vous pas que ce que possèdent les gros négociants vous appartient ? Il est temps que vous jouissiez à votre tour. Faites-moi des dénonciations. Le témoignage de deux bons sans-culottes me suffira pour faire rouler les têtes ; car la parole d'un vrai patriote vaut mieux que la vie de cent aristocrates ! »

Puis, le même jour, le proconsul décrétait « *l'arrestation de tous les gens riches et de tous les gens d'esprit* ». Décret d'une absurdité telle, qu'aujourd'hui l'on a peine à y ajouter foi, mais qui existe intact dans les archives de Nantes.

C'était comme on voit, d'une part un moyen aussi nouveau qu'ingénieux de rélargir le cercle des accusations, et de l'autre, une facilité grande pour les excellents patriotes de la noble compagnie de plumer les bourgeois sans s'inquiéter de leurs cris. Aussi les sans-culottes ne s'en firent pas faute. Ils emplissaient à la fois les prisons et leurs poches, quitte à faire vider les premières par les cabaretiers et les filles prostituées.

En agissant ainsi, Carrier n'avait eu d'autre but que de se concilier les bonnes grâces des sans-culottes et de se les rendre dévoués, but qu'il atteignit promptement.

La compagnie Marat montait seule la garde dans la maison du proconsul, à la porte de laquelle nous venons de conduire le lecteur. De nombreuses sentinelles veillaient nuit et jour à ce poste d'honneur. Ces sentinelles et les autres sans-culottes portaient le costume peu élé-

4.

gant de l'époque : le pantalon rayé, blanc et bleu, la carmagnole brune, la ceinture rouge à laquelle pendait un briquet d'infanterie, et le bonnet phrygien orné de la cocarde tricolore. A la place de cette cocarde, quelques-uns portaient, attachées à leur coiffure, des oreilles de femmes fraîchement détachées, et d'où tombaient encore des gouttelettes sanglantes.

Au moment où nous arrivons devant le corps de garde de la compagnie Marat, un homme, débouchant d'une rue voisine, se dirigeait rapidement vers la maison du proconsul. Le nouveau venu était un personnage de quarante à quarante-cinq ans, haut de taille et fort maigre. Son front bas, ses yeux gris, son nez crochu, ses lèvres minces et presque imperceptibles, dénotaient, s'il faut en croire le système de Lavater, un caractère faux, des instincts rapaces, et une lâcheté méchante ; tandis que ses dents de devant, croisées les unes sur les autres, étaient, toujours suivant le même système, un indice terrible et effrayant de férocité. Il portait à peu près le même costume que les satellites de la compagnie Marat. Ses mains étaient étrangement mutilées. Par suite probablement d'un accident, ses deux pouces étaient rongés, et la peau de la partie intérieure s'appuyait sur l'os dénudé et dénué de la moindre épaisseur de chair. Cet homme était le fameux Pinard, l'ami de Carrier, le lieutenant de la compagnie Marat.

— Salut et fraternité, citoyen ! lui cria une sorte d'Hercule à face patibulaire en lui tendant cordialement la main.

— Bonjour, Brutus ! répondit Pinard.

— D'où viens-tu ?

— De l'entrepôt.

— Les brigands y foisonnent toujours, n'est-ce pas ?

— Dame ! on manque de temps pour les expédier, et cet aristocrate de Gonchon, le président de la commission militaire, veut se donner des airs de les entendre tous avant de les condamner ! Comme si ces brigands-là n'étaient pas tous coupables. Aussi je viens de l'avertir qu'il y passerait bientôt lui-même, s'il ne se dépêchait un peu plus.

— Ça ne va pas ! interrompit un sans-culotte ; on n'en a guillotiné que vingt-trois ce matin.

— Aussi j'ai une idée, mes Romains, répondit Pinard ; une idée toute neuve, et qui vous ira un peu proprement, j'imagine.

— Laquelle ? demanda-t-on de toutes parts en entourant l'ami de Carrier.

— Je vais vous conter cela.

Pinard se recueillit quelques instants.

— Tu disais, Cincinnatus, reprit-il en s'adressant à l'un de ses auditeurs, que l'on n'avait guillotiné que vingt-trois aristocrates ce matin ?...

— Oui, répondit le sans-culotte.

— Eh bien ! Gonchon prétend qu'en se dépêchant il ne peut en juger que trente-cinq par jour.

— Gonchon est un modéré ! s'écria une voix.

— Un suspect ! dit un autre.

— C'est mon avis, continua Pinard, attendu que cinq minutes suffisent pour condamner. Or, à cinq minutes par aristocrate, ça en ferait douze par heure, et à juger seulement cinq heures par jour, ça en ferait déjà soixante.

— C'est évident ! dit Brutus.

— Soixante par jour, ça n'en ferait jamais que dix-huit cents par mois, fit observer Cincinnatus.

— Et nous en avons déjà trois mille dans les prisons, sans compter ceux que l'on amène tous les jours, répondit Pinard.

— Alors, faut trouver un moyen.

— Sans cela nous serions pourris d'aristocrates.

— Faut les brûler en masse !

— Faites sauter les prisons avec eux !

— Faites marcher le rasoir national jour et nuit !

— Très bien, mes Romains, interrompit Pinard ; vous avez tous d'assez bonnes idées, mais je crois en avoir trouvé une meilleure.

— Qu'est-ce que c'est ?
— Parle vite !
— Raconte-nous cela !
— La parole est à Pinard.

Et les sans-culottes, se pressant davantage, contraignirent le lieutenant de Carrier à monter sur un banc pour être à même d'être mieux entendu de tous. Pinard jeta autour de lui un regard de complaisance et commença :

— Mes braves sans-culottes, vous allez me comprendre en deux mots. Vous connaissez tous la place du département, qui est située à l'autre extrémité de la ville?

— Oui ! cria-t-on de toutes parts.

— Eh bien ! je propose que l'on y conduise tous les soirs quelques centaines d'aristocrates ; qu'on les range en ligne : que l'on établisse une batterie d'artillerie en face d'eux, et que, pour s'entretenir la main, les vrais patriotes tirent dessus à mitraille. Ça vous va-t-il ?

— Bravo ! s'écrièrent les sans-culottes.
— A-t-il des idées, ce Pinard ! disait l'un.
— En voilà un vrai républicain ! ajoutait un autre.
— Un pur patriote !
— Dame ! il était à Paris en septembre.
— Vive Pinard ! hurla la bande.
— Mais, fit observer une voix, Gonchon n'aura pas le temps de les juger !
— On ne jugera pas ! répondit Pinard.
— C'est vrai, ajouta Brutus ; ça nous épargnera du temps.
— Alors, c'est bien convenu, bien entendu? demanda encore Pinard.
— Oui ! oui ! oui !
— Eh bien ! qui est-ce qui veut venir avec moi porter la motion au citoyen Carrier ?
— Moi ! moi ! moi ! crièrent vingt bouches différentes.
— Vous êtes trop pressés, mes Romains. Il ne m'en faut que deux, et je désigne Brutus et Chaux.

Les deux sans-culottes désignés étaient ceux qui portaient à leurs bonnets des oreilles sanglantes. Pinard sauta à bas de son banc, et, au milieu d'un concert louangeux d'énergiques félicitations, il se dirigea vers la porte donnant accès dans l'intérieur de la maison. Chaux et Brutus le suivirent.

La demeure de Carrier était gardée soigneusement de toutes parts. On n'y pénétrait jamais, même les familiers les plus connus, sans un mot de passe, changé chaque jour. L'exemple de Marat, assassiné le 14 juillet précédent, était toujours devant les yeux du proconsul. Il redoutait les vengeances particulières qu'auraient pu exercer sur lui les parents de ses victimes. Aussi se faisait-il garder à vue. Néanmoins, Pinard et ses deux amis pénétrèrent facilement dans la maison, car tous trois avaient le mot d'ordre. Arrivés au premier étage, un factionnaire les empêcha de passer.

— Est-ce que le citoyen n'est pas dans son cabinet? demanda Pinard.

— Si fait.

— Alors je vais lui parler.

— Pas maintenant. Il est en conférence, et il m'a donné l'ordre d'empêcher d'entrer.

— Alors nous allons attendre dans le salon.

— Tu en as le droit, d'autant que ça ne sera pas long.

Pinard, Chaux et Brutus poussèrent une porte à deux battants et entrèrent dans une vaste pièce parfaitement meublée et garnie de sièges en bois doré, recouverts d'étoffes de soie. Ils allumèrent leurs pipes au brasier qui brûlait dans la cheminée, et, s'enfonçant chacun dans un moelleux fauteuil, ils se mirent en devoir de passer en causant le temps de l'attente. Le contraste qu'offraient ces hommes aux costumes hideux, tout maculés de taches de sang, et ce mobilier superbe, était quelque chose d'impossible à décrire. De temps en temps on entendait à travers l'épaisseur de la muraille un bruit de voix confus arriver jusqu'au salon. Ce bruit de oix partait du cabinet du proconsul.

— Le citoyen a l'air de se fâcher, dit Brutus en lâchant une énorme bouffée de fumée.

— Peut-être bien qu'il se dispute avec sa femme, répondit Pinard.

— Ou qu'il s'amuse avec la citoyenne Angélique Carron, ajouta Chaux en riant.

— Et comment Angélique vit-elle avec sa nouvelle compagne ? demanda Pinard.

— Laquelle ?

— Ah ! c'est vrai, ce Carrier est pire qu'un Turc. Il en change tous les jours.

— Dame ! il a les prisons à sa disposition. Il fouille là dedans et prend ce qui lui plaît.

— Avec ça que vous vous en privez, vous autres de la compagnie Marat !

— Tiens ! est-ce que les femmes d'aristocrates ne sont pas bien faites pour nous amuser?

— Et sont-elles assez bêtes ! dit Brutus en riant d'un gros rire ; on leur promet la liberté, ou celle de leur frère, de leur père ; elles croient cela, et elles sont douces comme des agneaux !

— Et les religieuses de la Miséricorde qu'on nous a amenées dernièrement ! Il y en avait deux qui étaient jolies comme des amours.

— Oui ; elles plaisaient assez à Grandmaison.

— C'est donc cela qu'il les a fait sortir des prisons pendant deux jours?

— Tiens ! il a eu un peu raison.

— Ça devait être ennuyeux ! elles étaient devenues folles toutes les deux [1] !

— Imbécile ! qu'est-ce que cela fait?

— A propos, Pinard ! fit Chaux en se tournant vers le sans-culotte ; j'ai visité les registres, et j'ai vu le nom d'un ci-devant domestique d'aristocrate que j'ai connu autrefois, et qui est incarcéré depuis plus de deux mois.

— Eh bien ?

---

1. Historique.

— On lui fait donc des passe-droit à ce gaillard-là ? Il devrait être expédié depuis longtemps.

— Comment le nommes-tu ?

— Jocelyn.

— Ah ! oui, l'ancien valet du ci-devant marquis de Loc-Ronan.

— Tu le connais aussi ?

— Je l'ai vu en Bretagne autrefois.

— C'est un aristocrate comme son ci-devant maître.

— Je le sais bien. Mais Carrier m'a donné l'ordre positif de ne pas le faire passer avec les autres, ainsi que son compagnon, un autre aristocrate aussi !

— Tu les a vus ?

— Non ! je sais qu'ils sont incarcérés, voilà tout.

— J'ai été visiter les prisons avant-hier, dit Brutus, et je me suis trouvé avec les gens dont vous parlez. Eh bien ! je parierais que ce compagnon du valet est un ancien maître, un ci-devant, un chien d'aristocrate qui se cache sous un faux nom.

— Tu crois ?

— J'en réponds.

— J'irai voir cela, repondit Pinard.

— Mais pourquoi Carrier veut-il qu'on garde ces deux brigands-là ?

— Je n'en sais rien ; c'est un ordre positif, voilà tout : mais j'éclaircirai la chose. En attendant, que Carrier adopte mon projet, et nous serons libres de faire filer dans la masse qui bon nous semblera.

— Ça me va un peu ! s'écria Chaux en se frottant les mains, tous mes aristocrates de créanciers y passeront.

— Et tu seras libéré ?...

— Sans que ça me coûte rien, au contraire !

VIII

LE SULTAN TERRORISTE

Le cabinet de travail de Carrier était une pièce de moyenne grandeur éclairée sur un beau jardin. Par surcroît de précautions, le sanguinaire agent de la Convention n'avait pas voulu habiter ordinairement une des chambres dont les fenêtres donnaient sur la rue.

Cette pièce était tapissée richement, et ornée d'une profusion de glaces et de dorures du plus mauvais goût. Des rideaux de soie rouge garnissaient les fenêtres et les portes. Un lustre était suspendu au plafond. Une magnifique pendule, flanquée de deux candélabres mesquins, écrasait une cheminée dans l'âtre de laquelle brillait un feu plus que suffisamment motivé par la rigueur de la saison. Les pieds foulaient un moelleux tapis.

Les murailles étaient recouvertes d'arrêtés, de décrets, de lois votées par la Convention ou rendues par Carrier lui-même en vertu de ses pouvoirs discrétionnaires. Partout les yeux rencontraient ces en-tête si connus : *Liberté, égalité ou la mort !* Une gravure, représentant une petite guillotine surmontée d'un bonnet phrygien, occupait la place d'honneur. Au bas de cette intéressante gravure enfermée dans un cadre doré, on lisait ce quatrain tracé à la main.

> Français, le bonheur idéal
> Ne pourra régner parmi nous,
> Que quand les rois périront tous
> Sous le rasoir national...

Puis, en énormes lettres, était écrit au-dessous :
Vive la République ! Mort aux aristocrates, aux suspects et aux modérés !

En regard de cette gravure, on voyait une énorme carte des environs de Nantes appendue à la muraille. Sur cette carte, une grande quantité de noms de communes et de villages étaient barrés par une raie rouge. Ces raies indiquaient les communes, bourgs ou villages qui devaient être brûlés, et dont les habitants seraient massacrés sans pitié. Carrier avait apporté tout préparé de Paris cet intéressant échantillon de géographie patriotique, et il se vantait d'avoir tracé ces barres à l'aide d'un encrier rempli de sang humain provenant des victimes de septembre.

Le reste de l'ameublement se composait d'une table ronde, d'un large divan de près de huit pieds de longueur, et de quatre fauteuils.

Sur l'un de ces fauteuils, placé près de la fenêtre, était assise ou plutôt accroupie une femme qui tricotait avec acharnement. Cette femme avait une physionomie repoussante. Elle pouvait également avoir trente ans et en avoir cinquante. Ses yeux rouges et écaillés, aux paupières dénuées de cils, brillaient sous des sourcils d'un blond fade, qui, par un hasard singulier chez les blondes, se rejoignaient au-dessus du nez. Son teint était livide, ses pommettes saillantes et son front déprimé. Assise, elle paraissait petite; debout, elle était fort grande.

Cette différence provenait de la petitesse du buste et de la longueur démesurée des jambes. Ses mains sèches, ses doigts crochus, sa poitrine étroite, dénotaient une extrême maigreur qu'il était difficile de constater sous l'épaisse carmagnole qui enveloppait les épaules et la taille. Une jupe de laine rayée rouge et gris complétait ce costume avec un énorme bonnet empesé, surmonté d'une cocarde tricolore.

Le côté moral de cette créature peu séduisante répondait entièrement au côté physique. Hargneuse, cruelle, avare, grondeuse, les défauts remplissaient tellement son cœur, que la plus petite qualité n'avait pu y trouver place pour y apporter compensation. Elle torturait à plaisir les malheureux qui se trouvaient sous sa dépendance.

Cette agréable personne était la citoyenne Carrier,

épouse légitime du ci-devant procureur, maintenant commissaire tout-puissant.

Carrier avait eu plusieurs fois la fantaisie de se débarrasser de sa femme et de la faire guillotiner ; mais au moment d'en donner l'ordre, il s'était senti retenu par la force de l'habitude ; puis son caractère le récréait quelquefois.

— Elle me fait, disait-il, l'effet d'un gros dindon en colère, et cela m'amuse [1].

Enfin, heureusement pour elle, la citoyenne avait jadis cultivé avec succès l'art des Vatel et des Grimod de La Reynière. Or, Carrier était sensuel et gourmand ; personne ne savait lui préparer des mets à son goût comme la citoyenne Carrier. Ses qualités culinaires, plus encore que l'habitude que son mari avait d'elle, étaient bien certainement entrées pour beaucoup dans les raisons qui empêchaient celui-ci de la faire jeter en prison.

Autre qualité : la citoyenne n'était nullement jalouse, et même elle se montrait complaisante au suprême degré. Puis, faut-il le dire? Carrier avait peur de sa femme.

Carrier était lâche et brutal. Dans ses moments d'irritabilité, il éprouvait le besoin de passer sa rage en frappant sur plus faible que lui. Un matin, étant fort en colère et ne trouvant personne sous sa main pour se détendre les nerfs, il avait naturellement appelé sa femme. Celle-ci accourut. Sous un prétexte quelconque, Carrier leva le poing et le laissa retomber. Mais la citoyenne était Auvergnate. La faible femme cachait sous sa maigreur une force peu commune ; elle riposta largement, si largement que Carrier fut obligé de demander grâce. Depuis ce moment, le couple avait vécu en paix. Carrier continuait à avoir des maîtresses et à faire tomber des têtes. La citoyenne se mêlait de la cuisine, mais le proconsul n'avait plus eu la velléité de passer sur elle ses rages fréquentes.

1. Historique.

Carrier était un homme de trente ans ; sa taille était élevée, mais il y avait dans toute sa personne quelque chose de gauche et de désagréable. Sa démarche était cauteleuse et gênée comme celle de la hyène avec laquelle il avait tant d'autres points de ressemblance. Son front était bas, ses yeux, ronds et verdâtres, ne regardaient jamais en face et avaient toujours une expression d'inquiétude ; son nez était recourbé, ses lèvres minces et incolores ; son teint olivâtre tranchait mal avec ses cheveux noirs collés aux tempes. Jamais on ne pouvait parvenir à le voir complètement en face. Il affectait une grande brutalité de gestes pour cacher ce qu'il y avait dans sa nature primitive de précautionneux et de craintif. Au premier abord, on devinait sa lâcheté.

Son costume affichait une certaine recherche ; copiant Robespierre, il portait les culottes courtes, les bas de soie et l'habit noir, à la boutonnière duquel s'épanouissait une fleur ; seulement, il faisait fi de la poudre. L'écharpe tricolore était toujours nouée autour de sa taille.

Au moment où nous pénétrons dans le cabinet que nous venons de décrire, la citoyenne Carrier était accroupie près d'une fenêtre, tricotant avec acharnement.

C'était un quart d'heure à peu près avant l'arrivée de Pinard sur la place.

Le proconsul, assis au milieu du large divan adossé à la muraille, au-dessous de la gravure représentant la guillotine en question, se prélassait sur les coussins soyeux. Sur ce même divan étaient couchées deux femmes, l'une à droite, l'autre à gauche du commissaire national, toutes deux étendues dans une position à peu près semblable, et toutes deux ayant leur tête appuyée sur un coussin de chaque côté de Carrier. Chacune des mains du proconsul jouait avec les tresses de cheveux qui se déroulaient sur les épaules des deux femmes.

La première, celle de droite, était une jeune fille de vingt à vingt-quatre ans, admirablement belle ; ses grands yeux arabes flamboyaient dans l'ombre, dégageant leur fluide magnétique ; ses sourcils, finement dessinés, tranchaient, par leur nuance foncée, avec la blancheur rosée du teint ; ses lèvres un peu épaisses, étaient plus rouges que le corail de l'Adriatique ; sa pose indiquait une admirable perfection de formes, une souplesse harmonieuse du corps et une sorte de distinction naturelle.

Elle portait le costume qui commençait à faire fureur dans les salons des terroristes et qui devait briller de tout son éclat sous le règne cyniquement dépravé du Directoire. Une tunique blanche, rehaussée de franges cramoisies, était attachée sur l'épaule gauche par un superbe camée, laissant à découvert une partie de la gorge ; les jambes nues sortaient à demi de la jupe, et du bout de ses pieds mignons, chaussés de la sandale antique, elle jouait avec les glands du coussin sur lequel ils reposaient.

Cette femme se nommait Angélique Caron, et était depuis quelques mois la favorite du harem. L'alliance de cette créature si belle et de ce lâche assassin est une de ces monstruosités dont la bizarrerie est si grande qu'elle éblouit ceux qui la contemplent. Angélique était vive, spirituelle et gaie ; elle se servait souvent de son influence sur le proconsul pour lui arracher quelque grâce qu'elle sollicitait aux heures propices. Néanmoins, l'histoire ne lui a pas pardonné de s'être faite la compagne des orgies de Carrier. L'histoire a flétri Angélique et l'histoire a eu raison : rien ne peut excuser son séjour auprès du monstre sanguinaire.

L'autre femme, vêtue à peu près du même costume, paraissait de quelques années plus âgée qu'Angélique, mais elle était fort belle encore et certainement plus élégante que sa compagne ; les traits de sa figure étaient plus nets, mieux dessinés, les formes de son corps plus accentuées et plus robustes. Il y avait plus de science dans sa pose, plus de coquetterie effrontée dans son regard et l'expression ironique qui se peignait sur sa physionomie lorsqu'elle jetait un coup d'œil sur sa rivale, dénotait la conscience qu'elle avait de sa supériorité morale.

Carrier se récréait près de ces deux femmes, tandis que la citoyenne Carrier tricotait philosophiquement.

— Ainsi, disait le proconsul à sa compagne de gauche dont il s'amusait à tirer les longues tresses d'ébène, ce qui parfois arrachait un cri ce douleur à la femme, ainsi, tu trouves mon idée à ton goût ?

— Je la trouve excellente.

— Eh bien, nous l'essayerons ce soir.

— Sur qui ?

— Sur la bande de calotins que l'on a arrêtés hier.

— Mais je ne comprends pas, moi, dit Angélique.

— Sotte ! fit Carrier en frappant sur l'épaule nue de sa belle maitresse un coup tellement sec de sa main droite, que la marque des doigts se détacha aussitôt, rouge et marbrée, sur la peau blanche et satinée d'Angélique Caron.

— Tu me fais mal !... fit-elle en tressaillant sous l'effet de la douleur.

— Pourquoi as-tu l'intelligence si dure ?

— Explique-toi mieux, je te comprendrai.

— Hermosa comprend bien, elle.

— Hermosa a toutes les qualités depuis deux jours, nous savons cela, répondit Angélique avec ironie. Au reste, elle a le droit d'avoir plus d'intelligence que moi, elle a plus d'années.

— Que veux-tu dire ? s'écria Hermosa en se redressant comme si elle venait d'être mordue par un serpent.

— Je veux dire ce que je dis.

— Insolente !

— Insolente, oui ; menteuse, non.

— Assez ! interrompit brusquement Carrier en se levant ; vous m'ennuyez toutes les deux.

— Tu n'es pas aimable aujourd'hui, répondit Angélique.

— C'est qu'il me plaît d'être ainsi.

— Explique-nous encore une fois tes beaux projets !

fit Hermosa en s'appuyant gracieusement sur le bras du proconsul.

— Ah ! cela te tient au cœur ?

— Sans doute ! Ne s'agit-il pas de punir des aristocrates ?

— Et tu les hais, n'est-ce pas ?

— Oui ! je les hais et je voudrais voir tous les royalistes de la Bretagne et de la Vendée sous le couteau de la guillotine : deux surtout.

— Lesquels ?

— Boishardy d'abord.

— Et puis ?

— Un marin nommé Marcof.

— Sois tranquille ; tu jouiras de ce spectacle plus promptement que tu ne le crois.

— Comment cela ?

— Tu le sauras plus tard.

— Mais ce projet ? fit Angélique avec impatience.

— Je vais te le raconter, ma belle ! répondit Carrier en passant le bras autour de la taille souple de la jeune femme, qui se cambra et se renversa à demi comme si elle eût voulu appeler sur ses lèvres le baiser de la bête venimeuse qui l'enlaçait.

Pendant ce temps, la citoyenne Carrier tricotait toujours. La porte du cabinet s'ouvrit brusquement.

— Que me veut-on ? s'écria le proconsul en faisant un pas en arrière et en s'abritant instinctivement derrière les deux jeunes femmes.

Le misérable était tellement lâche, qu'il s'effrayait au moindre bruit. Un sans-culotte de garde parut sur le seuil.

— C'est quelqu'un qui demande à te parler, citoyen, dit-il sans saluer.

— Je ne reçois personne !

— Il dit que tu le recevras.

— Son nom, alors ?

— Je n'en sais rien.

— Et tu laisses ainsi pénétrer dans ma maison des

gens que tu ne connais pas! s'écria Carrier avec fureur.

— Il a une carte de civisme du comité de Paris.

— Qu'est-ce que cela me fait?

— Alors je vais lui dire qu'il s'en aille?

— Adresse-le au secrétaire.

— Bien! répondit le sans-culotte en se retirant.

Cinq minutes après, il rentra.

— Encore? fit le proconsul : si tu me déranges de nouveau, je te fais incarcérer.

— C'est le citoyen qui veut entrer.

— Passe-lui ta baïonnette dans le ventre, à ce brigand-là.

— Comme tu y vas, citoyen Carrier! répondit une voix forte et bien timbrée. Est-ce ainsi que tu as l'habitude de recevoir les envoyés extraordinaires du Comité de salut public de Paris?

Ces paroles n'étaient pas achevées, qu'un nouvel interlocuteur se présentait à la porte du cabinet. C'était un homme de haute taille, un peu obèse et aux cheveux grisonnants. Il portait un costume à peu près semblable à celui du proconsul. En voyant cet homme, Hermosa tressaillit, et un éclair de joie brilla dans ses yeux.

— Diégo! murmura-t-elle.

Le nom du Comité de salut public de Paris était une sorte de Sésame qui, à cette époque, ouvrait toutes les portes, même les mieux fermées. En l'entendant prononcer, Carrier fit un geste de surprise, et changeant de ton:

— Tu es délégué par Robespierre? demanda-t-il brusquement.

— Oui! répondit le nouveau venu.

— Où sont tes pouvoirs?

— Les voici.

Et l'envoyé du Comité parisien entra d'un pas assuré dans la pièce et tendit un paquet de papiers à Carrier. Celui-ci s'empressa de les ouvrir et les parcourut rapidement.

— Il paraît que tu es un chaud patriote! fit-il en levant les yeux sur l'inconnu.

— Tout autant que toi, répondit ce dernier.
— Alors nous nous entendrons.
— Je le pense.
— Tu as à me parler ?
— Sans doute.
— Immédiatement ?
— Oui.
— Scévola, ferme la porte, et cette fois, massacre le premier qui voudrait me déranger !

Le sans-culotte obéit. L'envoyé du Comité de salut public jeta un regard autour de lui et put voir seulement alors les trois femmes.

— Tiens ! fit-il en attirant Angélique, celle-ci est jolie.

Et il l'embrassa familièrement. Carrier devint blême ; il était jaloux à l'excès. Angélique s'échappa des bras qui l'enlaçaient et se recula vivement.

— L'oiseau est farouche, dit le nouveau venu avec insouciance.

— Elle est ma maîtresse ! répondit brusquement Carrier.

— Eh bien ! si je reste quelques jours à Nantes, tu me la céderas, n'est-ce pas ?

— Est-ce pour cela que Ropespierre t'envoie ?

— Robespierre m'envoie pour t'aider à pacifier la Vendée.

— Toi ?

— Moi-même.

— Est-ce que la Convention trouve que je ne fais pas mon devoir ?

— Elle trouve que tu vas lentement.

— Elle n'a donc pas eu connaissance de mes projets ?

— Si fait.

— Eh bien !

— Elle les approuve.

— Ah ! s'écria Carrier avec un rire forcé, alors elle ne pourra plus me reprocher ma lenteur.

Puis se retournant vers les femmes :

— Allez-vous-en ! ordonna-t-il brutalement, j'ai à causer avec le citoyen.

Madame Carrier se leva et obéit en grommelant. Hermosa et Angélique la suivirent. Arrivée à la porte, l'Italienne laissa passer les deux femmes, sortit la dernière, et, se retournant un peu, elle échangea un regard rapide avec l'envoyé parisien ; puis elle sortit, et la porte fut refermée avec soin.

IX

LES PROJETS DE CARRIER

Quand les deux hommes furent seuls, ils s'examinèrent réciproquement. La défiance se lisait dans les yeux du proconsul.

— Ton nom ? demanda-t-il brusquement pour couper court à l'examen que son interlocuteur passait de sa personne.

Carrier ne pouvait supporter les regards fixés sur lui.

— Ton nom ? répéta-t-il.

— Le citoyen Fougueray.

— Tu es un pur ?

— Ma mission te le dit assez.

— Oui ; mais sais-tu ce que j'entends par un bon patriote, moi ?

— Non.

— Je vais te le dire.

— J'écoute, dit le nouveau personnage en prenant une pose insouciante.

— J'entends un républicain capable de boire un verre de sang d'aristocrate (sic).

— Verse, je boirai.

— Bien ! Assieds-toi, alors, et causons.

— Les deux hommes s'installèrent sur le divan.

— Tu dis donc, reprit Carrier, que la Convention a lu mon projet ?

— Oui.

5.

— Et qu'elle l'approuve ?

— Entièrement. Je ne suis venu à Nantes que pour en surveiller l'exécution.

— Veux-tu que je te l'explique en détail

— Cela me fera un véritable plaisir.

— Eh bien ! écoute-moi.

— Je suis tout oreilles.

Tout en parlant, Carrier regardait en dessous, selon sa coutume, son interlocuteur. L'espèce de petite mise en scène qu'il venait d'exécuter en jouant les grands sentiment républicains, si fort de mode alors, n'avait eu d'autre but que d'impressionner l'envoyé de Robespierre.

Mais Carrier avait vu avec dépit que cet homme n'avait paru éprouver non seulement aucune gêne en la présence du proconsul, mais même n'avait manifesté aucun étonnement, ni aucune curiosité. La proposition de boire un verre de sang d'aristocrate l'avait fait légèrement sourire, et il avait accompagné sa réponse laconique d'un regard quelque peu railleur qui avait démontré à Carrier que le nouveau venu était un homme peu facile à jouer. Aussi le commissaire républicain se tint-il sur ses gardes, et le proconsul s'effaça momentanément pour faire place au procureur.

— Tu sais, citoyen Fougueray, reprit Carrier en caressant pour ainsi dire chacune de ses paroles, tu sais, citoyen Fougueray, que de toute la France, y compris Paris, Nantes est la ville où les aristocrates abondent le plus ?

— Sans doute, répondit Diégo, et cela s'explique d'autant mieux que Nantes est au centre du foyer de l'insurrection de l'Ouest.

— Depuis deux mois passés que je suis ici, j'ai fait activement rechercher les brigands pour les incarcérer.

— C'était ton devoir.

— Et je l'ai accompli.

— Nous n'en doutons pas à Paris.

— Oui ; mais ce que vous ne savez pas, c'est que les

prisons sont petites; elles regorgent d'aristocrates.

— Bah! c'est un bétail qu'il ne faut pas craindre d'entasser.

— Sans doute; mais l'entassement amène le typhus, et la nuit dernière un poste entier de grenadiers a succombé en quelques heures. Au Bouffay, les gardiens eux-mêmes tombent quelquefois en ouvrant les portes des cachots.

— Et tu crains que le typhus ne gagne la ville?

— Certainement; les bons patriotes pâtiraient pour les mauvais.

— Et comme tu es bon patriote tu pourrais y passer comme les autres. Je comprends ta susceptibilité à l'endroit de l'entassement des prisonniers. Après?

— Il s'agissait donc de trouver un moyen de vider les prisons aussi vite qu'elles se remplissaient, et de donner en même temps un peu d'agrément aux braves sans-culottes.

— C'est ce moyen que tu cherchais?...

— Et que j'ai trouvé.

— Voyons cela!

— J'ai fait mettre en réquisition tous les navires depuis Nantes jusqu'à Saint-Nazaire.

— Bon!

— On clouera avec soin les sabords.

— Très bien.

— Chaque soir on embarquera quelques centaines d'aristocrates sur un de ces navires.

— Et ils s'embarqueront avec d'autant plus de plaisir qu'ils croiront que l'on va les déporter tout simplement.

— C'est cela. Je les déporte aussi; tu vas voir! fit Carrier en souriant d'un sourire monstrueux.

— J'écoute avec la plus scrupuleuse attention.

— Une fois les sabords cloués et les aristocrates à fond de cale, on ferme l'entrée du pont avec des planches...

— Bien clouées également?

— Sans doute !

— Continue, citoyen ; c'est plein d'intérêt, ce que tu me dis là.

— Puis on conduit le bateau au milieu de la Loire ; les sans-culottes se retirent dans des barques, les charpentiers donnent un coup de hache dans les flancs du navire, et la Loire fait le reste.

— Très bien !

— J'appellerai cela « *les déportations verticales*, » ajouta Carrier en riant.

— Des baignades révolutionnaires, fit Diégo.

— Et la Loire sera « *la baignoire nationale !* »

— Bien dit, citoyen ! Touche là ; tu me vas !

— Et toi aussi, citoyen ! J'écrirai à Robespierre pour le remercier de t'avoir envoyé ici !

— Et quand commencerons-nous ?

— Ce soir.

— Qui est-ce qui prendra le premier bain

— Quatre-vingt-dix-huit calotins royalistes que je conservais à cet effet. Tu comprends, ceux-là iront ouvrir la porte du paradis pour les autres et les annonceront au sans-culotte Pierre.

— A quelle heure la fête ?

— A sept heures ; et après cela souper chez moi. Tu en seras ?

— Naturellement.

— Tous les bons patriotes se réjouiront ensemble, et si cet aristocrate de Gonchon réclame des jugements, on le fera baigner avec les autres !

En ce moment on frappa doucement à la porte du cabinet.

— Entrez ! cria Carrier.

La porte s'entr'ouvrit, et la tête de Scévola parut dans l'entre-bâillement.

— Citoyen... fit-il en s'adressant à Carrier.

— Quoi ?

— Il y a là Pinard, Chaux et Brutus qui demandent à te voir pour faire une motion.

— Qu'ils entrent ! ce sont des bons !

Les sans-culottes de la compagnie Marat furent introduits par Scévola. Carrier, mis en belle humeur par l'idée des noyades qu'il allait commencer à mettre à exécution, les accueillit avec familiarité. Pinard et Diégo se touchèrent la main.

— Vous vous connaissez donc ? fit le proconsul en remarquant ce double mouvement.

— Oui, répondit Pinard ; le citoyen et moi avons fait la chasse aux aristocrates en septembre à Paris.

— Et nous l'avions commencée autrefois en Bretagne, ajouta Diégo ; n'est-ce pas, Carfor ?

— Je ne m'appelle plus comme cela.

— Tiens, tu as changé de nom ?

— Oui.

— Pourquoi !

— Parce que, quand je m'appelais Ian Carfor, je subissais la tyrannie des aristocrates. Les gueux avaient prononcé ce nom, il était souillé, et j'en ai changé.

— Tu aurais pu le garder ; car, s'il était souillé, tu l'as diablement lavé ! s'écria Carrier en faisant allusion aux massacres des prisons auxquels le sans-culotte avait pris jadis si grande part.

Tous rirent gaiement du spirituel mot du proconsul.

— Et comment t'appelles-tu, maintenant ? demanda Diégo.

— Je me nomme Pinard.

— Comment ! c'est toi le fameux sans-culotte dont on parle à la Convention ?

— Moi-même.

— Je t'en fais mes compliments.

— Et que me voulais-tu ? ajouta Carrier.

— Te faire une motion.

— Laquelle ?

— C'est rapport à ces brigands qui encombrent l'entrepôt.

— Tu as donc une idée aussi ?

— Et une bonne.

— Dis-nous cela.

Pinard, alors, raconta son atroce projet de faire mitrailler les prisonniers en masse. En l'entendant parler, l'œil de Carrier flamboyait. Quand Pinard eut achevé, le proconsul lui tendit la main.

— Adopté ! cria-t-il.

— Et l'autre manière ? fit observer Diégo en souriant.

— Cela n'empêchera pas.

— C'est juste ! nous irons plus vite.

Carrier alors communiqua à son tour à ses trois amis le plan qu'il avait conçu, plan qui non seulement avait été approuvé par la Convention, mais encore avait été *honorablement mentionné au procès-verbal de la séance.*

En comprenant que l'eau et le feu allaient venir en aide à la guillotine, et activer les moyens connus jusqu'alors d'exterminer les honnêtes gens, les farouches patriotes poussèrent des hurlements de joie. Il fut convenu que Carrier et Diégo, Angélique et Hermosa assisteraient à cinq heures à la mitraillade, et à sept heures aux noyades. Deux premières représentations en un seul jour ! Quel plaisir !

Pinard devait être le principal metteur en scène. Il dirigerait le feu et assisterait à l'œuvre des charpentiers lorsqu'ils feraient couler le navire. Puis on s'occupa minutieusement des moindres détails de cette double opération.

Trois heures sonnaient à la cathédrale lorsque la conférence se termina. Diégo, en sa qualité d'envoyé du Comité de salut public de Paris, avait prévenu Pinard qu'il l'accompagnerait pour assister aux dispositions que le sans-culotte allait prendre à l'occasion de la double fête du soir. Pinard et ses amis s'étaient donc éloignés en prévenant Diégo qu'il les retrouverait devant le corps de garde de la compagnie Marat. L'Italien et le proconsul restèrent seuls de nouveau.

— J'ai encore à te parler, dit Fougueray en s'asseyant.

— Qu'est-ce donc ? demanda Carrier.

— Il s'agit d'une affaire importante.

— Concernant la République ?

— Oui et non.

— Explique-toi.

Au lieu de répondre, Diégo prit son portefeuille, en tira une lettre, et, la dépliant, il la présenta tout ouverte au proconsul.

— Lis cela ! dit-il.

Carrier se pencha en avant et lut à voix haute :

« Je présente mes amitiés fraternelles au citoyen Carrier et lui ordonne, au nom de la République française, une et indivisible, d'avoir égard à tout ce que pourra lui communiquer le citoyen Fougueray à l'endroit d'un aristocrate caché sous un faux nom et détenu à Nantes. Il s'agit de l'un des deux hommes pour lesquels j'ai déjà donné au citoyen commissaire des ordres antérieurs.

« Cette lettre doit être toute confidentielle, et ne pas sortir des mains du citoyen Fougueray.

« Salut et fraternité,

« ROBESPIERRE.

« Paris, 24 frimaire, an II de la République française. »

Après avoir achevé cette lecture, Carrier réfléchit quelques instants.

— Robespierre veut parler sans doute des deux brigands dont l'un se nomme Jocelyn ? dit-il.

— C'est cela même, répondit Diégo.

— Il m'a écrit jadis à ce propos en me disant de ne pas faire guillotiner ces deux hommes.

— Ainsi ils sont dans les prisons !

— Je le crois.

— Tu n'en es pas sûr ?

— Non.

— Comment cela ?

— Il en meurt tant tous les jours dans les prisons.

— N'as-tu pas les registres ?

— Est-ce qu'on a le temps de tenir des comptes de la vie de ces gueux-là ?

— Alors, j'irai voir moi-même.

— Va, si tu veux.

— Donne-moi un laissez-passer pour la geôle.

Carrier prit une feuille de papier et écrivit rapidement quelques lignes qu'il signa.

— Voici ce que tu me demandes, dit-il en tendant la feuille à Diégo.

Celui-ci la prit et la mit dans sa poche.

— Je vais m'y faire conduire par Pinard, répondit-il. S'ils vivent encore, je prendrai des précautions pour l'avenir.

— Ah çà ! toi et Robespierre, vous tenez donc bien à ces brigands ?

— Énormément.

— Vous voulez les empêcher d'être punis comme ils le méritent ?

— Non pas.

— Alors que voulez-vous ?

— Qu'ils vivent deux ou trois jours encore... Robespierre t'avait écrit de ne pas faire tomber leurs têtes, parce que je ne pouvais à ce moment venir à Nantes, et que moi seul dois agir dans cette affaire.

— J'avoue que je ne comprends pas. Explique-toi.

— Plus tard.

— Et dans deux jours on pourra les envoyer avec les autres ?

— Certainement.

Diégo allait sortir et se dirigeait déjà vers la porte; Carrier l'arrêta en posant la main sur son épaule.

— J'ai une idée, fit-il. Robespierre dit dans sa lettre qu'un de ces deux hommes est un ci-devant.

— Oui.

— Quel est son nom ?

— Que t'importe ?

— Dis toujours.

— Je le veux bien, d'autant mieux que tu ne le connais pas.

— Enfin ?...

— Le ci-devant marquis de Loc-Ronan.
— Et Jocelyn?
— C'est son domestique.
— Ah! ah! continua Carrier poussé par cet instinct de l'homme de loi qui flaire une bonne affaire et des victimes innocentes à dépouiller. Ah! ah! fit-il encore.
— Que signifient ces exclamations? demanda Diégo avec impatience.
— Elles signifient que je crois avoir deviné tes intentions.
— Je ne comprends pas.
Carrier regarda autour de lui en baissant la voix :
— Nous partagerons! dit-il.
— Quoi? répondit Diégo avec étonnement.
— Allons, ne joue pas au plus fin avec moi. Parlons nettement ; nous nous moquons tous deux d'un aristocrate de plus ou de moins ; tu t'occupes de celui-là, donc il y a quelque chose à en tirer, j'en suis sûr.
— Tu crois?
— Certainement.
— Tu te trompes.
— Impossible!
— Si fait, te dis-je!
— Alors je le ferai noyer ce soir.
Diégo fit un geste violent.
— Et la lettre de Robespierre? dit-il.
— Elle est confidentielle, elle protège un aristocrate, Robespierre la reniera. Je ferai noyer ce soir les prisonniers, et je défie de me faire rendre compte de mes actions.
— Renard!... murmura Diégo.
— Ancien procureur, mon cher!... répondit Carrier qui avait tout à fait dépouillé le nouvel homme pour faire place à l'ancien. Je ne sais rien et je sais tout. Réfléchis maintenant, et parle. Nous sommes seuls, tu n'as rien à craindre.
— Eh bien! veux-tu être franc?
— Oui ; personne ne nous entend et je puis nier mes paroles.

— A la bonne heure !

— A notre aise, alors.

— Si demain tu trouvais un million à gagner pour te faire royaliste, que répondrais-tu ?

— As-tu donc des propositions à me faire ?

— Suppose-le.

— Impossible !

— Pourquoi ?

— Les royalistes ne me prendront jamais parmi eux.

— Si l'on ne te demandait seulement qu'à les aider en ayant l'air de les persécuter... comprends-tu ?

— Je commence.

— Que ferais-tu ?

— Je n'en sais rien.

— Allons donc ! s'écria Diégo avec emportement ; puis baissant la voix il ajouta : Est-ce que tu vas vouloir jouer au républicain avec moi ? Est-ce que tu vas continuer ton rôle de patriote ? Niaiserie que tout cela !... Tu es homme d'esprit ; tu te moques pas mal des principes de la République, pourvu que tu en retires des avantages. Si tu t'es fait révolutionnaire comme tous les autres, c'est parce que tu ne pouvais pas être noble ! Tu tues les aristocrates pour t'enrichir de leurs dépouilles ! Est-ce que tu crois que je ne connais pas l'histoire des rançons ?

— Je défends la République ! répondit Carrier en pâlissant de colère.

— Oui, tu la défends, comme dans les Abruzzes je défendais l'asile où étaient entassées mes richesses. Tu l'aimes comme on aime ses vices.

— Citoyen Fougueray !...

— Tu vas me menacer de me faire arrêter ?

— Oui, si tu continues ! s'écria le proconsul devenu furieux en se voyant démasqué.

Diégo haussa les épaules.

— Je te croyais intelligent, et tu n'es qu'un égorgeur stupide ! répondit-il.

— Tu vas payer tes paroles ! hurla Carrier en se dirigeant vers la porte.

Diégo tira froidement un pistolet de sa poche et en appuya le canon sur la poitrine du proconsul.

— Un pas... un mot, tu es mort ! dit-il tranquillement.

X

A BON CHAT BON RAT

Carrier se laissa tomber sur le divan près duquel il se trouvait. Le misérable tremblait comme un enfant. Diégo remit son pistolet dans sa poche, et, toujours impassible, se croisa les bras sur la poitrine en écrasant son interlocuteur d'un regard de mépris.

— Tu n'es qu'un lâche ! lui dit-il, et tu veux faire le bravache. Tu n'es qu'un misérable fripon, et tu veux jouer au bandit ! Tu ignores à qui tu parles. Est-ce que tu crois qu'un homme comme moi serait venu stupidement se jeter dans tes griffes sans avoir à sa disposition le moyen de les rogner. Je t'ai fait voir mes pouvoirs d'envoyé du Comité de salut public. Je t'ai montré la lettre de Robespierre, il me reste à te communiquer un autre document.

Tout en parlant ainsi, Diégo avait atteint de nouveau son portefeuille et en tirait un acte en blanc portant le seing de Robespierre, surmonté des mots : « Pleins pouvoirs ». Il en prit encore trois autres de même forme. Le premier était revêtu de la signature de Collot-d'Herbois, le second de celle de Saint-Just, le troisième de celle de Billaud-Varennes. Tous ces pouvoirs étaient donnés au nom du Comité de salut public et du Comité de sûreté générale. Diégo les réunit tous les quatre et les plaça sous les yeux de Carrier qui, stupéfait et atterré, n'osait bouger de place ni prononcer un mot.

— Tu vois, continua Diégo, que je suis en mesure. Je puis te faire jeter en prison si bon me semble, et si tu osais attenter à ma liberté, le Comité t'en demanderait compte. Donc, oublions ce petit mouvement de mauvaise humeur et concluons. Je vais être clair et précis. Tu voles ici ; je prétends voler avec toi. Seulement, nous organiserons la chose sur un pied plus convenable. Tu entends ?

— Oui ! répondit Carrier, qui reprit courage en voyant la tournure que Diégo donnait à la conversation.

— Malgré mes pouvoirs, tu pourrais me nuire en faisant égorger le marquis de Loc-Ronan, et c'est cette circonstance qui me décide à parler comme je le fais. Tu as dû songer déjà que ce qui se passe ne peut durer. Il arrivera un moment où la réaction renversera le pouvoir. Ce jour-là, nous serons tous perdus. Il s'agit simplement de parer à l'événement en s'y prenant adroitement d'avance. Nous sommes en position, profitons-en. Engraissons-nous, enrichissons-nous, pillons, prenons, et, l'heure venue, sauvons-nous !

— Les aristocrates sont ruinés ! répondit Carrier.

— Pas tous, et les négociants ne le sont qu'à demi !

— Mais ce Loc-Ronan ?

— Ce Loc-Ronan, entre nos mains, nous rapportera trois ou quatre millions. Aide-moi, et je t'abandonne un tiers, quelle que soit la somme.

— Je veux moitié ! dit Carrier en se levant.

— Allons donc ! Te voilà revenu à de bons sentiments !

— Est-ce conclu ?

— A une condition.

— Laquelle ?

— J'aurai moitié des rançons.

— Je ne partage pas seul.

— Bah ! laisse-moi faire, et nous garderons tout pour nous deux.

— Soit.

— C'est convenu ?

— Arrêté.

— Je savais bien que nous finirions par nous entendre.

— Eh bien ! va vite à l'entrepôt ; assure-toi que ton ci-devant n'est pas mort, et dépêchons.

— Tu es pressé maintenant ?

— Autant que toi. Mais, continua Carrier en réfléchissant, explique-moi comment nous pourrons tirer quatre millions du marquis ?

— C'est très simple. Il est marié ; sa femme l'adore et cette femme, qui est religieuse maintenant, possède une énorme fortune. Cette fortune, réalisée il y a deux ans, n'a pu sortir de France. Elle est enfermée dans quelque coin du département d'Ille-et-Vilaine. Je ne sais pas où, mais j'ai des données certaines qui me permettent d'être sûr du fait. En passant à Rennes, j'ai fait incarcérer l'ancien notaire de la famille, et, pour racheter sa liberté et sa vie, il m'a raconté cela. L'imbécile ne m'a rien caché, et lorsque j'ai vu qu'il avait défilé son chapelet, je l'ai laissé marcher avec les autres.

— Il est mort ?

— Certainement.

— Très bien ! s'écria Carrier qui comprenait mieux que personne cette manière de procéder.

— Or, le marquis et sa femme étaient hors de France, continua Diégo, et ils y sont rentrés depuis deux mois. Le marquis est en prison, mais sa femme a échappé.

— Où est-elle ?

— A La Roche-Bernard.

— Qui l'a conduite là ?

— Un diable incarné nommé Marcof, frère naturel du marquis.

— Marcof ! murmura Carrier. Hermosa m'a parlé plusieurs fois de cet homme.

— Imprudente ! dit Diégo entre ses dents.

Carrier ne l'entendit pas.

— Tu comprends, continua l'Italien, que dès que la religieuse saura son mari en danger, elle sacrifiera tout pour le sauver.

— C'est probable.

— Toute sa fortune y passera.

— Et ensuite ?

— Ensuite nous déporterons verticalement le cher marquis.

— Adopté.

— Tout ce qu'il nous faut, c'est qu'il consente à me donner une lettre pour sa femme, lettre dans laquelle il lui dira seulement qu'il est en prison et qu'il va être jugé.

— Et il y consentira ?

— J'en réponds.

— En ce cas, agis vite, et n'oublie pas qu'à cinq heures nous serons à la place du département.

— Je n'y manquerai pas. Mais je ne veux pas agir aujourd'hui ; je veux seulement m'assurer que le marquis vit encore. Je prétends le laisser durant quelques jours, afin que l'exécution de tes projets porte la terreur dans son esprit et me le livre complètement. Quant à toi, dresse une liste de ceux qu'il y a encore à rançonner dans la ville.

— Elle sera faite.

— Et demain, nous commencerons à empccher.

— C'est cela ! Les noyades et les mitraillades feront bon effet et rendront les parents plus coulants en affaire. C'est parfaitement imaginé.

Et les deux hommes se serrèrent la main et se séparèrent. Carrier retourna près de ses maîtresses. Diégo descendit vivement et rejoignit Pinard qui l'attendait.

Le sans-culotte prit familièrement le bras de l'envoyé du Comité de salut public.

— Veux-tu aller aux prisons ? lui demanda-t-il.

— Est-ce que tu n'as pas des ordres à donner pour les noyades et les mitraillades de ce soir ? répondit Diégo.

— Bah ! ils sont donnés depuis longtemps.

— Alors, allons chez toi.

— Soit.

Tous deux se dirigèrent vers le Bouffay.

— Eh bien ! fit Pinard après un léger silence et en parlant avec précaution, de manière à ne pas être entendu des rares passants qui longeaient les murailles, eh bien ! mon brave, es-tu content ?

— Enchanté.
— Ça marche alors?
— Supérieurement.
— Carrier en est?
— Parbleu! je te l'avais bien dit.
— As-tu été obligé de montrer tes pouvoirs?
— Oui.
— Et... qu'est-ce qu'il a dit?
— Rien.
— Il les a crus bons?
— Je lui avais montré un pistolet avant, et ça l'avait rendu stupide.
— Alors il ne doute de rien?
— Il me croit bel et bien envoyé du Comité; tu avais si parfaitement imité les signatures.
— Dame! j'y avais mis tous mes soins.
— Aussi, je te le répète, cela marchera tout seul.
— Tu as vu comme j'ai joué mon rôle.
— Et moi qui t'ai demandé ton nouveau nom!
— C'était superbe!
— Carrier partagera avec moi les rançons.
— Bonne affaire; et pour le marquis?
— Je lui ai promis moitié.
— Moitié! s'écria Pinard; es-tu fou! Quoi! tu partagerais?
— Allons donc!... quelle bêtise! Il n'aura rien!
— Et si Carrier se fâche?
— Tant pis pour lui!
— Il pourrait te causer des désagréments.
— Et à toi aussi.
— Oh! moi, je ne le crains pas; la compagnie Marat m'obéit au doigt et à l'œil; je l'ai formée, tous ces hommes me sont dévoués, et je leur dirais de massacrer Carrier qu'ils obéiraient.
— Très bien.
— Mais toi?
— Bah! j'ai libre accès à Richebourg, maintenant. Que Carrier m'inquiète, et son affaire sera claire!

— Ah! nous sommes de rudes joueurs.
— C'est pour cela que nous gagnerons la partie.
— Espérons-le.

En ce moment les deux hommes s'engageaient dans une rue étroite, au bas de laquelle demeurait Pinard.

— A propos, fit le sans-culotte en approchant de sa maison, j'ai placé l'homme que tu m'as adressé.
— Piétro ?
— Oui.
— C'est un bon garçon, qui m'est dévoué. Tu en as fait ce que je t'ai dit?
— Oui.
— Il est guichetier à la prison ?
— C'est lui qui veille sur Jocelyn et sur le marquis.
— Très bien !
— Mais, vois-tu, Diégo, il faut nous hâter. Tous les jours on me parle de ces deux hommes; on s'étonne qu'ils soient encore vivants.
— Ils vivent encore, n'est-ce pas ?
— Certainement.
— C'est que Carrier m'avait parlé du typhus.
— Je les avais fait mettre à part par précaution, sachant ce qu'ils valent. Mais je te le dis encore, dépêchons-nous. Je ne sais plus que répondre à ceux qui m'interrogent à ce sujet; et j'ai été contraint de les faire remettre dans la salle commune.
— Avant quatre jours la chose sera faite, et nous pourrons les laisser noyer ou fusiller, à leur choix.
— Pourquoi quatre jours encore ?
— Parce que le marquis n'est pas facile à intimider, et que je compte beaucoup sur l'effet des exécutions qui commenceront ce soir. D'ailleurs j'attends de nouveaux renseignements indispensables.
— Nous voici arrivés, dit Pinard en s'arrêtant et en poussant la porte d'une allée étroite. Entre et monte ; nous causerons plus à l'aise.
— Il n'y a personne chez toi ?
— Personne que la petite.

— Elle est toujours dans le même état ?
— Toujours.
— Pourquoi l'as-tu gardée ?
— Cela m'amuse de la faire souffrir, et cela me venge de ce que m'ont fait endurer ces brigands que tu connais.
— En parlant d'eux, je n'ai pas eu de chance de n'avoir pas tué Marcof.
— Ça, c'est bien vrai.
— Mais je le retrouverai.
— Espérons-le ! soupira Pinard en tirant une clef de sa poche, et en l'introduisant dans la serrure d'une porte devant laquelle les deux hommes se trouvaient.

La chambre dans laquelle ils pénétrèrent était située au troisième étage de la maison. C'était une vaste pièce démeublée et garnie seulement d'une table et de quelques chaises. Les chaises étaient en paille grossière, et, sur la table, on voyait une grande quantité de bouteilles et de verres à moitié vides. Un fusil, une paire de pistolets, un sabre d'infanterie et un autre de cavalerie étaient suspendus à la muraille. Deux fenêtres basses et à châssis de bois dits à la guillotine, laissaient pénétrer le jour qui commençait à baisser. Une seconde porte, communiquant avec une autre pièce, était placée en regard de celle d'entrée.

Pinard et son compagnon prirent chacun une chaise et s'approchèrent de la table.

— As-tu soif ? demanda le sans-culotte.
— Cela dépend du vin que tu as dans ta cave, répondit Diégo.
— Oh ! sois sans crainte ; il provient des celliers d'un aristocrate de gros armateur que j'ai fait guillotiner il y a six semaines. Les premiers crus de Bordeaux, rien que cela.
— Du vin girondin !
— Il vaut mieux que les députés de son pays.
— Fais-m'en goûter, alors.

— Ohé! la Bretonne! cria Pinard en se tournant vers la porte qui donnait dans l'intérieur.

Un bruit léger répondit à cette interpellation prononcée d'une voix rude. La porte s'ouvrit doucement, et une jeune fille parut timidement sur le seuil.

En apercevant la nouvelle venue, qui paraissait ne pas oser entrer, Diégo ne put maîtriser un geste d'étonnement. Pinard se mit à rire.

— Tu la trouves changée, n'est pas? dit-il en frappant sur l'épaule de son compagnon.

— Méconnaissable! répondit l'Italien en considérant attentivement la jeune fille qui demeurait immobile, encadrée par le chambranle de chêne comme une gravure ancienne.

— Elle est encore assez gentille, pourtant, continua le sans-culotte.

Diégo garda le silence. La jeune fille n'avait pas changé de position. Elle portait un costume complet de paysanne de la basse Bretagne; mais ce costume, qui jadis avait dû briller d'élégance et de coquetterie, était prêt à tomber en lambeaux. Ses pieds nus étaient marbrés par le froid. Sa coiffe déchirée retombait sur ses épaules. Et cependant, comme l'avait fait observer Pinard, cette jeune fille était belle encore sous cette livrée ignoble de la plus profonde misère. Ses longs cheveux blonds descendaient en flottant, et l'enveloppaient de leurs tresses soyeuses. Ses joues amaigries et pâles faisaient ressortir l'éclat de ses yeux noirs; mais ces yeux, largement ouverts, semblaient manquer de regard. Ils étaient d'une fixité étrange.

De temps en temps sa bouche mignonne se contractait, et elle paraissait murmurer quelques mots à voix basse. Ses mains sèches et rougies se rapprochaient alors comme celles des enfants à qui on apprend le saint langage de la prière. La physionomie s'illuminait d'une lueur subite, puis l'expression changeait tout à coup. De grosses gouttes de sueur perlaient à la racine des cheveux, ses doigts se crispaient son visage indiquait l'épouvante, ses yeux s'ouvraient plus grands encore, et un cri s'étouffait dans sa gorge.

Elle tremblait de tous ses membres et paraissait étouffer. Enfin des larmes abondantes tombaient de ses paupières et le calme renaissait. Puis aux pleurs succédait le rire ; mais ce rire effrayant dont on a tant parlé, ce rire nerveux et strident qui indique la souffrance et fait mal à ceux qui l'entendent. Pinard fit un geste brusque en se tournant vers la jeune fille. Celle-ci tressaillit, et, baissant la tête par un mouvement semblable à celui d'un enfant qui a peur d'être maltraité, elle s'avança craintivement, obéissant au sans-culotte comme un esclave eût obéi à un maître cruel et redouté.

Pinard, sans prononcer un mot, leva le bras, et désigna du doigt les bouteilles vides qui encombraient la table ; tirant ensuite de la poche de côté de sa carmagnole une clef d'une dimension peu commune, il la tendit à la jeune fille, en fixant sur elle son œil fauve d'où se dégageait une sorte de fluide magnétique pareil à celui du serpent fascinateur. La pauvre enfant fit encore un pas en avant, et, toujours craintive et frémissante, elle prit la clef qui lui était offerte.

Diégo, stupéfait, regardait sans comprendre la scène muette qui se passait sous ses yeux, cherchant en vain à en deviner le sens, lorsque, sur un geste de son compagnon, plus impérieux encore que le premier, la malheureuse insensée tourna sur elle-même par un mouvement raide et machinal, et s'éloigna vivement, traversant la pièce dans toute sa largeur.

— Que diable signifie cette comédie? demanda Diégo en se retournant vers l'âme damnée du proconsul.

— Tu vas voir, attends un peu, répondit Pinard avec un sourire triomphant.

En effet, cinq minutes ne s'étaient pas écoulées que le pas de la jeune fille retentit légèrement au dehors, et qu'elle apparut sur le seuil de la chambre portant de l'une de ses mains mignonnes deux bouteilles pleines et de l'autre deux verres vides. Elle s'approcha doucement, déposa le tout avec précaution sur la table, et se retira ensuite dans l'angle de la pièce le plus éloigné des buveurs.

— Eh bien! dit Pinard en attirant à lui l'une des bouteilles qu'il déboucha, et dont il versa le contenu dans les deux verres; eh bien! comment la trouves-tu dressée? Lui ai-je appris à faire convenablement le service et à se rendre utile en société!

— Elle n'est donc plus folle? demanda Diégo en baissant la voix.

— Folle! elle l'est plus que jamais, au contraire!

— Mais si elle était privée de raison, elle ne te comprendrait pas.

— Bah! je lui ai parlé un langage que la brute elle-même entend parfaitement, dit Pinard en désignant de la main une grosse corde pendue à la muraille.

— Tu la bats?

— Tiens! il faut bien lui faire son éducation. D'ailleurs, elle ne comprend que cela! Parle-lui, tu vas voir.

Diégo se leva et se dirigea vers la jeune fille. Lui prenant les mains, il l'attira vers lui :

— Yvonne! lui dit-il avec une sorte de précaution tendre.

La jeune fille tourna la tête de son côté, et fixa sur l'Italien ses grands yeux ouverts dont les regards vagues semblaient avoir perdu le don de la vue.

— Yvonne! répéta Diégo, veux-tu me répondre?

La Bretonne ne parut pas avoir entendu. Toute son attention était captivée par un énorme paquet de breloques qui, suivant la mode du temps, pendait au bout de la chaîne de montre de l'ami de Pinard.

— Quand je te dis qu'elle ne comprend que cela! dit le sans-culotte en désignant toujours la corde et en haussant les épaules avec mépris.

— Voyons! continua Diégo, écoute-moi, petite; je ne te ferai pas de mal, je ne veux pas te battre, moi!

— Bien vrai? fit Yvonne en relevant la tête.

— Non, je veux avoir soin de toi, au contraire.

Cette fois encore, Yvonne ne parut pas comprendre et ses yeux se reportèrent sur les breloques qui semblaient uniquement occuper sa pensée. Elle les toucha d'abord du doigt, timidement, craintivement; puis s'enhardissant peu à peu, elle les prit dans sa main, et se baissa pour les contempler de plus près, les examinant attentivement une à une. Diégo sourit, et pour satisfaire le caprice de la pauvre folle, il tira sa montre de son gousset, et la donna à la jeune fille. Celle-ci poussa alors une exclamation joyeuse.

— Tu vas la gâter! s'écria Pinard avec emportement. Il faudra que je recommence à la battre pour la ramener dans la bonne voie.

Au son rauque de cette voix brutale, qui vint subitement interrompre son plaisir enfantin, Yvonne tressaillit. Ses traits se contractèrent, son visage changea d'expression, et sa main tremblante laissa échapper la montre, qui tomba et se brisa sur le plancher.

— Imbécile! tu lui as fait peur, et tu as fait casser ma montre! s'écria Diégo en s'adressant à son ami.

Puis il revint vers Yvonne pour essayer de la calmer; mais la pauvre enfant, en proie à une terreur folle, se recula vivement, les dents serrées et les mains frémissantes.

Tout à coup son œil hagard lança un éclair d'intelligence, son bras se dressa comme s'il eût voulu repousser une apparition effrayante, elle arracha sa main qu'avait saisie Diégo, poussa un cri aigu qui sembla lui déchirer la poitrine et la gorge, ses joues s'empourprèrent, et elle roula de toute sa hauteur sur le carreau humide. Sa tête heurta en tombant l'angle aigu d'une chaise voisine, et le sang jaillit avec abondance; puis la jeune fille demeura étendue sans mouvement.

— Elle m'a reconnu! s'écria Diégo avec stupeur.

— Eh non! répondit tranquillement Pinard en débouchant la seconde bouteille.

— Elle m'a reconnu, te dis-je; son regard était lucide lorsqu'elle le fixait sur moi.

6.

— Tu te trompes, mon cher.

— Mais cependant...

— Bah ! elle est comme cela chaque fois qu'elle voit un autre visage que le mien ; ça lui produit de l'effet. La petite n'aime pas le changement.

— Tu crois ?

— Parbleu ! j'en suis sûr. Elle s'est fait déjà une demi-douzaine de trous à la tête en se pâmant ainsi lorsqu'un ami venait me visiter et lui adressait la parole pour se distraire.

Diégo s'était rapproché de la jeune fille, et, se penchant vers elle, il se disposa à la relever pour la prendre dans ses bras.

— Où faut-il la transporter ? demanda-t-il.

— Qu'est-ce que tu dis ? répondit Pinard avec un sourire ironique.

— Je te demande où est son lit, pour l'y porter.

— Il est là. Et le sans-culotte désigna du geste de la paille à moitié pourrie étendue dans un coin de la seconde pièce, et que la porte restée ouverte permettait d'apercevoir.

— Ce tas de fumier ? fit Diégo en reculant.

— Tiens, est-ce que ce n'est pas assez bon pour elle ? Mais ne t'en occupe pas davantage. Laisse-la là ; elle est bien revenue toute seule les autres fois, elle reviendra bien celle-ci encore. Et puis, si elle en meurt, ce sera de la besogne toute faite, car elle commence à m'ennuyer, et un de ces quatre matins je la conduirai à l'entrepôt.

— Je te défends de le faire ! s'écria l'Italien.

— Comment dis-tu cela ? fit Pinard en levant son verre à la hauteur de l'œil par ce mouvement familier à tous les buveurs.

— Je t'ordonne de garder cette jeune fille, reprit Diégo.

Pinard se mit à rire en se renversant sur le dossier de sa chaise qu'il rejeta en arrière pour être à même de mieux contempler son interlocuteur.

— Tu oublies nos conventions, dit-il en dégustant à petites gorgées le verre qu'il venait de porter à ses lèvres. Tu oublies ce qui s'est passé entre nous à la baie des Trépassés, le soir où, poursuivi toi-même par Keinec et Jahoua, tu as quitté la route de Brest pour venir me demander asile.

— Et sans mon arrivée, tu mourais comme un chien dans ton trou, interrompit Diégo.

— Possible.

— C'est moi qui t'ai sauvé.

— Je ne le nie pas ; mais il s'agit d'autre chose. Rappelle-toi, cher ami, qu'Yvonne était devenue folle, et que tu n'avais d'autre parti à prendre que de la noyer en la jetant à la mer, ou de la laisser errer à l'aventure. Or, la raison pouvait lui revenir. Dans ce cas, elle aurait infailliblement donné des renseignements précieux et précis sur ton aimable individualité, comme dit le procureur de la commune ; donc tu ne pouvais la laisser aller. Je t'offris de la garder près de moi. Tu acceptas.

— Oui.

— A condition que j'en ferais ce que je voudrais.

— Mais tu ne devais jamais la tuer.

— J'ai changé d'avis aujourd'hui.

— Pourquoi ?

— Parce que, je te le répète, cela commence à me fatiguer de la trouver toujours en rentrant. Et puis, je l'ai fait assez souffrir ; elle ne sent plus les coups, qu'est-ce que tu veux que j'en fasse ?

— Je l'emmènerai, et je la placerai chez quelqu'un.

— C'est cela, pour qu'on la soigne.

— Eh bien ?

— Imbécile ! fit Pinard en haussant les épaules ; et si en la soignant on la guérissait ? N'oublie pas que sa folie a été provoquée par une fièvre cérébrale, et que, par conséquent, elle peut revenir à la raison : j'ai pris des renseignements là-dessus.

— Alors je la garderai près de moi.

— Pour en faire ta maîtresse, comme tu en as toujours eu l'intention.

— Quand cela serait ?

— Impossible.

— Non !

— Ne suis-je pas libre ?

— Non.

— Corpo di Bacco! tu m'échauffes les oreilles, à la fin.

— Laisse-les refroidir ! Réfléchis que tu n'es pas libre de nous compromettre tous deux.

— Et en quoi nous compromettrais-je ?

— Si Yvonne revient à la raison, elle s'échappera promptement; elle pourra rencontrer Marcof, Keinec ou Jahoua et mettre l'un de ces êtres-là sur nos traces. Le premier surtout! s'il nous soupçonnait ici seulement, il serait capable de venir à Nantes nous chercher.

— C'est possible ! dit Diégo en réfléchissant.

— Alors, adieu nos beaux projets!

L'Italien ne répondit pas, mais un nuage sombre était descendu sur son front et il paraissait méditer profondément; son œil même se détourna du corps de la pauvre Bretonne.

Pinard vida un nouveau verre et continua :

— Songe que tout nous a réussi jusqu'ici. Carrier a cru bonnes les signatures que j'ai su imiter; il pense agir en vertu d'ordres émanant de Robespierre; il te prend pour un envoyé du Comité de salut public; bref, il obéit et il marche à la baguette. Nous ne pouvions désirer mieux. Mais maintenant que tu as été contraint de lui livrer une partie de notre secret concernant la fortune du marquis, il serait homme, sais-tu bien, à nous faire disparaître pour la confisquer tout entière à son profit et ne plus avoir à partager avec nous. Or, s'il se doutait de la vérité, la chose lui serait facile et nous serions guillotinés ce soir même. Enfin, mon cher, j'ajouterai encore que je puis disposer d'Yvonne à mon gré, et je t'engage à réfléchir aussi que ta vie est entre mes mains.

— Comment cela ?

— Tu as joué au noble, jadis. Si je t'appelais tout haut monsieur le comte de Fougueray, tu pourrais la danser, mon cher !

— Oui, mais tu perdrais un million à ce jeu-là. Sans moi, tu ne pourrais rien tirer du marquis, et je ne suis pas assez bête pour te livrer mon secret. Moi mort, adieu tes rêves d'ambition et le moyen de les réaliser jamais.

— Eh ! je le sais bien ! Tu me tiens par l'intérêt ! dit Pinard avec cynisme.

— Parbleu ! si la chose n'était pas ainsi, crois-tu que j'aurais été me mettre dans tes griffes ? Tu as été témoin de mon aplomb auprès de Carrier, et pour agacer le tigre dans son antre il faut avoir du courage, tu en conviendras ?

— Je ne dis pas non.

— Alors puisque tu sais ce que je vaux et que je ne suis pas homme à reculer, ne nous fâchons pas.

— Si nous nous fâchons, ce sera ta faute. Pourquoi viens-tu me parler de cette petite bonne à guillotiner ?

— Parce qu'elle est encore si jolie que cela m'ennuie de la voir martyriser.

— Bah ! tu t'occupes de sa santé ! s'écria Pinard dont la physionomie prit subitement une expression de haine et de sauvagerie épouvantable. Tu ne penses donc pas à ceux qui la cherchent ? Moi, entends-tu, je ne vois en elle que la fiancée de Jahoua, l'amie de Marcof, celle que Keinec adore, et je la fais souffrir pour me venger. Si je faiblissais, je regarderais mes mains mutilées et je n'aurais plus de pitié... Non, il faut qu'elle me paye les tortures que j'ai supportées !... J'en ai fait mon esclave, mon chien ! A force de la battre, je lui ai appris à m'obéir malgré sa folie ! Que m'importe qu'elle soit belle ou laide, pourvu qu'elle sente la douleur et qu'elle crie sous la corde qui meurtrit ses épaules ! Chacun de ses gémissements me fait du bien au cœur. En gardant Yvonne près de moi, c'est ma vengeance sur laquelle je veille, et si aujourd'hui je pense à en finir, c'est que parfois j'ai peur qu'elle ne m'échappe.

Diégo ne répondit pas, mais il se détourna avec un geste de dégoût. Le misérable avait commis bien des crimes, et cependant il se voyait si largement distancé par la farouche férocité du sans-culotte qu'il se demandait si c'était bien une créature humaine qu'il avait en face de lui. Une sorte de compassion luttait dans son esprit avec son désir ardent de voler la fortune de mademoiselle de Château-Giron. Il se leva et parcourut la chambre à grands pas, tandis que Pinard jetait un regard de chat-tigre sur le corps inanimé et ensanglanté de la pauvre Yvonne toujours évanouie. Le sang se coagulant sous la chevelure avait fini par arrêter l'hémorrhagie et ne coulait plus que lentement.

Enfin l'Italien revint à sa place ; son visage avait changé d'expression. Il prit la bouteille, remplit son verre, le vida vivement et le reposa ensuite sur la table. Son parti était arrêté.

— Fais ce que tu voudras de la jeune fille, dit-il brusquement, je te l'abandonne, l'argent vaut mieux.

— Allons donc ! te voilà raisonnable ! répondit Pinard.

— Ne parlons plus d'elle et pensons à la grande affaire.

— C'est juste.

— Si tu m'en crois, nous allons aller aux prisons. On va faire choix des aristocrates qui nous donneront la fête ce soir. Il faut veiller sur le marquis, sur le vieux valet, et sur tous ceux enfin qui peuvent payer. Une méprise nous coûterait trop cher, et les petites rançons ne sont pas non plus à dédaigner.

— C'est cela même ! Ils payeront d'abord, tous ces brigands engraissés, tous ces tyrans.

— Et ils y passeront ensuite comme les autres, n'est-ce pas ?

— Cela va sans dire. A quoi cela servirait-il de les garder quand ils n'auront plus de plumes aux ailes ? Faut bien purger le pays !

— Partons alors.

— Partons !

Les deux hommes se levèrent, et, sans accorder un regard à la jeune fille, ils se dirigèrent vers la porte. Pinard posa la main sur le bouton de la serrure et s'arrêta.

— Minute !... dit-il. Nous pouvons ne pas être libres de causer ce soir ; convenons de nos faits.

— Soit.

— Dans trois jours tu iras à l'entrepôt.

— Oui.

— Tu verras le marquis.

— Et j'obtiendrai une lettre pour sa femme, j'en réponds, surtout après l'histoire des noyades, à laquelle nous lui laisserons le temps de penser.

— Et ensuite ?

— Ensuite ? Le reste me regarde.

— Tu iras chercher les écus ?

— Oui, sans doute.

— Et, une fois que tu les auras, tu partiras sans me prévenir ? Ça ne peut pas m'aller.

— Comment veux-tu faire, alors ?

— Nous ne nous quitterons pas.

— Mais encore faut-il sortir de Nantes.

— Nous en sortirons ensemble.

— Cependant...

— Cependant... c'est mon dernier mot... A prendre ou à laisser. Je te conduirai dans trois jours aux prisons ; je t'attendrai à la sortie et nous ne nous séparerons que quand nous aurons partagé.

— Comme tu voudras.

— Convenu alors ?

— Convenu !

— Eh bien ! partons.

Pinard ouvrit la porte et la referma soigneusement dès que lui et son compagnon furent sur le palier de l'escalier. Puis on entendit leurs pas lourds faire résonner les marches chancelantes, et tous deux quittèrent la maison.

XI

LA FOLLE

Une demi-heure s'écoula encore sans qu'Yvonne fît un mouvement. Puis un léger frémissement des mains annonça que la jeune fille revenait à elle : l'air pénétra plus facilement dans sa poitrine, et elle respira doucement. Sa tête se souleva ; elle ouvrit les yeux, et ses paupières alourdies se refermant presque aussitôt, elle reprit son immobilité.

Mais cette seconde syncope fut courte, et elle recouvra rapidement connaissance. Alors, se soulevant et s'appuyant sur une chaise voisine, elle parvint à se dresser sur ses pieds ; mais, affaiblie par le sang perdu, elle chancela et fut obligée de se retenir à la muraille en attendant que l'étourdissement fût dissipé. Enfin elle reprit un peu de force.

La pauvre folle porta les deux mains à son front, rejeta en arrière les mèches de cheveux qui se jouaient sur son visage, et fit quelques pas en avant. Aucun sentiment n'animait sa physionomie froide et impassible comme celle d'une statue; pâle comme celle d'un cadavre. Elle tourna lentement autour de la chambre sans paraître avoir conscience de ce qu'elle faisait. Elle toucha tour à tour à la table, aux verres, aux bouteilles, sans que ses regards accompagnassent sa main ; puis elle recommença sa promenade. Enfin elle s'agenouilla, et, suivant son habitude, elle se mit à prier ; mais ses prières n'avaient aucune suite et étaient d'une incohérence étrange. C'étaient des invocations à la Vierge, des discours adressés à l'abbesse de Plogastel, au Christ ; des mots se heurtant auxquels se mêlaient des cris rauques et des sanglots. Cependant, les larmes qui coulaient en abondance sur ses joues amaigries parurent la calmer un peu et apporter quelque soulagement à son cerveau malade.

— Il fait bien chaud ! murmura-t-elle en se relevant.

La pauvre enfant grelottait de froid : son cou et ses épaules bleuis et marbrés frissonnaient sous les vêtements en lambeaux qui les couvraient à peine. Une pluie fine et continue tombait au dehors.

— J'ai chaud ! j'ai bien chaud ! répétait-elle en s'efforçant de dégrafer son corsage et en arrachant son justin délabré.

Tout à coup sa physionomie changea subitement d'expression, comme cela lui était arrivé en présence de Diégo. Le calme fut remplacé par la terreur ; son esprit parut subir une tension extraordinaire. Le corps penché en avant, une main placée près de l'oreille, elle prit la pause d'une personne qui écoute attentivement.

— Voilà les gendarmes ! dit-elle à voix basse. Ils viennent pour arrêter le recteur ! Oh ! non ! non ! je ne le crois pas ! Qu'a-t-il fait, notre bon recteur, pour qu'on veuille le conduire en prison?

Puis, s'adressant à un personnage imaginaire :

— Père, continua-t-elle, ne sors pas ! Reste... Pourquoi m'ordonnes-tu d'aller prévenir Jahoua?... Il va venir, tu le sais bien. Tu le veux?... Non, laisse-moi près de toi ; j'ai peur !... Tu te fâches?... Eh bien ! ne me gronde pas... j'y vais... tu le vois... j'obéis... je sors par le jardin. Ah ! voici les genêts... Il faut les traverser pour gagner la route des Pierres-Noires. Oh ! comme la nuit descend vite ! Il fait sombre ! Vite !... vite !... Je vais courir...

Ici l'expression de son visage décela un effroi plus grand encore. Elle poussa un cri et se débattit en reculant.

— Laissez-moi !... laissez-moi !... cria-t-elle ; je ne vous connais pas... Que voulez-vous? Où suis-je donc maintenant?... Oh ! ce cheval !... Mon Dieu ! à mon secours ! Ah ! la cellule de la bonne abbesse. Oui... je la reconnais ; c'est elle ! c'est le couvent de Plogastel... Je vais prier... je vais... Non... non !... Il faut que je me sauve... que je me...

Yvonne s'arrêta ; ses yeux s'ouvrirent démesurément.

7

Elle voulut crier encore ; cette fois le cri ne put sortir de sa gorge. Une pensée effrayante la dominait évidemment.

— La baie des Trépassés! murmura-t-elle enfin. La baie des Trépassés! Mon père!... Jahoua, je ne vous verrai plus sur cette terre. Adieu!... Je suis morte!... Mon âme revient! Oh! je prierai pour vous!... Ne m'oubliez pas!!...

Yvonne s'arrêta encore.

— Quel est cet homme? Que me veut-il? dit-elle brusquement. Il m'emmène... il me prend dans ses bras... A moi! à moi! au secours!... Ah! je le reconnais! Je l'ai vu!... C'est lui... c'est lui!... répéta-t-elle machinalement en se calmant tout à coup.

Elle se laissa tomber sur une chaise, et ses pensées parurent prendre un autre cours. Un bruit léger, semblable à celui d'une clef que l'on introduit dans une serrure, retentit à la porte. Yvonne se leva doucement et marcha sur la pointe du pied.

— C'est lui!... dit-elle en écoutant; c'est Jahoua...

La porte s'ouvrit et Pinard parut sur le seuil. Il était seul. A peine fut-il entré qu'Yvonne courut à lui. La nuit était venue peu à peu, et l'obscurité était complète. La jeune fille saisit les mains du sans-culotte :

— C'est toi? dit-elle doucement; c'est toi? Tu es venu bien tard !

— Tiens! tiens! tiens! pensa Pinard, nous sommes donc dans un moment d'amabilité! Au fait! elle est gentille, la petite.

Et le misérable, passant son bras autour de la taille d'Yvonne, l'embrassa familièrement.

— C'est mal; tu m'as surprise, fit Yvonne en se reculant. Je t'avais défendu de m'embrasser. Si mon père nous voyait !

— Mais il ne nous voit pas! répondit Pinard en ricanant.

Yvonne poussa un cri.

— Ce n'est pas Jahoua! dit-elle vivement. Mon Dieu! qui donc est ici?

— Eh! c'est moi, parbleu! s'écria le sans-culotte. Allons, viens ici. Je me sens en gaieté ce soir. Nous allons rire un peu, et, si tu es sage, je te conduirai à souper chez Carrier. Bonne idée, tout de même! continua Pinard. Je ne sais pas pourquoi elle ne m'est pas venue plus tôt. Ça les fera enrager tous ces gueux-là, qui croient que je ne peux pas être adoré comme les autres, parce que, jusqu'ici, ces aristocrates des prisons ont mieux aimé mourir que d'être gentilles avec moi. On leur montrera qu'on a une maîtresse qui vaut bien les leurs! Allons, la Bretonne. Tu vas mettre les beaux atours que j'ai rapportés avant-hier. C'est une robe d'aristocrate; ça t'ira!

Yvonne, en reconnaissant la voix de son bourreau, s'était mise à trembler. Se reculant peu à peu, elle avait été se blottir dans un des angles de la pièce. Pinard l'appelait en vain; elle ne bougeait pas.

— Attends, murmura le sans-culotte en tirant un briquet de sa poche; je vais bien te faire venir. Quand l'Italien te verra avec moi, il s'en pâmera de rage, que ça fera plaisir à voir!

L'étincelle jaillit de la pierre et enflamma l'amadou. Pinard chercha sur la table et trouva des allumettes. Puis il s'approcha d'une chandelle à demi consumée qui était plantée dans un chandelier sale et gras.

Pendant ce temps, Yvonne murmurait à voix basse :

— Ce n'est pas Jahoua, ce n'est pas Jahoua!

La pièce s'éclaira peu à peu. Pinard aperçut la jeune fille et se dirigea vers elle. Il tenait sa lumière à la main, et les rayons, frappant en plein sur son visage, l'éclairaient merveilleusement et en faisaient ressortir la laideur repoussante.

Yvonne leva les yeux sur lui. Une inspiration soudaine illumina son front. Sa physionomie changea brusquement d'expression et dépouilla tout ce qu'elle avait d'insensé.

— Ian Carfor! s'écria-t-elle.

Le sans-culotte la saisit par le bras.

— Ah! tu me reconnais encore! dit-il avec rage. Voilà la seconde fois que cela t'arrive! La raison te revient : il faut en finir.

Et, repoussant la jeune fille, il l'envoya violemment rouler à quelques pas. Yvonne tomba sans pousser un cri. Pinard frappa du poing sur la table avec colère.

— Fougueray dira ce qu'il voudra, murmura-t-il ; mais il est temps de prendre des précautions. Au diable mes idées de ce soir! Demain elle ira à l'entrepôt, et le soir aux déportations verticales, comme dit Carrier. Je savais bien que la raison lui revenait peu à peu, moi, et ce serait par trop dangereux de la laisser vivre!

XII

JULIE DE CHATEAU-GIRON

Située sur la route de Nantes à Vannes, formant le point central du petit golfe où la Vilaine vient se perdre dans l'Océan, et à l'extrémité sud duquel se trouve Pénestin, la petite ville de la Roche-Bernard élève orgueilleusement, sur la limite du département du Morbihan et de celui de la Loire-Inférieure, ses maisons gothiques dont les toits aigus se mirent pittoresquement dans les eaux limpides de la rivière qui coule à leurs pieds. La Roche-Bernard, dont la première partie du nom vient d'un gros rocher qui s'élève du lit même de la Vilaine, et la seconde du plus ancien seigneur du lieu que l'on connaisse, la Roche-Bernard est un de ces nombreux ports naturels aux entrées difficiles comme il en abonde sur les côtes de Bretagne.

Célèbre entre toutes les villes de la province pour avoir été la première qui reçut la réforme protestante apportée et propagée dans son sein par d'Andelot, frère de l'amiral de Coligny, la Roche-Bernard n'avait pas hésité à arborer le drapeau royaliste, et était devenue, en 1793, l'un des principaux foyers de l'insurrection de l'Ouest. Son petit port, abrité des vents du nord et de ceux du nord-est, offrait un asile sûr aux nombreuses barques de pêche qui sillonnaient les côtes, portant de Bretagne en Vendée et de Vendée aux îles voisines des nouvelles, des vivres, des munitions, et souvent des soldats *blancs*.

Il était six heures du matin. Une brume épaisse, qui enveloppait les côtes de son manteau humide, augmentait encore la profondeur des ténèbres. Les vagues de la marée montante, refoulant les eaux de la rivière, venaient mourir en clapotant sur la carène d'un petit navire.

Sur le pont de ce navire, du grand mât au beaupré, étaient disséminés les marins de quart : les uns assis sur les canons, les autres appuyés sur les bordages, tous faisant bonne veille avec cette conscience du présent et cette insouciance de l'avenir qui distinguent l'homme de mer.

Deux personnages occupaient seuls l'arrière. L'un portant les insignes de maître d'équipage, les galons d'or aux manches et le sifflet suspendu à la boutonnière de la veste, se promenait lentement de bâbord à tribord avec cette impassibilité du marin qui sait se contenter du plus étroit espace pour accomplir des promenades interminables.

Le lavage du navire venait d'être terminé sous l'œil vigilant du chef, et chacun était à son poste. Près du banc de quart se tenait assise une femme revêtue du costume de l'ordre religieux que, plusieurs années auparavant, portaient seules les nonnes de l'abbaye de Plogastel. Cette femme, à la démarche digne, au geste élégant, à la beauté angélique, aux regards rêveurs, aux yeux rougis par les larmes, aux traits fatigués par la souffrance, courbait la tête sous le voile qui lui descendait sur les épaules, et les mains entrelacées sur sa poitrine, égrenant un chapelet de ses doigts effilés, elle offrait la vivante image de l'ange de la prière, tant elle paraissait absorbée dans ses pieuses pensées. Un léger bruit, qui retentit près d'elle, vint rappeler la religieuse aux choses de ce monde. Ce bruit était causé par un petit mousse. Le pauvre enfant, accroupi au pied du mât d'artimon auquel était adossée la sainte femme, s'était laissé engourdir par le sommeil, et un vieux matelot, passant près de lui, l'avait réveillé brusquement à l'aide d'un coup de poing paternellement administré. Le mousse se dressa sur ses jambes, secoua sa tête intelligente, se frotta les yeux, et courut en avant se mêler aux hommes de quart. La religieuse se leva alors, et, laissant retomber le lourd chapelet attaché à sa ceinture, elle tourna les regards vers le ciel noir en poussant un profond soupir.

— Rien encore, murmura-t-elle. Aucune nouvelle de terre. Marcof aurait-il échoué dans son entreprise? Serait-il blessé? Serait-il mort? Hélas! que deviendrait Philippe? que deviendrions-nous tous?

Tout à coup un brusque mouvement s'opéra à l'avant du *Jean-Louis*; un matelot, montant sur les bastingages, sauta sur la poulaine, et se retenant d'une main aux cordages du beaupré, s'avança doucement, fixant avec persistance ses regards sur la mer que lui dérobait en partie la brume. Un grand silence se fit dans la bordée de quart qui suivait attentivement les mouvements du marin. Un bruit sourd et régulier, semblable à celui d'avirons frappant avec précaution les vagues, retentit à peu de distance. Le matelot, toujours suspendu au-dessus de l'abîme, tourna la tête vers ses compagnons.

— Une embarcation! dit-il à voix basse.

— La vois-tu? demanda le contremaître.

— Non, pas encore, la brume est trop forte; mais j'entends le bruit des rames.

— Dans quelle aire?

— A bâbord... Ah! j'aperçois un point noir se détachant dans l'obscurité.

— Chacun à son poste, alors! commanda le contremaître sans élever la voix. Si ce sont des bleus, nous les recevrons au bout de nos piques. Les servants à leurs pièces! Parez tout et vivement!

Puis s'adressant au mousse qui dormait quelques minutes auparavant auprès de la religieuse :

— Va prévenir le patron ! dit-il.

L'enfant se détacha aussitôt du groupe des matelots, et, tandis que ceux-ci gagnaient silencieusement leur poste de combat, il courut à l'arrière. Le bruit des avirons devenait plus distinct, et un canot s'avançait certainement dans les eaux du lougre.

Le mousse avait interrompu bravement la promenade du marin, devant lequel il se planta en tenant respectueusement à la main son chapeau goudronné.

— Maître ! fit l'enfant levant ses yeux bleus sur le vieux marin, on signale une embarcation à bâbord.

— Venant de terre ?

— Oui, maître ! On le suppose, du moins.

— Qu'on ne la laisse pas accoster !

Le mousse porta rapidement l'ordre. Le maître s'approcha alors des bastingages du navire, et, concentrant ses regards vers la terre, il s'efforça à son tour de percer la brume. La religieuse s'était placée près de lui.

— Bervic, dit-elle d'une voix douce et harmonieuse, en posant sa main délicate sur le bras du second du *Jean-Louis*.

— Madame ? répondit le marin en se retournant et s'efforçant de rendre doux et agréable le rude accent de son organe.

— Que vient-on de vous dire, mon ami ?

— Rien d'important, madame.

— Mais encore ?

— On me signale une embarcation venant de terre.

— Oh ! ce sont sans doute des nouvelles de Marcof.

— Je ne crois pas.

— Pourquoi ?

— Parce que le commandant aurait donné le signal convenu si c'était lui, et une embarcation du bord serait allée le prendre.

— Qui croyez-vous que ce soit, alors ?

— Je l'ignore. Peut-être des ennemis, des bleus damnés.

— Ils ne sont pas à la Roche-Bernard cependant, vous le savez bien.

— Je sais qu'ils n'y étaient pas hier soir, madame, mais ils peuvent bien être venus cette nuit; aussi, pour plus de précaution, ai-je donné l'ordre de ne pas laisser accoster le canot.

— Et si ce sont des amis?

— Ils se feront reconnaître.

— Tenez ! je crois entendre le bruit des rames.

— Vous ne vous trompez pas, madame, répondit Bervic en quittant la religieuse pour monter sur le bastingage.

Puis, portant la main à son sifflet et le sifflet à ses lèvres, il en tira un son aigu accompagné de modulations. Tous les hommes de quart se précipitèrent vers les carabines suspendues au pied du grand mât et s'en saisirent vivement. Trois matelots s'approchèrent d'une caronade. Les deux servants se mirent de chaque côté de l'affût mobile, l'un un goupillon, l'autre un refouloir à la main, puis le chef de pièce pointa le petit canon dans la direction de la chaloupe qui semblait vouloir accoster le lougre.

Alors se reculant et se plaçant de côté, il prit une mèche allumée et attendit.

— Tout est paré ! dit-il en s'adressant à Bervic.

— Bien ! répondit le vieux maître d'équipage.

Un profond silence se fit à bord du navire et suivit ce court échange des paroles sacramentelles que nous venons de transcrire. La religieuse s'était remise à prier avec une ferveur nouvelle. On entendait alors très distinctement le bruit des avirons criant sur le bordage de l'embarcation inconnue dont on distinguait nettement l'ombre sur les flots et le sillage plus clair. Bervic jeta un coup d'œil rapide autour de lui, et, assuré que tous ses hommes étaient à leur poste et prêts au combat, il se pencha alors sur le bastingage de l'arrière.

— Oh ! du canot ! cria-t-il d'une voix impérieuse.

Aucune réponse ne lui fut faite.

— Oh ! du canot ! répéta-t-il une seconde fois.

Un nouveau silence suivit ces paroles.

— Oh ! du canot ! répondez ou je vous coule ! fit le vieux marin en se redressant avec colère et en sautant sur le banc de quart.

Le chef de pièce approcha sa mèche de la lumière ; il attendait le commandement de : feu ! Mais au moment même où Bervic allait donner l'ordre, le cri de la chouette retentit faiblement.

— Ce sont des amis ! murmura un matelot.

— C'est peut-être une ruse, mes enfants ! répondit Bervic. Parez vos carabines et attention !

Le canot entrait alors dans les eaux mêmes du lougre.

— Le commandant ! s'écria le mousse avec joie.

— Marcof ! fit la religieuse en s'approchant vivement Oh ! Dieu soit loué ! le Seigneur a exaucé ma prière.

Bervic, en reconnaissant son chef, avait lancé dans la nuit un nouveau coup de sifflet. Tous les hommes, se portant vivement à tribord, s'apprêtèrent à rendre les honneurs militaires en se rangeant sur une double ligne de la tête de l'escalier d'honneur au pied du grand mât. L'embarcation accostait, et l'un de ceux qui la montaient, saisissant un bout d'amarre lancé du haut du lougre, la contraignait à demeurer bord à bord avec le petit navire. Marcof, suivi de Boishardy et de Keinec, s'élança sur le pont et promena autour de lui un regard attentif.

— Bien, mes enfants, dit-il de sa voix franche et sympathique, vous faites bonne veille et on ne peut vous surprendre ; très bien ! je suis content, vous êtes de vrais matelots.

Puis, se tournant vers le vieux maître :

— Bervic ! ajouta-t-il d'un ton amical.

— Mon commandant ? répondit le marin en s'avançant respectueusement.

— Tu feras donner double ration à l'équipage.

— Oui, commandant.

En ce moment la religieuse s'avança vers Marcof et lui tendit sa petite main.

— Vous ici, à pareille heure ! fit le marin d'un ton de doux reproche et en portant à ses lèvres la main qui lui était offerte avec une grâce chevaleresque, digne d'un preux du moyen âge.

— Oui, mon ami, répondit la religieuse : je veillais près de ces braves gens qui sont pour moi pleins de complaisance et de respect.

— Ils ne font que leur devoir, madame; vous êtes, à mon bord, maîtresse souveraine.

Pendant ce temps Keinec échangeait quelques poignées de main amicales avec le vieux Bervic et les autres matelots, et M. de Boishardy, examinant curieusement le pont du navire, jetait autour de lui un regard où se peignaient l'étonnement et l'admiration. Enfin il s'approcha de Marcof qui venait de quitter Julie, laquelle, sur la prière du marin, était redescendue dans l'entrepont.

— Ma foi, mon cher ! s'écria gaiement le chef royaliste, je ne m'attendais pas à voir ce que je vois.

— Comment cela? répondit Marcof en souriant.

— Mais votre lougre est gréé, aménagé et armé à faire rougir un vaisseau du roi. Quel ordre ! quel soin ! quel aspect guerrier !

— Vous trouvez?

— D'honneur ! je suis dans l'admiration.

— Vous venez de voir mon navire et mon équipage en temps de paix, fit le marin en prenant un accent plus sérieux; que diriez-vous donc si vous pouviez le contempler en temps de guerre, quand le *Jean-Louis* s'accroche à une frégate ennemie et que mes matelots s'élancent la hache au poing et le poignard aux dents !

— Cordieu ! ce doit être un beau spectacle, et l'eau m'en vient à la bouche, rien qu'en y pensant.

— Tonnerre ! pourquoi sommes-nous obligés de faire la guerre civile?

— Parce que des brigands nous y contraignent.

— Vous avez raison et vous me rappelez que ce n'est pas pour philosopher que nous avons quitté le placis, il y a trois heures, et fait douze lieues au galop. Mais quand je pose le pied sur ce lougre, c'est plus fort que moi ; je sens quelque chose comme une larme qui me mouille les yeux, et un désir effréné de combattre sans retourner à terre.

— Malheureusement cela ne se peut, mon cher, car c'est à terre seulement que nous pourrons sauver Philippe.

— Oui, et il faut même nous hâter ! Voulez-vous descendre visiter madame la marquise de Loc-Ronan ?

— Sans doute ; c'était elle qui vous parlait tout à l'heure, n'est-ce pas ?

— Oui.

— Eh bien, faites-moi l'honneur de me présenter, je vous suis.

Marcof se dirigea vers l'escalier conduisant dans l'intérieur du navire et descendit, accompagné de M. de Boishardy. Julie les attendait dans son appartement. Ce mot appartement pourrait sembler étrange à tous ceux qui connaissent l'intérieur d'un petit navire de guerre, et cependant les cabines réunies qu'habitait la religieuse méritaient parfaitement ce titre à tous les points de vue et à tous les égards.

Lorsque Marcof avait conduit Julie à son bord, il avait donné des ordres antérieurs et tout fait disposer en conséquence. Il voulait que la religieuse, accoutumée au bien-être du couvent, que la fille noble élevée dans le luxe et dans l'abondance, que la marquise de Loc-Ronan, enfin, la femme de son frère, ne souffrît pas d'un séjour prolongé dans un humble navire aménagé pour des hommes aux habitudes grossières. Il voulait enfin que Julie fût traitée en reine et honorée comme telle.

Quelques jours d'un travail assidu et intelligemment dirigé avaient suffi pour exécuter les ordres du chef suprême. A bord d'un navire de guerre, les ouvriers en tous genres sont nombreux : il s'y trouve naturellement des charpentiers, des menuisiers, des forgerons, et il est rare que tous les autres corps d'états manuels n'y aient pas chacun leur représentant. D'ailleurs, le calfat est à moitié maçon, le voilier à demi-tapissier, le maître chargé des pavillons presque un artiste en ornements. Tout se rencontre sous la main dans ces coques admirables : bois, fers, tentures, richesses de toutes sortes sont là à profusion. Puis le marin a, en général, un goût prononcé pour l'art de l'ameublement. Ingénieux dans les moindres détails, comme l'homme qui se trouve constamment aux prises avec la nécessité, aucun obstacle ne l'arrête ; et si la difficulté est trop forte, il la tourne avec adresse. Cela s'explique facilement : enfermé les trois quarts de sa vie entre les parois de sa prison flottante, il cherche à en dorer les barreaux, et, le temps ne lui faisant jamais faute, il arrive toujours à son but. Ensuite, les voyages, les séjours en pays étrangers, qui lui font emprunter un usage à l'un, un usage à l'autre, développent son sentiment artistique sans qu'il s'en rende compte lui-même.

A bord du *Jean-Louis*, navire corsaire, dont le chef n'avait à obéir qu'à sa propre volonté, le travail qui concernait l'appartement destiné à Julie était plus facile encore à exécuter. Quelques cloisons abattues avaient formé un vaste salon éclairé par les fenêtres percées à l'arrière du lougre. Des caisses d'étoffes orientales, rapportées des précédentes excursions, avaient fourni largement aux tentures, et les boiseries des murailles disparaissaient sous les éclatantes couleurs, sous les splendides dessins des damas de Smyrne et des cachemires du Bengale. Un épais tapis égyptien couvrait le plancher et offrait aux pieds le moelleux appui de sa laine vierge.

Des meubles d'un merveilleux fini, et venant de tous les coins du monde, ornaient la pièce sans l'encombrer. Un prie-Dieu en ébène et un Christ, véritable chef-d'œuvre fouillé par la main d'un artiste dans un bloc d'ivoire jauni par le temps, avaient droit surtout à l'admiration de tous les amants du beau et semblaient, par leur style sévère et grandiose, inviter à la prière.

Une seconde pièce était disposée en chambre à coucher, et celle-ci rappelait les austères habitudes du cloître par sa simplicité dans les moindres détails. Deux mousses bien dressés avaient été mis aux ordres de la marquise, et Julie, le jour où elle posa le pied sur le pont du *Jean-Louis*, s'était sentie remuée jusqu'au fond du cœur à la vue des prévenances attentives et des soins empressés dont l'entourait Marcof.

— Vous êtes reine et maîtresse à bord du *Jean-Louis*, madame, lui dit le marin en la conduisant dans son appartement. Chacun ici n'aura désormais qu'un désir, celui de vous plaire, et vos moindres volontés seront des ordres pour tous. Je serai le premier heureux de vous obéir.

Julie, doucement émue, avait tendu ses deux mains au frère de son mari, que ses larmes remercièrent plus encore que ses paroles. Puis, le soir même, Marcof était parti pour le placis de Saint-Gildas, sans que la religieuse cherchât à s'opposer à ce départ; car, pour ces deux nobles âmes, le salut de Philippe était la seule préoccupation de tous les instants.

On sait que les premières tentatives de Marcof furent vaines et que son premier séjour à Nantes n'amena aucun résultat. Alors il était revenu à la Roche-Bernard, et ensuite il était retourné auprès de Boishardy. Cette seconde expédition devait être décisive, car le temps marchait avec une rapidité effrayante, et le marquis ne vivait encore qu'à l'aide d'un miracle.

— Je le sauverai ! avait dit Marcof en quittant pour la seconde fois la marquise.

— Dieu vous aidera ! avait simplement répondu celle-ci avec une sainte confiance dans la protection divine.

C'était ainsi qu'ils s'étaient séparés, et huit jours s'étaient écoulés sans voir apporter la plus insignifiante nouvelle. Dès lors, on comprend les inquiétudes, les cruelles angoisses ressenties par la marquise, et la joie qu'elle éprouva à l'arrivée si péniblement attendue du marin. Marcof lui avait promis de revenir près d'elle avant de tenter un effort suprême. Julie savait que son hardi beau-frère allait au placis de Saint-Gildas retrouver M. de Boishardy, et elle espérait instinctivement que l'intrépide royaliste, si connu par sa force, sa témérité, son intelligence et son courage, voudrait aider Marcof de tout son pouvoir, et mettrait tout en œuvre pour lui prodiguer ses secours. Elle ne s'était pas trompée, en effet ; mais au moment où Boishardy était monté à bord du lougre avec le commandant, elle était loin de supposer la part active que voulait prendre le chef chouan à la délivrance de Philippe.

Boishardy, marchant sur les pas de Marcof, était donc descendu dans l'entrepont : là encore, son admiration se manifesta vive et bruyante, et vint agréablement flatter l'orgueil satisfait du corsaire. Celui-ci se dirigea vers l'arrière, et, s'adressant à un mousse qui veillait extérieurement à la porte de la religieuse :

— Demande à madame la marquise, lui dit-il, si elle veut bien nous recevoir.

Le mousse entra dans le salon, et ressortit presque aussitôt en laissant la porte ouverte et en s'effaçant pour livrer passage. Marcof et Boishardy pénétrèrent dans la pièce élégante au milieu de laquelle se tenait Julie qui venait à leur rencontre. En quelques mots, le marin présenta son compagnon à la marquise, qui le reçut avec une familiarité noble et empressée.

La situation était trop tendue pour se livrer à des compliments et à des démonstrations de politesse. Au nom de Boishardy, Julie avait donné sa main au gentilhomme chouan ; puis la conversation s'était engagée rapide, précise, nullement entravée par les réticences, et dépourvue des banalités d'usage.

Julie prodigua à Boishardy tout ce que sa tendresse pour Philippe lui inspirait d'expressions touchantes pour témoigner au noble aventurier ce qu'elle ressentait au fond de son cœur.

— Sauvez-le, dit-elle, et vous m'aurez sauvée moi-même ; car si Philippe meurt, je mourrai !

En parlant ainsi, sa voix était si douce, si calme, et indiquait tant de foi dans ce pronostic lugubre, que Marcof et Boishardy se sentirent profondément touchés.

Le marin, dominant son émotion, fit un mouvement pour quitter le salon; il avait, dit-il, à donner quelques ordres relatifs au départ.

— Est-ce que vous quittez le lougre ce matin ? demanda Julie.

— Non, répondit Marcof ; nous passons la journée à bord ; mais comme le vent est bon et la marée favorable, je vais faire lever l'ancre, et nous mettrons le cap sur le Croisic, qui vient d'être repris par nos amis. Là, nous serons à peu de distance de Nantes, et si nous parvenons à enlever le marquis, le navire sera un refuge dont je réponds, car j'en défends l'entrée !

— Faites et ordonnez, Marcof, dit Boishardy ; je me fie à vous.

Le marin le remercia du geste et diparut. Boishardy et la marquise demeurèrent seuls. Le gentilhomme jetait malgré lui ses regards sur le vêtement de la religieuse ; Julie s'en aperçut.

— Vous regardez mon habit monastique, dit-elle, et vous vous étonnez que je sois restée fidèle à mes vœux dans ces temps où chacun n'a plus le respect de ses serments ?

— Non, madame, répondit Boishardy, je ne m'étonne pas, mais j'admire.

— Puis, après un léger silence, il reprit:

— Si nous délivrons Philippe, ne consentirez-vous pas à reparaître dans le monde ?

— Peut-être ! fit la religieuse en détournant la tête.

Boishardy n'insista pas ; il avait lu les manuscrits que lui avait confiés Marcof ; il connaissait l'histoire entière des douleurs de la pauvre femme, et sa délicatesse l'empêchait d'insister sur un semblable sujet.

Il se disposait même à se retirer à son tour, car Julie semblait absorbée dans des réflexions pénibles, lorsqu'un léger tressaillement du navire fit chanceler les objets mobiles qui ornaient la chambre.

— Nous prenons la mer ? dit-il.

— Oui, répondit la religieuse ; et demain soir vous

serez à Nantes. Que Dieu vous accompagne ! Moi je vais prier tout le jour ! Malheureusement, hélas ! c'est là toute la part que je puis prendre à cette entreprise.

Boishardy s'inclina profondément, et sortant de l'appartement de la marquise, il monta rapidement sur le pont du lougre.

Jusqu'alors Marcof avait veillé en personne à la manœuvre et à la marche du navire, mais une fois en mer, une fois la route prise, il appela Keinec, lui remit le commandement du lougre et alla retrouver Boishardy qu'il emmena dans sa cabine.

XIII

LA ROUTE DE NANTES

Cinq heures après que le lougre eut quitté la Roche-Bernard, Bervic descendit auprès de son chef le prévenir que l'on était en vue du Croisic, et lui demander ses ordres pour le mouillage.

— Nous ne mouillerons pas, répondit Marcof. Tiens le cap droit devant toi, double la pointe du Croisic et cours une bordée sur Saint-Nazaire.

— Quoi ! dit Boishardy avec étonnement, voulez-vous donc entrer en Loire ?

— Sans doute.

— Mais il était convenu que nous débarquerions au Croisic ?

— Oui ; mais j'ai réfléchi que le Croisic était encore à vingt lieues de Nantes ; que Philippe serait bien faible pour faire à cheval cette longue étape ; qu'il fallait diminuer la distance et nous rapprocher de la ville. J'ai l'intention de remonter le fleuve jusqu'à la hauteur de Lavau.

— Vous n'y pensez pas !

— Pourquoi ?

— Parce que toute la rive gauche de la Loire est au pouvoir des bleus, qui ont même établi garnison à Paimbœuf. Et qui sait si, depuis nos dernières nouvelles, ils ne se sont pas emparés de Savenay, de Saint-Nazaire, de Lavau et des environs ?

— Bah ! qu'importe ! Qui ne risque rien n'a rien, et au bout du compte, nous ne risquons pas grand'chose, car les républicains n'ont pas un navire en état de lutter avec *le Jean-Louis*, et, s'ils tentaient de l'arrêter au passage, nos canons sauraient bien répondre. D'ailleurs, en quittant le lougre, je donnerai à Bervic des ordres en conséquence.

— Mais, mon cher Marcof, vous oubliez encore que, d'après mes ordres, Fleur-de-Chêne doit envoyer à Batz nos chevaux, et Batz est à une portée de fusil du Croisic.

— Eh bien ! mon cher Boishardy, je vais faire mettre en panne. Keinec descendra à terre et ira donner au gars qui nous attend l'ordre de pousser jusqu'à Lavau, et, en cas de présence des bleus, de se cacher dans les bruyères de Saint-Etienne.

— Faites donc, alors ; je n'ai plus d'objection à soulever.

Marcof monta sur le pont ; cinq minutes après, un canot était à la mer, Keinec y descendait, et *le Jean-Louis*, orientant sa voilure, demeurait stationnaire à la hauteur de la pointe du Croisic. Moins d'une heure ensuite, Keinec remontait à bord, après avoir accompli sa mission, et le lougre, rendant au vent toute la toile qu'il lui avait un moment retirée, suivait la côte en se dirigeant vers l'embouchure de la Loire.

On était en décembre, et la nuit vient vite à cette époque de l'année ; aussi lorsque *le Jean-Louis* atteignit Saint-Nazaire, la ville ne lui apparut-elle que dans la pénombre du crépuscule. Néanmoins Marcof, ignorant s'il se trouvait en pays ami ou en pays ennemi, voulut attendre que l'obscurité fût complète pour pénétrer dans le cours du fleuve. Louvoyant doucement, le lougre s'engagea dans la Loire avec des précautions infinies, et, remorqué par ses chaloupes, il n'atteignit Lavau que vers quatre heures du matin.

Marcof, avant de mouiller, envoya à terre un matelot

avec ordre d'obtenir des renseignements précis. Le matelot rapporta d'excellentes nouvelles : les royalistes dominaient à Lavau, et aucun soldat bleu ne s'y trouvait.

— Très bien ! dit Marcof avec joie ; nous sommes en sûreté ici, et, le jour venu, nous nous mettrons en route.

Il s'occupa alors des soins à donner à son navire et des recommandations à adresser à Bervic, qui allait se trouver de nouveau investi du commandement.

— Tu tiendras toujours le milieu du fleuve, dit Marcof au vieux maître. Aucun homme ne devra descendre à terre, et tu ne laisseras accoster aucune embarcation. Vous avez des vivres à bord ; donc toute communication avec Lavau est inutile. Tu mettras des hommes en vigie comme si l'on était en mer. Si les bleus viennent, tu as du canon et des boulets plein la cale. S'ils t'inquiètent trop vivement, tu retourneras au Croisic, sinon tu tiendras ferme jusqu'à notre retour. Si dans cinq jours tu n'as pas de nos nouvelles, tu regagneras la Roche-Bernard, et tu enverras un homme trouver La Rochejaquelein ; il te donnera des ordres que tu exécuterais à la lettre. Enfin, si je ne reviens pas, si je suis tué, eh bien ! mon vieux, tu me donneras un regret et tu garderas le lougre.

Bervic avait écouté attentivement les recommandations de son chef ; mais à ces dernières paroles, il changea de physionomie. Une émotion très vive se refléta sur ses traits, et il voulut balbutier quelques mots ; mais Marcof l'arrêta.

— Pas de phrases ! dit-il ; je te connais, je sais que tu m'aimes ; ainsi tu n'as pas besoin de te mettre la cervelle vent dessus vent dedans, pour me dire ta pensée. Tu m'as compris, obéis !

Vers midi, après avoir pris congé de la religieuse qui bénit une dernière fois le courageux marin, Marcof s'élança dans un canot que l'on venait de mettre à la mer. Boisbardy et Keinec l'accompagnaient seuls. Le jeune homme arma les avirons, Marcof s'assit à la barre, et l'embarcation se dirigea rapidement vers la terre.

A Lavau, la Loire, coupée par de nombreuses îles, est plus large et plus majestueuse qu'à Saint-Nazaire, c'est presque un bras de mer. Le *Jean-Louis*, demeuré au milieu du fleuve, avait mouillé à l'abri de l'un de ces gros îlots, qui le dérobait presque complètement à la vue des rives voisines, et bientôt l'embarcation fut séparée de lui, moins encore par la distance que par les obstacles dont nous venons de parler. Keinec ramait vigoureusement. Tout à coup l'un de ses avirons rencontra une résistance subite, et le jeune homme poussa un grand cri.

— Qu'est-ce donc ? dit Boishardy en se soulevant sur son banc.

— Un noyé ! répondit Keinec en désignant du geste un cadavre surnageant entre deux eaux ; c'était ce cadavre qui avait arrêté l'aviron.

— Un noyé ! répéta Marcof en saisissant une gaffe.

— Inutile ; fit Boishardy en arrêtant Marcof. Le sauvetage n'est pas possible ; ce corps est dans l'eau depuis au moins douze heures.

— Un autre ! un autre ! s'écria Keinec en désignant un second cadavre qui flottait à la suite du premier ; celui-là remue !

— Non, mon gars ; c'est le mouvement de l'eau qui te fait illusion.

— Mais en voici encore ! dit Marcof stupéfait.

Bientôt, en effet, le canot fut entouré par une double rangée de corps morts qui descendaient vers la mer obéissant au cours de la Loire. De minute en minute le nombre augmentait et allait toujours croissant. Les trois hommes étaient braves, mais leurs cheveux se hérissèrent à la vue de ce spectacle étrange et épouvantable.

— Tonnerre ! s'écria Marcof : la Loire est-elle donc devenue un charnier ? Nage, Keinec ! nage ferme, mon gars, et gagnons la terre au plus vite !

Keinec ferma les yeux pour ne pas voir, et il enfonça ses avirons dans les eaux du fleuve ; mais les corps des noyés qui froissaient ses rames le faisaient tressaillir, et une sueur abondante perlait à la racine de ses cheveux. Marcof et Boishardy se regardaient en silence, n'osant pas s'adresser la parole. Enfin le canot toucha la rive, et les trois hommes sautèrent vivement à terre. Un vieux pêcheur raccommodant ses filets se trouvait à quelque distance, Marcof l'appela.

— Que signifie cette nuée de cadavres qui encombrent le fleuve ? lui demanda-t-il brusquement.

— Ah ! mon bon monsieur, répondit le pêcheur en secouant la tête, c'est une malédiction qui est sur le pays, bien sûr. Depuis deux jours, la Loire charrie des morts ! On dit que c'est à Nantes qu'on les noie, parce que les prisons sont pleines et que la guillotine ne va pas assez vite !

— Horreur ! s'écrièrent les deux hommes en reculant d'épouvante.

Puis une même pensée leur traversa subitement l'esprit.

— Philippe ! dirent-ils ensemble.

Et tous deux, par un même mouvement, quittèrent le vieux pêcheur et s'élancèrent dans la direction de la dernière maison de la ville, en face de laquelle ils avaient aperçu en débarquant trois chevaux que tenait en main un paysan breton. Ce paysan était celui que Keinec avait été trouver à Batz, et auquel il avait transmis l'ordre donné par Marcof de se rendre à Lavau. Le gars reconnut son chef et le salua respectueusement.

Pendant ce temps, Keinec était remonté dans le canot, et, suivant la rive, il le conduisait à l'extrémité de Lavau, dans une sorte de petite anse naturelle, à demi cachée par de gros arbres qui garnissaient l'embouchure d'un petit ruisseau. Il amarra soigneusement l'embarcation au tronc noueux de l'un d'eux ; puis, aidé du jeune paysan auquel il avait fait signe de venir près de lui, il coupa à la hâte des genêts, des bruyères et des branches de chêne. Alors tous deux, avec une adresse merveilleuse, dissimulèrent le canot sous un véritable édifice de bois mort. L'absence totale des feuilles rendait leur travail plus difficile, néanmoins ils l'accomplirent rapidement. Cela fait, le paysan prit les ordres de Boishardy et s'éloigna, tandis que les trois hommes, s'élançant à cheval, se mirent en devoir de gagner Nantes en évitant soigneusement la grand'route qui, venant de Saint-Nazaire et passant à Savenay, les eût exposés à rencontrer des détachements républicains.

— Les chevaux sont bons, fit observer Boishardy en modérant l'ardeur de celui qu'il montait et en éprouvant le besoin de parler pour chasser les terribles impressions qui venaient de l'assaillir ainsi que ses compagnons.

— Oui, répondit Marcof ; nous serons à Nantes au coucher du soleil.

— Je le crois aussi.

— J'avais calculé notre départ en conséquence.

— A propos, mon cher ami, savez-vous que nous agissons comme de vrais fous ? dit Boishardy en se frappant le front.

— Pourquoi donc ? demanda Marcof.

— Regardez nos habits.

— Eh bien ?

— Le premier rustre qui nous rencontrera nous appellera chouans. Je crois, Dieu me damne ! que nous avons même conservé tous trois la cocarde noire !

— Vous dites vrai.

— Si nous entrons à Nantes avec ce costume-là, nous ne ferons pas trois pas dans la ville sans être arrêtés, incarcérés et tout ce qui s'en suit. Qu'en penses-tu, mon gars ? continua Boishardy en s'adressant à Keinec qui demeurait sombre et silencieux.

Le jeune homme releva la tête.

— Je pense, répondit-il, que j'entrerai à Nantes n'importe sous quel costume, mais que j'y entrerai.

— Pardieu ! nous aussi nous entrerons. La question n'est pas là ! Pour moi, je trouverais par trop innocent d'aller se jeter ainsi dans la gueule de ce Carrier que Dieu confonde !

— J'ai prévu tout cela, interrompit Marcof ; ne vous inquiétez de rien. Nous nous arrêterons à Saint-Étienne pour laisser souffler nos chevaux ; là nous trouverons un ami qui nous fournira trois vêtements complets de sans-culottes : nous serons méconnaissables !

— Corbleu ! cela m'agace de penser que je vais me salir par le contact de pareilles défroques.

— Connaissez-vous un meilleur déguisement ?

— Non.

— Eh bien, alors ?

— Va donc pour cette livrée de valets de bourreau !

— J'endosserais celle du diable, répondit le marin, pour arriver à mon but !

— Et vous auriez raison, mon brave ami ! J'ai tort, je le confesse ; ne pensons qu'à Philippe.

— Et à Yvonne ! murmura Keinec.

Marcof l'entendit.

— Tu espères donc encore ? demanda-t-il.

— J'espérerai tant que je n'aurai pas acquis une certitude.

— Pauvre enfant ! soupira le marin.

— J'ai fouillé toutes les villes de Bretagne, excepté Nantes, continua Keinec ; peut-être Yvonne y est-elle ?

— Qu'est-ce qu'Yvonne ? demanda Boishardy.

— Celle que j'aime, monsieur le comte.

— Au fait, Boishardy ne connaît pas cette histoire, ajouta Marcof. Raconte-la-lui, Keinec ; elle l'intéressera, et peut-être te donnera-t-il d'excellents conseils.

— Parle, mon gars, fit affectueusement le chef royaliste en écartant un peu son cheval pour que Keinec pût s'approcher.

Le jeune homme poussa sa monture entre celles des deux cavaliers, puis il réfléchit quelques instants. Enfin, dans ce style d'une rusticité sauvage mais pleine de poésie qui n'appartient qu'au paysan breton, il entama la légende de ses amours et de celles de Jahoua. Keinec s'animait en parlant ; au souvenir d'Yvonne enlevée par Diégo, des larmes de rage sillonnèrent son visage ; son poing crispé meurtrissait le pommeau de sa selle, et, par une contraction des muscles, il étreignit si vivement son cheval que le pauvre animal poussa un hennissement de douleur.

En entendant prononcer les noms du chevalier de Tessy et du comte de Fougueray, Boishardy échangea un regard rapide avec Marcof.

— Ce sont les mêmes, n'est-ce pas? lui demanda-t-il.

— Oui, répondit le marin.

— Eh bien! la chose s'éclaircit au lieu de se compliquer, c'est bon signe.

— Sans doute; mais je ne saurais oublier les dernières paroles prononcées par ce misérable chevalier.

— Quand vous l'avez trouvé mourant à l'abbaye de Plogastel?

— Oui.

— Et quelles étaient ces paroles?

— Les voici : « Venge-moi de ceux qui m'ont assassiné, tu les livreras à la justice... elle n'est pas notre sœur, c'est sa maîtresse à lui... à... » Et il expira sans pouvoir achever, ajouta Marcof avec un mouvement de colère.

— Mais qui accusait-il de sa mort?

— Le comte de Fougueray.

— Son frère?

— Il disait que cet homme n'était pas son frère!

— Comment cela?

— Voilà ce que je ne sais pas, ce que je donnerais tout au monde pour savoir.

— Peut-être ce misérable n'avait-il plus sa raison et délirait-il en parlant ainsi; l'agonie causée par le poison amène souvent des hallucinations étranges.

— Malheureusement; mais cependant je crois volontiers que cet homme avait conscience de ses paroles.

— Qui vous porte à le croire?

— Une vérité qu'il m'a avouée et qui prouve évidemment qu'il n'était pas le frère du comte.

— Qu'est-ce donc?

— Je l'ai reconnu pour un ancien bandit que j'avais rencontré jadis dans les Abruzzes. A cette époque, je ne l'avais vu que quelques minutes, mais cela s'était passé dans des circonstances telles que sa figure était demeurée gravée dans ma mémoire.

— Et il a avoué cela ?

— Parfaitement, n'est-ce pas, Keinec ?

— Je l'ai entendu, ainsi que Jahoua.

— Que pensez-vous de cela, Marcof ?

— Je ne sais que supposer ! Était-ce Raphaël (ce misérable se nommait ainsi), était-ce Raphaël qui trompait le comte de Fougueray ; était-ce le comte de Fougueray qui se servait de cet homme ? C'est dans la réponse que se trouverait le nœud de cette intrigue, et malheureusement je ne puis répondre moi-même.

— C'est étrange ! dit Boishardy en réfléchissant profondément.

— Voici les clochers de Saint-Étienne, fit observer Keinec en désignant du doigt deux flèches aiguës qui apparaissaient en ce moment sur la droite des voyageurs.

— Pressons l'allure ! répondit Boishardy, et enfonçons-nous sur la gauche ; nous redescendrons ensuite sur la ville, après nous être assurés que les bleus n'y sont pas. Eh bien, continua-t-il tout en éperonnant son cheval et en fixant un regard perçant sur les campagnes avoisinant la Loire ; Eh bien ! cette jeune Yvonne m'intéresse et je donnerais de bon cœur le peu qui me reste de bien pour découvrir l'endroit où on la retient prisonnière.

— Si toutefois elle vit encore ! répondit Marcof.

— N'en doute pas ! s'écria Keinec. Si Yvonne était morte, j'aurais été tué, j'en suis sûr.

— Espère, mon gars, dit le chef royaliste. Quant à moi je te promets qu'après avoir réussi à délivrer le marquis de Loc-Ronan, je t'accorderai mon aide pour chercher la pauvre enfant dont tu parles.

— Et si nous la retrouvons, continua Marcof, malheur à ceux qui l'auront fait souffrir !

Keinec ne répondit pas ; mais il leva les yeux au ciel

en tordant la poignée du sabre qui pendait à son côté. On comprenait que le jeune homme murmurait intérieurement un serment terrible, et qu'il n'y faillirait pas.

XIV

LA PLACE DU DÉPARTEMENT

Quatre heures et demie sonnaient à l'horloge de la cathédrale de Nantes au moment où le soleil, déclinant rapidement, cachait son disque sous les nuages qui couraient de l'ouest à l'est, et jetait horizontalement ses rayons pâles et blafards sur les rives alors dévastées de la petite rivière de l'Erdre, qui traverse dans toute sa longueur l'un des principaux faubourgs de la ville pour aller verser ses eaux dans la Loire, en face l'île Feydau au centre même de la vieille capitale du duché de Bretagne.

Désert et désolé, ce faubourg offrait l'aspect d'une cité après le pillage.

Les maisons en ruines servaient d'asile aux chiens affamés que l'affreuse disette qui désolait la ville avait laissés sans maîtres. A peine obtenait-on chez le boulanger la ration de pain nécessaire à la nourriture quotidienne : il avait bien fallu chasser sans pitié du logis les animaux domestiques, et les chiens errants s'étaient instinctivement réunis en bandes dans les quartiers déserts, comme ils se réunissent encore de nos jours dans les environs de Constantinople, ne pénétrant que la nuit dans le cœur de la cité. Au centre du faubourg, se dressait un magnifique peuplier orné de guirlandes, de rubans entrelacés aux trois couleurs nationales, et devenu depuis peu arbre symbolique de la liberté.

Çà et là quelques enfants sortis de la ville et venant jouer dans cette solitude, l'animaient seuls. C'étaient des fils de vrais patriotes auxquels, après les exécutions, revenaient de droit les vêtements qui couvraient le corps des victimes au moment où le couteau les frappait. Bien entendu que ces vêtements étaient ceux que le bourreau rejetait comme ne pouvant lui convenir.

8

Ces jeunes sans-culottes, espoir de la République une et indivisible, avaient établi, dans le faubourg dont nous parlons, une sorte de succursale de la halle aux habits, et s'amusaient à imiter les marchands et les crieurs. C'était quelque chose de hideux à contempler que ces jeunes têtes blondes, brunes et roses, coiffées de perruques ensanglantées ou de chapeaux également maculés de taches de sang humain.

Deux d'entre eux, les plus grands (ils pouvaient avoir de douze à treize ans), en étaient déjà venus aux coups à propos d'un habit couleur tabac d'Espagne garni de boutons d'acier. Évidemment les deux drôles avaient fait main basse sur les hardes que se réservait l'exécuteur; car l'habit qui formait le principal sujet de contestation était trop frais et trop neuf encore pour avoir été dédaigné par *monsieur de Nantes*, comme on disait sous l'ancien régime.

Dans la lutte dont il était l'objet, le prix du combat avait eu à souffrir de nombreux accidents. Une manche était restée entre les mains de l'un des deux antagonistes, tandis que l'autre gamin brandissait les basques au bout d'un bâton; mais ce qui causait la dispute, c'était la partie du vêtement où se trouvait la garniture de boutons.

— Veux-tu lâcher, Bertrand ! hurlait l'un des combattants, en tirant à lui le restant de l'habit que son compagnon venait de saisir.

— Non ! je ne lâcherai pas ! répondait l'autre sans lâcher prise, et en se cramponnant des deux mains au fragment qu'il serrait de toutes ses forces.

— Ah ! tu ne veux pas lâcher ?

— Non !

— Dis-le voir encore ?

— Non ! non ! non ! Entends-tu, grand imbécile ?

— Tiens !...

Ici, Bertrand reçut un coup de poing qui fit jaillir le sang de son nez, lequel enfla subitement et menaça de prendre des proportions gigantesques.

— Oh ! c'est comme ça ! cria l'enfant en rendant coup pour coup. Je dirai que tu es un aristocrate !

— Essaie donc un peu !

— Oui, je te dénoncerai !

— Je suis un sans-culotte. Chaux est mon cousin !

— Et Pinard est l'ami de papa !

— Je te ferai passer sous le rasoir national !

— Et toi dans la baignoire nationale !

— Je le dirai au club !

— Au club ! crièrent les autres enfants qui jusqu'alors étaient demeurés muets spectateurs de la scène. Tu vas au club, toi, Pichet ?

— Oui, que j'y vas ; à preuve que j'ai été reçu membre de la Société régénérée.

Bertrand s'arrêta, et le combat cessa momentanément.

— Vrai ? dit-il avec un accent dans lequel l'admiration succédait rapidement à la colère ; t'es au club pour de vrai !

— Oui, pour de vrai !

— Pourquoi donc qu'on t'a reçu ?

— Ah ! voilà !

— Raconte-nous ça ! hurla la bande.

— J'y consens, répondit Pichet en prenant une pose magistrale. Faut que vous sachiez que papa m'a emmené avec lui l'autre soir.

— Tu nous l'as dit, interrompit Bertrand.

— Veux-tu me laisser parler, imbécile !

Et Pichet reprit :

— V'là qu'un citoyen fait une motion oùsqu'il fallait écrire. Le secrétaire n'y était pas. On demande quelqu'un qui sait écrire. Papa crie en me montrant : Voilà ! Là-dessus je m'en vais au bureau, et j'écris ; et puis quand j'ai fini, comme ça m'amusait de griffonner sur le papier oùsqu'il y a des imprimés en haut, j'ai écrit l'exemple d'écriture qu'on nous a donné la semaine dernière.

— Oh ! oui, interrompit de nouveau Bertrand ; l'exemple oùsqu'il y avait : « Le monde ne sera heureux que lorsqu'on aura guillotiné quarante millions d'aristocrates et cent millions de modérés ! »

— C'est ça ! répondit Pichet. Pour lors, v'là un citoyen qui regardait et qui me dit : « C'est joli tout de même ce que tu écris là ! » Et il monte à la tribune, ousqu'il a fait un discours dans quoi qu'il a dit que les enfants qu'avaient de vrais sentiments patriotiques devaient être reçus au club. Alors on a crié bravo, on a applaudi la motion, et on m'a donné les honneurs de la séance.

— Qu'est-ce que c'est que ça, les honneurs de la séance ? demanda l'un des jeunes compagnons du narrateur.

— C'est, dit Pichet, d'être assis tout seul sur un grand tabouret à côté de la tribune.

— Et t'as eu les honneurs de la séance, toi ?

— Oui, que je te dis, et si tu ne me crois pas, je te vas flanquer des coups !

Un murmure d'admiration courut dans les rangs des auditeurs. Il était évident que Pichet avait grandi énormément dans l'estime de ses amis ; aussi se redressant avec satisfaction :

— Et voilà ! continua-t-il, je suis un pur, un régénéré, un vrai patriote, un sans-culotte épuré, comme dit papa.

Et l'enfant se mit à chanter à haute voix, comme pour célébrer son triomphe, ce couplet alors des plus à la mode :

> La guillotine là-bas
> Fait toujours merveille !
> Le tranchant ne mollit pas,
> La loi frappe et veille.
> Mais quand viendra-t-elle ici
> Travailler en raccourci ?
> Cette guillotine, ô gué ?
> Cette guillotine.

Bertrand cependant paraissait ne pas partager l'admiration générale dont son antagoniste était l'objet. Il se mit à rire en se moquant de Pichet qui se promenait les mains derrière le dos, et peut-être la querelle, pour avoir changé d'objet, allait se rallumer non moins vive, lorsque des pas de chevaux retentirent sur la route. Au même instant, le canon résonna vigoureusement du côté de Nantes, et au bruit du canon se mêla celui d'une vive fusillade. Les enfants, dont l'attention se trouva attirée par ce double fait, se mirent à courir du côté des cavaliers d'abord. Le bruit du canon les charmait moins sans doute que la vue des chevaux et des voyageurs.

Trois hommes, en effet, débouchaient dans le faubourg se dirigeant vers la ville. Ces trois hommes portaient le costume complet des patriotes de l'époque : carmagnole bleue de *tyran*, pantalons courts, ceinture rouge, sabots garnis de paille, bonnet de la liberté enfoncé sur la tête et descendant jusqu'aux yeux. Ils marchaient au pas de leurs chevaux côtoyant les rives de l'Erdre.

Boishardy, Marcof et Keinec, semblaient méconnaissables sous ces habits nouveaux. Les deux premiers surtout affectaient les allures des sans-culottes avec une perfection d'imitation peu commune. Keinec seul ne se donnait pas la peine de changer de manières. En entendant le bruit de la canonnade et de la mousqueterie, les cavaliers se regardèrent étonnés et inquiets.

— Qu'est-ce que cela ? s'écria Boishardy.
— Se battrait-on à Nantes ? murmura Marcof.
— Pas possible !
— Cependant c'est bien le bruit du canon.
— Sans doute.
— Avançons toujours !
— Pardieu ! voilà des gamins qui vont peut-être nous renseigner.

Et Boishardy, se levant sur ses étriers, appela à haute voix les enfants. Pichet accourut le premier.

— Dis donc, mon gars, demanda le gentilhomme, sais-tu pourquoi on tire le canon ?
— Oui, que je le sais, répondit l'enfant.
— Pourquoi alors ?
— C'est pour les aristocrates, les chouans, les brigands!

8.

— On se bat donc !

— Eh non ! c'est la prière du soir, comme dit le citoyen Carrier.

Marcof et Boishardy se regardèrent.

— Quelque nouvelle infamie ! murmura le marin.

Boishardy lui fit un signe pour lui recommander la prudence, et se retournant vers Pichet, qui était planté droit devant lui, jouant avec la crinière de son cheval :

— Qu'est-ce que c'est donc que la prière du soir du citoyen Carrier ? demanda-t-il avec aisance.

— Tiens ! répondit l'enfant, vous n'êtes donc pas venu à Nantes depuis deux jours ?

— Non, mes camarades et moi nous arrivons de Saint-Nazaire.

— Oh bien ! alors, vous ne savez pas.

— Qu'est-ce que nous ne savons pas ?

— La nouvelle invention du citoyen, donc.

— Et tu la connais, toi ?

— Je crois bien ! papa m'y a mené hier.

— Où cela ?

— A la place du Département donc !

— Qu'est-ce qu'on y fait à la place du Département ?

— Tiens ! on y tue les brigands !

— On a donc transporté la guillotine ? interrompit Marcof avec impatience.

— Eh non ! répondit Pichet en faisant un pas vers son nouvel interlocuteur.

On entendait toujours gronder le canon. Boishardy, craignant l'emportement du marin, reprit aussitôt la parole :

— Si tu sais quelque chose, explique-toi !

— Voilà, citoyen ! d'abord, faut que vous sachiez qu'on ne juge plus les aristocrates...

— On ne juge plus ?

— Eh non ! c'était trop long.

— Après ?

— La guillotine ne va plus assez vite...

— Alors ?

— Alors on a conduit hier soir trois cents brigands qu'on a pris à l'entrepôt sur la place du Département, et là les bons patriotes leur ont tiré dessus avec des fusils et des canons.

— Tu es sûr de ce que tu dis ?

— Tiens ! je crois bien ! papa y était et moi aussi. Ah ! c'était drôlement joli, citoyen !

— Et on recommence ce soir !

— Oui ; ça sera comme ça tous les jours.

Marcof poussa un soupir qui ressemblait à un rugissement. Boishardy comprit que cette puissante nature allait éclater. Aussi, craignant encore une imprudence qui aurait pu compromettre leur sûreté à tous trois, il remercia brusquement l'enfant, et, saisissant la bride du cheval de son compagnon, il partit au galop. Keinec les suivit silencieusement. En ce moment la fusillade cessa.

— C'est fini ! s'écria Marcof.

— Êtes-vous fou ? répondit le chef royaliste. Vous avez failli nous perdre ! Songez que ces enfants sont plus dangereux encore que les hommes par le temps qui court. On arrête vite, et une dénonciation est bientôt faite.

— Vous avez agi sagement, Boishardy, car en entendant les atroces paroles de ce petit drôle, le sang me montait à la gorge, et j'allais faire passer mon cheval sur ce fils de bourreau, apprenti bourreau lui-même.

— Mettons nos chevaux au pas et calmez-vous un peu. Attendons la nuit, si vous le voulez, pour entrer dans la ville ; elle ne tardera pas.

Marcof ne répondit pas, mais il arrêta l'élan de sa monture. Un quart d'heure ne s'était pas écoulé que le crépuscule du soir jetait son voile de brouillard sur la vieille cité bretonne. Les trois voyageurs continuèrent leur route en suivant toujours les rives de l'Erdre. Bientôt ils atteignirent la ville. Tout à coup le cheval de Boishardy s'arrêta net et pointa. Celui de Marcof poussa un hennissement et se jeta de côté.

— Qu'est-ce que cela? dit le chef royaliste en corrigeant vertement sa monture.

Mais l'animal refusa d'avancer. La nuit sombre et brumeuse empêchait de distinguer devant soi. Keinec s'élança à terre.

— Un cadavre! dit-il.

— En voici un second! continua Marcof.

— Et un troisième, ajouta Boishardy. C'est ici comme c'était ce matin sur la Loire, à ce qu'il paraît. Du sang, toujours du sang et rien que du sang!

— Nous sommes sur la place du Département, répondit le marin d'une voix frémissante.

Les chevaux tremblaient et avançaient avec une répugnance visible. A chaque instant ils glissaient dans le sang dont le sol était détrempé. Keinec marchait toujours à pied, conduisant sa monture par la bride, et se baissant de temps à autre.

— Voici des enfants, dit-il, des femmes, des jeunes filles demi-nues.

— Tonnerre! la place est pavée de cadavres!

Marcof ne se trompait pas. La lune se levant derrière un nuage et glissant ses rayons à travers la brume, éclaira faiblement autour d'eux et leur fit pousser à chacun une exclamation d'horreur. Plus de trois cents corps atrocement mutilés gisaient dans un véritable lac de sang. C'étaient pour la plupart des vieillards, des femmes et des enfants en bas âge.

A chaque pas, les chevaux menaçaient de s'abattre. Deux fois celui de Boishardy glissa et roula avec son maître, qui se releva couvert de sang. Certes, ces trois hommes étaient braves, si braves même qu'on pouvait les taxer de témérité folle. Eh bien! des gouttes de sueur froide inondaient leurs visages. Comme le matin, sur la Loire, ils se regardaient sans oser échanger une parole, et bientôt même ils cessèrent de se regarder, dans la crainte d'échanger leur pensée. Peut-être parmi ces cadavres qu'ils foulaient se trouvait-il des amis chers à leur cœur.

Néanmoins ils avançaient toujours. Ils étaient à peine arrivés aux deux tiers de la place, qu'une meute de chiens se précipita en aboyant. C'étaient ceux que la famine avait transformés en loups voraces et en chacals féroces. Ils se ruèrent sur les cadavres. Puis les aboiements s'éteignirent peu à peu et on entendit le bruit des crocs arrachant des lambeaux de chair humaine, mêlé à de sourds grondements et à l'éclat des os se brisant sous ces mâchoires affamées.

On apercevait de temps à autre les cadavres, jusqu'alors immobiles, se remuer dans l'ombre, tiraillés en sens inverse par ces gueules ensanglantées et avides de carnage.

— Sortons au plus vite de ce charnier! dit Marcof d'une voix sourde.

— Je voudrais avoir quelque chose à tuer! murmura Boishardy.

— Que fais-tu donc, Keinec? s'écria le marin en apercevant le jeune homme presque agenouillé sur la terre humide.

— Je trempe mes armes dans le sang de mes amis, répondit Keinec. Je les laisserai rouiller, et tant qu'il y aura une tache sur la lame de mon sabre ou le fer de ma hache, je fais serment devant Dieu qui m'entend et sur les cadavres qui m'entourent, de frapper sans pitié et sans merci tous les bleus que je pourrai atteindre.

Il y avait dans le ton qui accompagnait ces paroles un tel accent de résolution et de fermeté, que Marcof et Boishardy tressaillirent. Keinec remonta à cheval; tous trois se dirigèrent vers l'extrémité de la place. Sur leur passage ils dérangeaient des troupes de chiens occupés à leur horrible curée; les animaux grondaient en levant vers eux leurs yeux sauvages et leurs museaux rougis, puis ils se remettaient à fouiller les chairs mortes.

— Mon Dieu! dit subitement Marcof en pâlissant encore sous le coup d'une horrible pensée qui lui traversait l'esprit; si parmi les cadavres qui flottaient ce matin sur la Loire, ou si parmi ceux que nous foulons en ce moment aux pieds de nos chevaux se trouvait le corps de celui que nous voulons sauver! Si nous étions venus trop tard!

— Le Seigneur aurait donc abandonné la cause du juste et de l'innocent alors! répondit Boishardy. Cela ne peut être, Marcof; cette pensée est presque un sacrilège!

— Ne voyez-vous pas, Boishardy, que Dieu a abandonné Nantes!

— Eh bien! fit brusquement le gentilhomme, avançons toujours! Si ces monstres ont tué Philippe, ne faut-il pas que nous vengions sa mort? D'ailleurs, une fois en ville, nous saurons promptement à quoi nous en tenir; on doit vendre ici comme on vend à Paris, la liste des victimes immolées sous le couteau révolutionnaire et par la rage des bourreaux.

— Vous avez raison, dit Marcof en baissant la tête.

XV

LA VILLE MARTYRE

Les trois cavaliers atteignaient alors l'extrémité de la place, laissant derrière eux l'ignoble champ de carnage. Absorbés par les pensées affreuses qu'un tel spectacle venait de leur suggérer, les voyageurs s'engagèrent dans la première rue qui s'offrit à eux et la parcoururent dans toute sa longueur sans se préoccuper de la partie de la ville dans laquelle ils se trouvaient. Mais ce qu'ils venaient de contempler n'était pour ainsi dire que le prologue du drame auquel il leur fallait assister.

A l'extrémité de la rue, un attroupement assez considérable de monde les contraignit à s'arrêter. Cet attroupement était causé par deux hommes et une femme; celle-ci paraissait chanter, et ses deux compagnons jouaient du violon. Un triple cercle de rangs de curieux s'était formé autour des musiciens ambulants. Les deux hommes, vêtus de la carmagnole, du bonnet rouge, et portant la décoration des sans-culottes, annonçaient au public qu'ils pouvaient lui vendre des recueils de chansons « *propres à entretenir*, disaient-il, *dans l'âme des bons citoyens, la gaieté républicaine,* » et, pour preuve, l'un des joueurs de violon fit entendre une ritournelle, tandis que la femme, se plaçant au centre du cercle, s'apprêtait à chanter.

— *La ronde des guillotinés mettant leur tête à la trappe!* dit-elle, par le citoyen Landré, vrai sans-culotte et mangeur d'aristocrates. Premier couplet.

Et elle se mit à hurler d'une voix traînante et nasillarde, cette chanson dont la réputation était immense et que la foule écouta avec une attention profonde et de fréquentes marques de sympathie.

> Vous vouliez être toujours grands,
> Traitant les sans-culottes
> De canailles et de brigands;
> Ils ont paré vos bottes
> Par le triomphe des vertus.
> Pour que vous ne nous triompiez plus,
> La justice vous sape;
> Ducs et comtes, marquis, barons,
> Pour trop soutenir les Bourbons,
> Mettez votre tête à la trappe.

Les auditeurs applaudirent avec enthousiasme. Marcof et Boishardy échangèrent à voix basse quelques paroles, tandis que Keinec promenait autour de lui un regard sombre et menaçant.

— Deuxième couplet, reprit la chanteuse.

> Vous qui paraissiez plus hardis
> Que des ci-devant pages,
> Croyant d'aller en paradis
> Suivant les vieux usages;
> Vous riez, allant au néant,
> Dans la charrette en reculant,
> Comme écrevisse et CRAPPE (*sic*);
> Montez le petit escalier,
> Rira bien qui rira dernier,
> Passez votre tête à la trappe!

A peine la chanteuse eut-elle terminé que les applaudissements redoublèrent et éclatèrent avec une frénésie qui tenait de la rage.

Pendant ce temps, Marcof et Boishardy, toujours dans l'impossibilité de continuer leur route, s'étaient approchés d'une boutique assez éclairée qu'ils contemplaient avec curiosité. Cette boutique était celle d'un libraire et avait pour enseigne : A Notre-Dame de la Guillotine. Le marchand, jeune homme à la physionomie fausse et sinistre, se tenait sur le seuil de sa porte. Il semblait regarder Boishardy avec une persistance opiniâtre qui finit par fatiguer le gentilhomme, au point que celui-ci, s'approchant davantage du libraire, lui demanda brusquement pourquoi il le fixait ainsi.

— Citoyen, répondit le jeune homme, comme tu regardais ma boutique, j'ai cru que tu voulais m'acheter quelque chose. J'ai tout ce qu'il y a de plus nouveau. Tiens! voici un volume qui vient de paraître, un beau titre : *La République ou le Livre du sang, ouvrage d'une grande énergie républicaine, propre à former les bons citoyens.* » Je tiens également les journaux de Paris : *l'Anti-Brissotin,* la *Trompette du père Bellerose,* la *Discipline républicaine.*

Marcof, sans se préoccuper de la faconde du marchand, poussa Boishardy du coude :

— Regardez donc! lui dit-il en désignant de la main un livre placé en montre. Celui-ci est curieux!

En effet, le livre indiqué par Marcof portait cet en-tête significatif :

« Compte-rendu aux sans-culottes de la République française. »

Puis, au-dessous, on lisait :

« Par très haute, très puissante et très expéditive dame Guillotine, dame du Carrousel, de la place de la Révolution, de Grève et autres lieux, contenant le nom et le surnom de ceux à qui elle a accordé des passe-ports pour l'autre monde, le lieu de leur naissance, leur âge et qualité, le jour de leur jugement, depuis son établissement au mois de juillet 1792 jusqu'à ce jour, rédigé et présenté aux amis des prouesses par le citoyen Tisset, coopérateur du succès de la République française (sic).

— Ce livre-là! s'écria le libraire qui flairait une affaire, est le meilleur de tous, aussi vrai que je m'appelle Niveau.

— Niveau? répéta Marcof avec étonnement.

— Eh bien! fit le marchand, ce nom-là vaut bien celui de Leroy, ci-devant de Monflabert, juré au tribunal révolutionnaire, mon parent, et qui, honteux de son premier nom, s'est fait appeler Dix-Août!

— C'est juste, dit Boishardy, et vous et votre parent avez parfaitement fait.

— Tiens! fit observer le libraire en ricanant, il paraît que le tutoiement fraternel n'est pas dans tes habitudes, citoyen! « Vous » est aristocrate, et « toi » est sans-culotte, tu sais, et le « vous » est guillotiné ou se guillotinera.

Boishardy fit un geste d'impatience; il sentait que le moindre soupçon pourrait le perdre et perdre aussi ses compagnons, dans une ville où la justice révolutionnaire était aussi expéditive qu'à Nantes, et il comprenait qu'il venait de commettre une faute. Aussi, étouffant en lui la colère qu'avait fait naître le sourire insolent de son interlocuteur, il haussa les épaules avec un geste de pitié.

— Tu as raison, citoyen, dit-il, et je te fais mes excuses; mais, vois-tu, j'ai vécu jusqu'ici avec de mauvais patriotes, et cela m'a gâté. Si je viens à Nantes, c'est pour m'épurer et me retremper un peu parmi les vrais républicains. Voyons, pour me faire passer une bonne soirée, il faut que j'achète ton livre. Combien le vends-tu?

Le libraire sourit finement; il était évident qu'il ne croyait pas un mot de l'explication que venait de lui donner le cavalier, mais l'appât du gain fit taire sa conscience républicaine, et il ne vit plus qu'un acheteur là où il était prêt à voir un « suspect! » Il prit le livre dans la montre et le tendit à Boishardy.

— C'est trente-cinq sols! dit-il, parce que tu parais être un pur et que je veux aider à te régénérer.

Le royaliste fouilla dans la poche de sa carmagnole et en tira sa bourse. C'était une nouvelle imprudence, et un second sourire du libraire, accompagné d'un regard avide qui s'efforça de percer les mailles de soie vint l'en avertir. Boishardy désireux de se dérober promptement à cet incessant espionnage, prit vivement dans sa bourse ouverte une pièce d'argent, pas si vivement cependant que le marchand n'eût pu apercevoir de nombreux louis d'or aux reflets rutilants, et il la tendit au vendeur en ajoutant d'un ton brusque :

— Trouve-t-on au moins dans ton livre les noms de tous les aristocrates exécutés à Nantes jusqu'à ce jour même?

— Oh! non, citoyen; ce livre-là ne concerne que Paris. La liste des guillotinés se vend à part, au profit des pauvres sans-culottes de la ville, et Nantes a la sienne qui paraît tous les soirs. Veux-tu la collection complète?

— Oui! dit Marcof en avançant à son tour.

— La voici, c'est vingt sols, en tout cinquante-cinq sols, dit le marchand en tendant au cavalier un cahier de feuilles détachées semblables à celles que débitent les crieurs des rues.

Marcof arracha plutôt qu'il ne prit des mains qui les lui tendaient les listes fatales, et se pencha sous la lueur d'un réverbère accroché au-dessus de la boutique, pour les parcourir avidement.

— Ah! ah! citoyen! fit remarquer le libraire, toujours avec son méchant sourire, il faut que tu espères trouver là-dedans les noms des gens que tu détestes, ou que tu craignes d'y rencontrer ceux que tu aimes; cela se voit.

Marcof n'entendit pas cette réflexion, mais Boishardy, que la colère commençait à aveugler en dépit de sa résolution de demeurer calme, poussa si brusquement sa monture sur le libraire, que celui-ci recula vivement pour ne pas être renversé; sa figure blêmit de peur.

— Paye-toi! dit impérieusement le gentilhomme en montrant l'écu de trois livres qu'il tenait à la main.

Le marchand prit la pièce et rendit au royaliste quatre bons d'un sol chacun et deux de deux liards. Le papier était alors la monnaie courante. Sur les bons d'un sou on lisait cet aphorisme philosophique parfaitement de circonstance : « *Doit-on regretter l'or quand on peut s'en passer?* » Et sur les bons de deux liards était imprimée cette phrase sentimentale : « *Ne me refuse pas au mendiant qui t'implore.* »

Boishardy prit le livre et les papiers, et mit le tout dans sa poche. En ce moment, les chanteurs ambulants ayant terminé leur séance, la rue se désencombra et le passage devint libre. Les trois cavaliers en profitèrent. Le marchand les regarda s'éloigner.

— Ceux-là! se dit-il, en désignant Boishardy et Marcof, sont des aristocrates ou tout au moins des suspects ou des fédéralistes; j'en jurerais. Ah! ils ont de l'or dans leurs bourses, tandis que les vrais patriotes meurent de faim! Faudra qu'ils payent rançon comme les autres, et ce ne sera pas long! En attendant, je vais voir où ils vont.

Et le jeune libraire, fermant vivement sa boutique, mit la clef dans sa poche et pressa le pas pour suivre à distance convenable les trois amis qui avançaient lentement dans la rue mal éclairée.

— Eh bien! demanda vivement Boishardy à Marcof, qui froissait dans sa main les feuilles qu'il venait d'acheter.

— Eh bien! son nom ne s'y trouve pas!

— Bon espoir, alors!

— Oui; mais il n'y a là-dessus que les noms des guillotinés et pas ceux dont nous avons heurté les cadavres.

— N'importe! espérons toujours. Ah! nous voici arrivés au bout de la rue. Tournons-nous à droite ou à gauche?

— A gauche; cette petite ruelle nous mènera, je le crois, au Bouffay, et ce n'est que là que nous pourrons obtenir quelques renseignements sur Philippe, si toutefois nous parvenons à en avoir.

— A qui nous adresserons-nous?

— Le sais-je? Mais grâce à nos costumes et aux cartes de civisme que je me suis procurées à Saint-Étienne, nous pourrons interroger sans trop éveiller les soupçons.

Les trois amis continuèrent donc leur route; on eût dit qu'un démon attaché à leur suite, se faisait un malin plaisir de les contraindre à assister en une seule soirée à toutes les horreurs qui ensanglantaient Nantes. La nouvelle rue qu'ils avaient prise les conduisit au Bouffay, ainsi que le pensait le marin; mais là les attendait une terrible épreuve. Une grande affluence de monde se pressait aux abords de la place, au milieu de laquelle se dressait la guillotine, et une foule immense l'encombrait déjà lorsque Marcof, Boishardy et Keinec y pénétrèrent. Des myriades de torches de résine jetaient une lueur blafarde sur le sombre échafaud, et augmentaient encore ce que son aspect avait de lugubre.

— On tue encore ici? murmura Boishardy.

— On tue partout à Nantes! répondit Marcof.

— Tournons bride alors; j'en ai assez!

Mais il était déjà trop tard; la foule bouchait toutes les issues.

— Allons, reprit le chef royaliste, il faut faire contre fortune bon cœur... Assistons à ces nouvelles infamies; mais, pour Dieu! souvenons-nous de Philippe, et quoi que nous puissions voir, ne commettons point d'imprudence.

— Vous avez raison toujours, Boishardy, répondit Marcof à voix basse; la dernière fois que je suis venu dans cette ville maudite, c'était en plein jour, on guillotinait comme on le fait aujourd'hui, et la première tête que je vis rouler, fut celle du baron de Saint-Vallier, auquel j'avais serré la main deux semaines plus tôt. Oh! il nous faut faire provision de force et de résignation, si nous devons demeurer calmes spectateurs.

— Philippe sera notre sauvegarde; seulement, prévenez Keinec; je crains la colère du pauvre gars.

Marcof se retourna vers le jeune homme, et lui ordonna de ne pas laisser échapper une seule exclamation qui décelât son indignation. Keinec fit un signe qui indiquait sa promesse d'obéissance, mais il ne parla point. Depuis qu'il avait raconté l'histoire de ses amours, il était devenu plus sombre encore et plus taciturne que par le passé. Une seule pensée l'absorbait, c'était celle de trouver Yvonne. En ce moment, des cris de joie retentirent dans la foule, et l'on vit une ondulation se produire dans la direction de l'échafaud.

— Ah! s'écria un sans-culotte en indiquant de la main le fatal convoi dont on apercevait la première charrette, dominant les têtes amoncelées de la foule, ah! voici la « *bière roulante!* »

— Les aristocrates vont mettre « *la tête à la chatière!* » ajouta un autre.

— Et ce soir, ils seront en « *terre libre!* » (au cimetière.)

— Eh! Chaux! tu vas voir quelle mine ils feront au vasistas!

— Faut bien déblayer le sol de la république!

— Ah! dit le premier sans-culotte, il n'y aura pas relâche aux représentations ce soir. Les gueux vont « *éternuer dans le sac!* » Les autres seront baignés, et leurs amis ont eu tantôt une indigestion de fer et de plomb!

Ces allusions aux trois manières de procéder du proconsul obtinrent un bruyant succès. Puis quatre à cinq voix avinées entonnèrent ensemble ce refrain d'un style sauvage et infâme :

> Mettons-nous en oraison,
> Maguingueringon,
> Devant sainte guillotinette,
> Maguingueringon,
> Maguingueringuette.

Les deux chefs royalistes baissaient leurs paupières pour ne pas laisser voir les éclairs de colère qui étincelaient dans leurs regards. Ils étaient tombés au milieu d'une bande de la « *compagnie Marat.* »

Cependant Boishardy, plus maître de lui, avait remarqué que plusieurs de ceux qui les entouraient jetaient sur ses compagnons et sur lui des regards inquisiteurs, et il jugea prudent d'aller au-devant des soupçons. Tirant une pipe courte de la poche de sa carmagnole, et la bourrant tout en sifflant un air patriotique, il se pencha sur l'encolure de son cheval.

— Citoyen! fit-il en affectant les tournures de phrases de l'époque et en s'adressant au sans-culotte de la « *compagnie Marat* » qui pérorait dans le groupe, et qui n'était autre que Brutus, l'ami de Pinard; eh! citoyen, donne-moi du feu!

— Volontiers, répondit Brutus qui secoua les cendres de sa pipe en frappant le fourneau sur l'ongle de son pouce gauche.

Boishardy se pencha davantage et les deux pipes se rencontrèrent.

— Merci, continua-t-il en tirant une énorme bouffée de fumée; maintenant, citoyen, faut que tu me rendes encore un service.

— Lequel? répondit Brutus.

— D'abord, es-tu un vrai, un chaud, un pur, un sans-culotte, enfin?

— Un peu que je m'en vante. La « compagnie Marat » ne se recrute pas parmi les tièdes et les timorés.

— Ah! tu es de la « compagnie Marat? »

— Tu ne connais donc pas le costume?

— Non.

— Comment, non?

— Dame! écoute donc, il y a six mois que je ne suis venu à Nantes

— D'oùsque tu viens, pour lors?

— De Brest.

— Ça va-t-il là bas?

— Pas mal, mais moins bien qu'ici, à ce que je vois.

— Ah! c'est qu'il n'y a pas des Carrier partout! En v'là un vrai patriote!

— C'est pour le voir que je suis venu avec les citoyens, mes amis; des purs, j'en réponds.

— Eh bien! ils ont crânement bien fait, et toi aussi. D'abord, vous arrivez tous à point pour jouir du spectacle gratis. As-tu vu les mitrailles de la place du Département?

— Non, nous sommes arrivés trop tard, répondit Marcof en se mêlant à la conversation.

— C'est dommage, vous auriez ri avec nous. Fallait voir les grimaces de ces brigands d'aristocrates quand ils avalaient du plomb et du fer. Mais soyez calmes, vous n'avez pas tout perdu!

— Qu'est-ce qu'il y a donc encore?

— D'abord le rasoir national, qui fonctionne à présent jusqu'à huit heures du soir, et puis après les déportations verticales.

— Qu'est-ce que c'est que ça?

— Une nouvelle idée du citoyen Carrier, donc!

Ici Brutus raconta dans son langage pittoresquement sanguinaire les noyades qui, pour la première fois, avaient eu lieu l'avant-veille. Marcof et Boishardy comprirent alors pourquoi ils avaient vu tant de cadavres sur la Loire. Le vieux pêcheur avait dit vrai.

— Et ce soir, ajouta Brutus en terminant, troisième représentation! Après la fin du rasoir, ces brigands de déportés vont passer sur la place; nous les suivrons et nous verrons le coup d'œil.

Et Brutus entonna à tue-tête le lugubre « *Ça ira!* » tandis que Boishardy saisissait la main de Marcof, et la lui serrait silencieusement.

— Ah! s'écria le sans-culotte, voilà les charrettes! Tout à l'heure on va commencer.

En effet, l'ondulation que nous avons mentionnée et qui agitait les flots de la populace se fit sentir plus vive encore. On vit déboucher par une des rues adjacentes les funèbres voitures escortées de sans-culottes à cheval. Les charrettes passèrent devant l'endroit où se trouvaient les trois royalistes. Quatre victimes étaient attachées dans la première. Deux hommes d'abord : l'un portant le costume d'un modeste ouvrier ; celui-là était coupable d'avoir sauvé et caché un prêtre réfractaire. L'autre, habillé en paysan vendéen, et portant fièrement sa veste sur laquelle était encore l'image du Sacré-Cœur. En l'apercevant, Keinec, fit un mouvement brusque et poussa son cheval en avant. Il venait de reconnaître un ancien compagnon dans le malheureux qui marchait à la mort.

— Eh ! dis donc, prends garde ; tu vas m'écraser avec ton cheval ! hurla Brutus en arrêtant la monture du jeune homme.

Keinec ne l'entendit pas. Il dévorait des yeux la charrette, la « *bière roulante* » comme l'avait si pittoresquement dit l'ami de Pinard. Brutus, avec cet instinct du mal qui distingue ses pareils, devina en partie ce qui se passait dans l'âme du jeune Breton.

— Dis donc, citoyen, continua-t-il d'un air moqueur, comme tu les reluques, ces brigands d'aristocrates. On jurerait que tu en reconnais un !

— C'est possible ! répondit sèchement Keinec, qui avait oublié complètement et l'endroit où il était, et la qualité de l'interlocuteur qui lui adressait la parole.

Boishardy se mordit les lèvres, Marcof voulut s'approcher de son ami ; mais Brutus ne lui en donna pas le temps.

— Si tu connais des aristocrates, c'est que tu es un aristocrate toi-même ! dit-il d'un ton menaçant.

Puis s'adressant aux frères et amis qui l'entouraient :

— Ohé ! les autres, les vrais, les purs, continua-t-il ; voyez-vous cet aristocrate qui nous écrase avec son cheval. Faut le conduire au club et savoir ce qui en retourne.

— Oui ! oui ! crièrent dix voix ensemble. Au club ! au club !

— Si c'est un aristocrate, autant le conduire tout de suite au dépôt! ajouta un sans-culotte.

La situation devenait critique. Les huées qui s'élevaient autour de lui attirèrent enfin l'attention du jeune homme. Marcof et Boishardy firent simultanément un mouvement pour s'interposer; mais Keinec ne leur permit pas de prononcer un mot. Le Breton s'éleva sur ses étriers, et, laissant retomber sa main puissante, il saisit Brutus à la gorge, l'enleva de terre, et le jeta sur le cou de son cheval.

— Qu'est-ce que tu me veux? lui demanda-t-il.

Chacun connaît l'influence de la force physique sur les masses populaires. La brusque action de Keinec, la vigueur extraordinaire dont il avait fait preuve, lui attirèrent des admirateurs; et de ceux-là furent d'abord ceux-mêmes qui voulaient, quelques secondes auparavant, le conduire au dépôt. Boishardy profita habilement de la situation.

— Voilà ce que c'est que d'insulter un bon patriote en l'appelant aristocrate! dit-il en riant. Allons! Keinec, remets le citoyen sur ses pieds. Je suis certain que, maintenant, il est convaincu que tu es aussi bon sans-culotte que lui.

Keinec obéit, et Brutus, rouge, non pas de honte, mais bien par l'effet de la pression exercée sur son cou, se retrouva à terre, chancelant et étourdi. La foule le hua à son tour. Brutus, sans paraître se soucier des applaudissements décernés à son antagoniste, reprit sa place au milieu des sans-culottes.

— C'est égal, dit-il seulement, le citoyen aurait pu serrer moins fort.

— Pourquoi diable viens-tu l'offenser? répondit Marcof en souriant.

— C'est bon! on le repincera! murmura le sans-culotte.

Pendant ce temps, les charrettes avaient presque franchi la distance qui les séparait de l'échafaud. L'attention de chacun se reporta sur la terrible machine.

Enfin les voitures s'arrêtèrent. Les deux hommes dont nous avons parlé descendirent les premiers. Seulement, le Vendéen s'arrêta quelques secondes et cria à haute voix du haut de la charrette :

— Vive le roi !

A ce cri, poussé d'un ton fermement accentué, des vociférations, des menaces, des hurlements inintelligibles répondirent de toutes parts. Marcof et Boishardy se retournèrent d'un même mouvement vers Keinec, et lui mirent la main sur la bouche. Le chouan allait crier aussi. Fort heureusement que ce double geste échappa aux nombreux spectateurs qui les entouraient.

— Tais-toi ! dit Marcof à voix basse. Tais-toi ! tu nous perdrais sans profit pour personne.

— Oh ! les infâmes ! les lâches ! murmura le jeune homme. Mais, vois donc ! il y a une femme et un vieillard dans la seconde voiture !

— Nous ne pouvons les sauver ! Songe à ce que nous avons à faire !

— C'est bien ! je me tais ! mais...

Et Keinec détourna ses regards sans achever la phrase commencée, grosse de promesses terribles que le jeune homme comptait mettre à exécution. Brutus l'observait du coin de l'œil.

— Tout ça, murmura le sans-culotte, c'est du gibier de guillotine, j'en réponds ; on verra tout à l'heure, et on saura ce qu'il en revient de vouloir étrangler un soldat de la compagnie Marat.

Brutus allait probablement communiquer ses observations à ses voisins, lorsque des cris joyeux retentirent sur la place. La première tête venait de rouler. C'était celle du Vendéen. Le peuple applaudit. Puis ce fut le tour de l'artisan et les bravos retentirent tout aussi nombreux.

Les deux autres victimes qui restaient encore dans la seconde charrette étaient, ainsi que l'avait dit l'ami de Marcof, une femme et un vieillard. Le vieillard pouvait avoir soixante-dix ans. Ses cheveux blancs flottaient en désordre autour de sa tête vénérable. Il semblait calme et résigné. La femme, jeune encore et fort jolie, était vêtue d'un peignoir de mousseline blanche, seul vêtement qu'on lui eût laissé, malgré la rigueur de la saison. Elle paraissait en proie à une terreur folle. Ses yeux égarés, ses traits bouleversés, les contractions nerveuses de sa bouche indiquaient que la malheureuse sentait sa raison vaciller à l'approche du moment fatal. Quand elle monta sur l'échafaud, le vieillard la soutint. Elle devait mourir la première. La pauvre femme se débattait et poussait des cris affreux. Les aides du bourreau s'approchèrent d'elle pour l'attacher. Alors son peignoir se déchira, et la malheureuse demeura presque entièrement nue, exposée aux regards de la populace. De tous côtés ce furent des exclamations, des rires cyniques, des paroles obscènes, des quolibets grossiers. Les misérables ne respectaient pas même la mort.

— Est-elle belle, cette aristocrate de malheur! s'écria Brutus dont les yeux étincelaient.

— En v'là des épaules de satin! répondit un autre.

— Eh hop! son affaire est faite! dit un troisième en voyant tomber la tête de la belle jeune femme.

Boishardy ne put retenir un mouvement de dégoût. Il détourna la tête pour ne pas assister aux exécutions suivantes. Les charrettes se vidèrent rapidement, et les derniers bravos de la foule s'éteignirent avec la voix de la dernière victime. Quatorze innocents venaient de périr.

— La farce est jouée quant au rasoir! s'écria Brutus. Maintenant en avant la baignoire nationale et les déportations verticales!

Puis, se retournant vers Boishardy :

— Dis donc, citoyen, continua-t-il, toi qui arrives à Nantes, faut que tu viennes avec nous pour assister à la fête : « Troisième représentation! »

— Nos chevaux sont fatigués, répondit sèchement le royaliste.

— Mets-les à l'écurie. Tiens, voilà l'aubergiste des

Vrais-Sans-Culottes; tu y seras comme un coq en pâte, toi, tes chevaux et tes amis.

En parlant ainsi, Brutus désignait une espèce de cabaret dont l'enseigne représentait une guillotine avec cet exergue : « Au Rasoir national. » Puis, au-dessous, en lettres énormes : « *Ici on s'honore du titre de citoyen!* » (sic).

La foule commençait à s'écouler et se dirigeait vers les quais. Boishardy regarda Marcof.

— Allons avec eux, dit le marin; sans cela ces misérables nous soupçonneraient; et puis peut-être nous donneront-ils des renseignements utiles.

— Conduisons nos chevaux à l'auberge, alors.

— Volontiers.

Boishardy se retourna vers Brutus :

— Veux-tu nous attendre? demanda-t-il.

— Tout de même, si vous n'êtes pas longtemps.

— Nous allons mettre nos chevaux à l'écurie.

— Convenu; vous me retrouverez ici avec les amis.

Marcof, Boishardy et Keinec s'éloignèrent, se dirigeant vers le cabaret. En ce moment, un homme qui, depuis l'arrivée des trois royalistes sur la place de l'exécution ne les avait pas perdus de vue une minute, et avait plusieurs fois manifesté des signes non équivoques de satisfaction en les voyant entourés des sans-culottes, un homme, disons-nous, se glissa dans les rangs serrés de la populace et vint frapper doucement sur l'épaule de Brutus. Celui-ci se retourna :

— Tiens, Niveau! dit-il en reconnaissant le jeune libraire.

— Chut! fit Niveau en baissant la voix; je tiens une bonne affaire!

— Alors j'en suis.

— Naturellement.

— Qu'est-ce que c'est?

— Tu causais tout à l'heure avec trois hommes à cheval?

— Oui, trois gueux qui me déplaisent, et à qui il faut

que je fasse payer les marques noires que j'ai au cou. Je m'arrangerai pour les envoyer au dépôt.

— Garde-t'en bien !

— Pourquoi ?

— Parce qu'ils sont riches, à en juger par l'un d'eux au moins.

— Comment sais-tu cela ?

— J'ai vu la bourse de celui à qui tu parlais tout à l'heure, et elle est pleine d'or.

Les yeux de Brutus s'ouvrirent démesurément.

— Bah ! fit-il. Tu es sûr ?

— Puisque je te répète que j'ai vu !

— Alors, comme tu dis, il y a là une bonne affaire, et je m'en charge.

— Mais tu me garderas ma part ?

— Cette bêtise ! Si je te volais, tu ne m'amènerais plus de tes pratiques, et j'y perdrais trop ; ainsi, sois calme. Seulement, comme ils sont trois, faudra que j'emmène des amis, et nous serons plus à partager.

— Fais pour le mieux.

Niveau serra les mains de Brutus et s'éclipsa prudemment. Le sans-culotte revint auprès de ses compagnons.

— Nous les tenons, mes amours ! dit-il en s'adressant à six de ses collègues qui étaient demeurés près de lui, et qui tous faisaient partie de la compagnie Marat ; nous les tenons !

— Qui ça ? demanda l'un d'eux.

— Eh bien ! les aristocrates de tout à l'heure.

— Tu crois donc que c'est des aristocrates ! reprit l'un des assistants.

— J'en réponds, dit Brutus, qui voulait, aux yeux de ses amis, se donner le mérite de la découverte.

— Si nous les dénoncions ?

— Eh ! non.

— Pourquoi ?

— Autant faire l'affaire nous-mêmes. T'as donc pas remarqué qu'il y en a deux qu'ont des chaînes d'or à leur gousset de montre ?

— Si, je l'ai vu.

— Eh bien ! s'ils sont riches, et ils le sont, j'en suis sûr et je m'y connais, autant garder la rançon pour nous que de la partager avec Pinard et Carrier !

— C'est une idée, cela !

— J'en ai toujours, Spartacus !

— Et puis nous serons libres d'en finir quand nous voudrons ; nos avons nos sabres et nos pistolets.

— Et nous sommes sept, tandis qu'ils ne sont que trois. Faut que celui qui m'a molesté me paye son compte cette nuit même.

— Si nous prévenions Pinard, tout de même ?

— Eh non ! encore une fois ! nous sommes assez. Après les déportations, nous les conduirons chez Nicoud, sur les quais, et nous verrons la couleur des louis qu'ils ont dans leurs poches.

— Les v'là ! fit Spartacus en baissant la voix.

En effet, les trois hommes se dirigeaient à pied vers le groupe de sans-culottes. Tous trois, en guise de sabre, portaient une hache d'abordage accrochée à leur ceinture rouge. Brutus prit familièrement le bras de Boishardy, et ils ouvrirent la marche, suivant le flot de la foule qui les entraînait dans la direction de la Loire. Ils arrivèrent ainsi jusqu'à une haie de soldats qui formaient leurs rangs de chaque côté du grand escalier du Bouffay.

— V'là le défilé qui commence. Attention ! hurla Brutus.

XVI

LES NOYADES

Des prisonniers descendaient les marches de l'escalier. Les malheureux ignoraient où on les conduisait. Plusieurs rêvaient la liberté et croyaient à une déportation à l'étranger ; presque tous étaient demi-nus. Ils marchaient par couple de deux personnes : un homme et une femme, une jeune fille et un jeune garçon, étroitement liés ensemble.

Carrier appelait cela « *les mariages républicains.* » On entendait des gémissements sourds et des prières interrompues, des cris d'enfants et des pleurs de femmes. Des torches, agitées au milieu des piques et des baïonnettes, éclairaient ce désolant spectacle.

— Tiens! v'là Robin! dit Brutus en accostant un sans-culotte. Bonsoir, vieux! comment ça va?

— Ça va bien, et ça va aller mieux, répondit Robin qui était l'un des chefs des noyeurs.

— Tu vas leur faire faire un tour au château d'Aulx, à ces brigands d'aristocrates?

— Ah! fameux le calembourg! cria Robin en éclatant de rire. Est-il drôle, ce Brutus!

Pour comprendre ce spirituel jeu de mots, il faut savoir que le château d'Aulx est le nom d'une petite forteresse située près de Nantes. Château d'Aulx (château d'Eau), le calembourg n'eût été réellement pas trop mauvais s'il n'avait été fait dans des circonstances aussi atroces. A partir de ce jour, le mot de Brutus fit fortune et fut répété aux prisonniers qui croyaient souvent être transférés dans une autre prison lorsqu'ils marchaient au supplice.

— Dis donc, Brutus, continua Robin en riant toujours.

— Quoi?

— On a rendu un décret au Comité aujourd'hui.

— Bah!

— Et un fameux, encore.

— Qui l'a rendu?

— Grandmaison.

— Et quoi qui dit, ce décret?

— Il dit qu'on « incarcèrera tous ceux qui ont voulu empêcher ou entraver le cours de la justice révolutionnaire en sollicitant pour leurs parents et amis qui sont à l'entrepôt » (historique).

— Fameux! fameux! nous allons avoir de la besogne!

Pendant ce temps, les prisonniers descendaient toujours.

On voyait des femmes tenant dans leurs bras des enfants à la mamelle; de temps en temps quelques-unes de ces malheureuses criaient avec désespoir :

— Une mère !... une mère pour mon pauvre enfant.

Quelquefois deux mains charitables s'avançaient entre les baïonnettes, la mère jetait son fils ou sa fille et continuait sa marche, sans savoir seulement à qui elle avait légué son enfant. Enfin les derniers parurent, et la haie des soldats se referma sur eux. Marcof, Boishardy et Keinec frémissaient d'horreur. Brutus et ses amis les entraînèrent à la suite du cortège qui se dirigeait sur les quais. Chemin faisant, Brutus leur expliqua en détail ce que c'était que les déportations verticales. Le misérable égayait ses discours de quolibets et de jeux de mots; il revendiqua même l'honneur d'avoir, avec Pinard et Chaux, présenté à Carrier la motion concernant les exécutions de la place du Département.

— Au reste, dit-il en parlant des noyades, la Convention a approuvé les idées du citoyen représentant; et la preuve, c'est qu'elle lui a expédié un envoyé du Comité de salut public.

— Et comment se nomme cet envoyé? demanda Boishardy.

— Fougueray, répondit Brutus.

— N'est-ce pas un homme de taille moyenne, un peu gros et pouvant avoir cinquante ans? fit Marcof d'une voix parfaitement calme.

— Tiens ! tu le connais donc ? répondit le sans-culotte.

— Mais oui, et tu serais bien aimable de me faire trouver avec lui.

— C'est facile.

— Quand cela ?

— Ce soir, si tu veux.

— Je ne demande pas mieux.

— Eh ! après la fête, nous irons chez Nicoud vider une bouteille, et je l'enverrai chercher ; je sais où le trouver.

Marcof serra le bras de Boishardy, et ils échangèrent tous deux un regard rapide.

— Le ciel est pour nous ! murmura le marin.

Boishardy affecta de s'occuper de ce qui se passait.

— Qu'est-ce que ces patriotes-là ? demanda-t-il à Brutus en voyant des hommes porteurs de grands paniers couverts traverser la place.

— Ce sont les nippes des mariés que l'on emporte, vu qu'ils n'en ont plus besoin, répondit Brutus ; ça va chez Carrier.

Le cortège était arrivé sur le quai, et l'on embarquait les prisonniers. Lorsque tous furent entassés à fond de cale, on cloua l'entrée de l'escalier, puis le bateau fut poussé au large et gagna lentement le milieu du fleuve. Des sans-culottes, porteurs de torches, l'accompagnaient dans une embarcation plus petite. L'obscurité ne permettait pas de distinguer très bien.

Tout à coup des coups de hache retentirent ; un silence se fit dans la foule ; puis un cri, un immense cri partit du milieu de la Loire, et le bateau s'abîma dans les flots. Les sans-culottes regagnaient le rivage en chantant ! Suivant l'expression de Brutus, la troisième représentation était terminée, et le misérable ajouta gaiement :

— La suite à demain !

Marcof et Keinec se tenaient appuyés dans l'angle d'un mur avoisinant le quai. Leur front était d'une pâleur livide, leurs dents serrées, leurs yeux rougis, leurs traits contractés, et de leurs doigts crispés et de leurs mains fiévreuses, ils labouraient le ciment qui soudait ensemble les pierres du mur auquel ils étaient adossés. Leur respiration était haletante, le sang leur montait à la gorge ; ils étouffaient.

Boishardy, séparé de ses compagnons, toujours au bras du sans-culotte de la compagnie Marat, sentait son cœur bondir dans sa poitrine devenue trop étroite pour en contenir les battements convulsifs. Ses yeux avaient une expression de férocité qui eût terrifié Brutus, si celui-ci l'eût regardé. De sa main droite, le royaliste tourmentait la crosse d'un pistolet caché sous sa carmagnole. Frémissant de rage, de douleur et d'horreur, il détournait la tête pour ne pas entendre les propos grossiers, les paroles féroces de ceux qui l'entouraient.

La foule, avide d'exécutions, s'écoulait lentement devant eux, regrettant que la fête fût déjà terminée, et ne se consolant qu'en pensant que le jour suivant en apporterait une nouvelle. Les chansons sanguinaires, les appellations triviales, les interpellations cyniques se croisaient dans l'air.

Un moment Marcof et ses amis se crurent transportés en dehors du monde réel. Il leur semblait assister à un horrible cauchemar, à l'un de ces rêves fantastiques où l'imagination délirante et exaltée par la fièvre se forge à plaisir les monstruosités les plus invraisemblables. Marcof se rappelait les Calabres, et il se demandait ce qu'étaient ces hommes qu'il coudoyait, comparativement à ces brigands repoussés par tous. Enfin, la conscience de la situation présente revint à chacun.

— Et maintenant, dit Brutus, allons boire !

La petite troupe se remit en route. Marcof et Keinec s'étaient rapprochés l'un de l'autre, ou, pour mieux dire, ne s'étaient pas quittés depuis les noyades.

— Keinec ? dit le marin à voix basse.

— Que veux-tu ?

— Ils sont sept avec nous, n'est-ce pas ?

— Oui.

— J'ai dans l'idée qu'aucun ne verra le jour se lever demain matin ; qu'en penses-tu ?

— Je pense comme toi, Marcof !

— C'est bien ! Je vais prévenir Boishardy, et à mon premier signal, frappe tant que ton bras pourra frapper.

— C'est dommage qu'ils ne soient que sept.

— Bah ! nous nous rattraperons une autre fois. Mais le sang m'a grisé ; il faut que je tue quelques-uns de ces monstres cette nuit même.

— Et moi aussi ! répondit Keinec.

Ils arrivaient en ce moment au cabaret désigné par Brutus. C'était une maison de chétive apparence et complètement isolée, située sur les bords de la Loire, en face de l'extrême pointe de l'île des Chevaliers, dans le faubourg où s'élève aujourd'hui le quartier Launay.

Construite dans le style Louis XV le plus pur, la petite habitation, devenue un cabaret de troisième ordre, avait autrefois appartenu à l'un des plus riches financiers de la ville, qui l'avait fait élever pour lui servir de petite maison. Ce financier, auquel Nantes doit un quartier tout entier, bâti de 1785 à 1790, se nommait Graslin, et était fermier général. Homme de goût et puissamment riche, Graslin, l'un des meilleurs économistes du XVIIIe siècle, avait voulu mettre ses théories en pratique : il avait fait défricher des forêts, dessécher des marais, agrandir la ville, et l'avait dotée enfin d'une salle de théâtre ; mais tout cela n'avait excité que l'envie et les calomnies de ses concitoyens, et l'ingratitude et l'oubli furent les fruits amers qu'il recueillit de son intelligence et de sa libéralité. Il mourut en 1799, à peine regretté, et ses biens furent vendus lors du décret concernant les émigrés, sa famille ayant pris la fuite.

La petite maison du quai de la Loire, qui lui servait de lieu de repos, fut acquise, au prix d'un paquet d'assignats, par un cabaretier voisin, nommé Nicoud. Cet homme s'empressa de faire gratter l'or qui couvrait à profusion les lambris et les portes, afin d'en retirer un bénéfice qui équivalut amplement aux prix même de la maison ; puis il fit couvrir d'une couche de blanc les belles peintures qui ornaient les murailles, travestit le salon en salle de bal public, les boudoirs et les chambres élégantes en cabinets particuliers, mit des rideaux rouges aux fenêtres, des tables en bois partout, un comptoir au rez-de-chaussée, dans l'ancien vestibule, et posa une enseigne là où Graslin avait fait sculpter à grands frais un médaillon remarquable. Le vin était bon, la maison commode, puisque le jardin qui l'entourait l'isolait entièrement des constructions voisines : les sans-culottes en firent un lieu de rendez-vous.

Brutus était l'une des meilleures pratiques du cabaret ;

aussi, lorsqu'il frappa à la porte d'une façon particulière, cette porte s'ouvrit-elle aussitôt.

— Que veux-tu, citoyen? demanda maître Nicoud en paraissant sur le seuil.

— Ton vin numéro un! du vin de sans-culotte, répondit Brutus; du vin rouge comme du sang d'aristocrate! Dépêche, ou je te fais incarcérer demain matin.

Pendant ce temps, Marcof qui s'était glissé près de Boishardy lui parlait à voix basse. Le chef des royalistes fit un geste énergique, et tous entrèrent dans le cabaret.

XVII

CHOUANS ET SANS-CULOTTES

Brutus conduisit ses compagnons dans une vaste salle dont les fenêtres donnaient sur la Loire; c'était l'ancienne salle à manger du fermier général: mais le cabaretier l'avait rendue méconnaissable. Puis, sous prétexte de commander à souper, Brutus sortit presque aussitôt. Le sans-culotte, qui connaissait les êtres de la maison, se dirigea vers la cuisine dans laquelle il trouva le cabaretier.

— As-tu du monde dans ta cassine? demanda-t-il brusquement.

— Je n'ai que toi et tes amis, répondit Nicoud.

— Bien sûr?

— Dam! visite la maison depuis la cave jusqu'au grenier, et si tu y trouves un visage humain autre que le tien, le mien et ceux de tes compagnons, tu me traiteras comme vous avez traité cet aristocrate de Claude, le cabaretier de Richebourg.

Maître Nicoud faisait allusion à des actes de férocité commis deux jours auparavant par la compagnie Marat sur un pauvre homme dont le seul crime avait été de prier les sans-culottes de solder leurs dépenses. Brutus sourit agréablement à ce souvenir, et reprenant la parole:

— C'est bon; je veux le croire. Ainsi il n'y a personne que nous ici?

— Personne que vous.
— Eh bien !... tu vas filer toi-même.
— Moi ?
— Et vivement.
— Pourquoi ?
— Ça ne te regarde pas.
— Et où veux-tu que j'aille à cette heure ?
— Ça m'est tout à fait égal.
— Mais...
— Ah ! pas d'observations, ou je t'envoie à l'entrepôt.
— Faut donc que je vous laisse ma maison ?
— Oui.
— Toute la nuit ?
— Oui.
— Cependant...
— Rien ! interrompit Brutus. La patrie est en danger, et nous sommes en train de la sauver. Si tu nous en empêches, tu deviens un ami des aristocrates, et tu sais ce qu'on en fait, n'est-ce pas, des aristocrates ?

Un geste atroce accompagna la phrase.

— Je m'en vais, citoyen, je m'en vais ! dit vivement le malheureux aubergiste en frissonnant de tous ses membres.

Le pauvre Nicoud s'apercevait depuis quelque temps que la situation du cabaretier attitré des sans-culottes comportait une foule de désagréments qui en balançaient fâcheusement l'honneur.

— Avant cela, reprit Brutus, tu nous apporteras du vin et du meilleur !

— Oui, citoyen oui !

Sur ce, Brutus pirouetta sur ses sabots et reprit le chemin de la grande salle.

— J'ai idée que c'est des gros négoçiants mêlés d'aristocrates, qui nous la payeront bonne en louis d'or, murmura-t-il. En tout cas, faut que je saigne celui qui m'a étranglé, et que je vide la bourse de celui que m'a désigné Niveau.

Brutus, en entrant, trouva ses compagnons assis autour d'uue vaste table. Soit hasard, soit intention préméditée, les trois royalistes se trouvaient assis chacun entre deux sans-culottes. Brutus sourit en remarquant ce détail, et lança un regard d'intelligence à Spartacus. La conversation était déjà engagée entre Marcof, Boishardy et les membres de la compagnie Marat.

— Ainsi, disait Marcof qui poursuivait toujours la même pensée relative à Philippe, ainsi on ne dressera pas une liste des aristocrates noyés ce soir?

— Pas plus que de ceux qui sont encore sur la place du Département, répondit Spartacus.

— Pourquoi?

— Imbécile! Pour faire une liste, faut-il pas savoir les noms?

— Sans doute.

— Eh bien?

— Eh bien quoi?

— Est-ce qu'on se donne la peine de prendre les noms de tous ces gueux-là? On les tire de l'entrepôt par fournées, au hasard. Les uns ont la chance de la baignade, les autres celle de la mitraillade, voilà!

— Mais on ne les juge donc pas?

— Est-ce qu'on a le temps! D'ailleurs, pourquoi les juger, ne sont-ils pas tous coupables?

— Ah ça! dit Brutus en prenant un siège, qu'est-ce que ça te fait à toi, qu'on les juge ou non, qu'on dresse des listes ou qu'on n'en dresse pas? Tu as donc intérêt à savoir les noms des aristocrates qui restent, que tu demandes ceux des brigands qui s'en vont?

— C'est possible, répondit Marcof; j'ai connu du monde jadis à Nantes, et j'aurais voulu savoir si ceux que je connaissais étaient morts ou vivants.

— Carrier lui-même ne pourrait pas te répondre. Il n'en sait rien. Faudrait fouiller les prisons pour connaître ceux qui y sont encore.

— Mais ce délégué de Paris dont tu me parlais, ne pourrait-il pas me renseigner, lui?

— Le citoyen Fougueray?

— Oui.

— Dame! c'est possible. Mais il ne s'agit pas de ça; nous allons boire!

— Nous boirons, soit; mais tu m'as promis d'envoyer chercher le délégué du Comité de salut public de Paris, et je te rappelle ta promesse.

— Bah! nous verrons demain matin.

— Non, ce soir!

— Ah ça! tu tiens donc bien à voir le citoyen Fougueray?

— Énormément.

— Cette nuit?

— Je te l'ai dit.

— Qu'est-ce que tu lui veux de si pressé? Tu tiens donc bien à te renseigner sur les aristocrates! Est-ce que tu es de leurs amis?

— Ça ne te regarde pas.

— Je veux le savoir, moi! hurla Brutus, emporté par sa brutalité, et peut-être par le désir de faire naître une querelle.

— Comment as-tu prononcé?

— J'ai dit : « Je veux le savoir! »

Au lieu de répondre, Marcof se laissa aller sur le dossier de sa chaise, et se livra à un accès immodéré de joyeuse hilarité. Brutus devint cramoisi de colère. Enfin, le marin reprit son sérieux, et désignant du geste un drapeau tricolore suspendu au fond de la salle :

— Va lire ce qu'il y a écrit sur ce drapeau! dit-il.

— Je ne sais pas lire, répondit Brutus; je ne suis pas un aristocrate, moi!

— Eh bien! je vais lire pour toi.

Et Marcof se levant, et déployant le drapeau en attirant un coin à lui, récita à haute voix la fameuse légende inscrite sur l'étendard : « *Liberté! Égalité! ou la Mort!*

— Ce qui veut dire, continua Marcof, liberté à chacun de faire ce que bon lui semble, égalité des volontés; en d'autres termes, je suis libre de mes paroles et de mes actions, et s'il te plaît de dire : « Je veux savoir, » il me plaît à moi de te répondre : Je ne veux pas t'apprendre ! Quant à ce qui concerne la « Mort, » j'ajouterai que je n'ai jamais refusé un coup de sabre à personne, et que je suis à ton service si tu te trouves offensé par mes paroles. Comprends-tu ?

— Je comprends que tu es un aristocrate !

— Bah ! tu crois ?

— Oui.

— Eh bien ! crois-le !

— Va, tu feras connaissance avec la guillotine !

— Bah ! l'acier du rasoir qui doit me couper la tête n'est pas encore trempé !

Marcof parlait ainsi en se laissant peu à peu entraîner par le sang qui bouillonnait dans son cerveau. Il savait n'avoir affaire qu'à sept ennemis. Or, il avait deux compagnons braves et forts. Peu lui importait donc une lutte ; mais cependant il se contenait encore, ne voulant rien brusquer avant que Brutus n'envoyât chercher Fougueray.

Brutus, de son côté, lâche comme tous ses semblables, voulait agir seulement sur des hommes sans défense. La vigueur dont Keinec avait fait preuve l'effrayait à juste titre. Déjà le jeune homme se soulevait sur son siège, et l'on sentait que sur un seul geste de Marcof, il allait prendre part à l'action qui commençait à s'engager. Brutus comprit que le moment n'était pas venu, et il profita de la venue de maître Nicoud, lequel entrait en ce moment portant des verres et des bouteilles, pour passer une partie de sa colère.

— Arrive donc ! cria-t-il d'un ton menaçant ; tu te donnes des airs de faire attendre des sans-culottes de la « compagnie Marat ! » Décidément tu tournes à l'aristocrate, et ça ne peut pas durer longtemps !

Le pauvre cabaretier déposa sur la table ce qu'il portait dans ses mains et se retira sans répondre. Cependant, arrivé à la porte, il se retourna et s'adressant à Brutus :

— Tu n'as plus besoin de rien ? demanda-t-il.

— Non !

— Alors je vais sortir ; je laisserai la clef sur la porte.

— Ah ! fit le sans-culotte en l'arrêtant de la main, puisque tu vas te promener, tu me feras une commission.

— Avec plaisir, citoyen Brutus.

— Tu vas aller à Richebourg.

— Oui, citoyen.

— Tu connais la maison de Carrier ?

— Sans doute.

— Tu demanderas à la sentinelle le citoyen Fougueray, et tu lui diras que des amis l'attendent chez toi.

— C'est tout ?

— Qu'il vienne ce soir ; tu ajouteras que Brutus l'attend et que la patrie est en danger ! Ça le pressera.

— Bien.

— Il nous trouvera encore ici dans deux heures.

— J'y vais !

— Es-tu content ? demanda Brutus en s'adressant à Marcof, tandis que maître Nicoud s'esquivait avec empressement.

— Oui, répondit le marin.

— Alors buvons, et pas de rancune.

— Buvons, je le veux bien.

— Et parlons un peu des affaires de la République, ajouta Boishardy.

— Parlons-en.

— Y a-t-il longtemps que le citoyen Fougueray est à Nantes ?

— Depuis deux jours.

— Et il est bien avec Carrier ?

— Je crois bien, c'est un ami de Pinard.

— Qu'est-ce que c'est que Pinard ?

— Comment tu ne connais pas Pinard ?

— Non.

— C'est drôle !

— Eh non ! c'est naturel. Je t'ai dit qu'il y avait six mois que nous avions quitté Nantes.

— Eh bien! Pinard, c'est comme qui dirait le chef de la compagnie Marat. Lui et Grandmaison, c'est les trois doigts de la main avec Carrier; c'est lui qui fixe les rançons?

— Quelles rançons?

— Celles que payent les prisonniers.

— Les nobles?

— Oh! que non! Depuis qu'on a confisqué leurs biens, ils n'ont plus un liard à donner; aussi on les exécute sans attendre; mais les gros négociants, faut bien leur tirer le sang du ventre.

— Tiens! c'est très adroit, cela.

— Tu trouves?

— Parbleu!

— Comme ça, continua Brutus en affectant un ton goguenard, comme ça tu approuves les rançons?

— Très bien!

— Et si tu étais incarcéré, tu payerais?

— Peut-être.

— Eh bien! j'ai dans l'idée que tu payeras, fit Brutus en se rapprochant de la porte à laquelle il donna un tour de clef.

Boishardy et Marcof échangèrent de nouveau un regard significatif. Les choses commençaient à se dessiner nettement. Le gentilhomme reprit néanmoins d'un ton parfaitement calme :

— Qu'est-ce qui te donne cette idée-là?

— Je vais te le dire, répondit le sans-culotte, tandis que ses compagnons se levèrent vivement en portant la main à la poignée de leur sabre.

Marcof et Keinec bondirent sur leur siège et furent sur la défensive en un clin d'œil. Boishardy ne bougea pas. Il arrêta même ses deux compagnons.

— Eh mais, dit-il froidement, il me semble que le temps se gâte.

— Tu veux dire qu'il est gâté! hurla Brutus.

— Et à quoi devons-nous ce brusque changement de température?

— A ce que tu n'es pas plus sans-culotte que je ne suis aristocrate.

— Et puis après ?

— Après ?

— Oui.

— Eh bien ! toi et tes amis nous allons vous conduire à l'entrepôt ; à moins que...

— Que quoi ?

— Que nous ne nous entendions.

— Alors parle.

— Nous avons besoin d'argent.

— Bon.

— Il nous en faut.

— Combien ?

— Vingt-cinq louis chacun.

— En assignats ?

— En or !

— Diable ! vous êtes sept, et cela fait cent soixante-quinze louis.

— Tout juste.

— Et tu crois que nous payerons ?

— Si vous ne payez pas, vous y passerez demain.

— Pour qui nous prends-tu donc ?

— Pour des gueux de négociants, pour des accapareurs qui viennent affamer les bons patriotes. Allons ! pas tant de raisons ! nous sommes sept, vous êtes trois ; allons-y gaiement !

— Qu'est-ce que vous en pensez ? demanda Boishardy en se tournant vers ses deux compagnons. Faut-il payer ?

— C'est mon avis, répondit Marcof en souriant.

— A la bonne heure ! cria Brutus tandis que la joie rayonnait sur le visage de ses amis.

— Eh bien ! reprit le gentilhomme toujours impassible, nous allons payer... mais pas en argent.

— Je t'ai dit que nous ne voulions pas d'assignats.

— Je ne t'en parle pas non plus.

— De quoi parles-tu alors ?

— D'un bon avis que je vais vous donner.

— C'est une monnaie qui n'a pas cours.

— Peut-être. Écoute-moi seulement.

Et Boishardy se leva à son tour.

— Vous connaissez les noms des chefs de l'armée royaliste, n'est-ce pas? demanda-t-il en haussant la voix.

— Parbleu! répondit Brutus, j'ai le signalement de ces brigands dans ma poche.

— Vous savez que leur tête est mise à prix?

— Oui.

— Combien Carrier estime-t-il une tête de chef?

— Trois mille livres.

— Voulez-vous les gagner?

— Tu connais un chouan? fit Brutus en s'adoucissant subitement. Tu peux nous le livrer?

— Oui.

— Quand cela?

— Ce soir même.

— Loin d'ici?

— Tout près.

— Et comment le nommes-tu?

— Boishardy!

— Tu nous le livreras?

— Je vous le jure!

— Si tu fais cela, je passe la rançon pour moitié.

— Bah! tu n'en parleras même plus, ajouta Marcof; car nous t'en livrerons deux au lieu d'un.

— Comment s'appelle le second?

— Marcof le Malouin.

— Celui qui nous a enlevé une partie des prisonniers que les soldats nous amenaient de Saint-Nazaire?

— Lui-même.

— Oh! s'écria Brutus, Carrier a dit que s'il tenait celui-là, il donnerait deux mille livres de plus.

— Et il fera bien, car il en vaut la peine! répondit le marin. Marcof a dit qu'il tuerait Carrier et qu'il ferait pendre par les pieds au bout des vergues de son navire tous les misérables qui composent la compagnie Marat. Il a dit que les sans-culottes comme toi et tes amis étaient des galériens en rupture de ban. Il a dit qu'il égorgerait à son tour les égorgeurs de Nantes. Et tout ce qu'il dit, il a l'habitude de le faire. Ah! continua Marcof en donnant enfin libre cours à sa fureur, ah! vous avez pensé que nous étions des négociants faciles à rançonner! Ah! vous avez supposé que sept bandits de votre espèce, sept misérables tirés de la fange des égouts sanglants feraient reculer trois hommes de cœur! Nous vous avons promis de vous livrer deux chefs royalistes. Eh bien! nous vous les livrons. A vous à les prendre maintenant! Voici M. de Boishardy, et moi je suis celui qui ai défait vos bandes sur la route de Saint-Nazaire, celui à propos duquel Carrier augmente le prix du sang; je suis Marcof le Malouin! Vive le roi!

— Vive le roi! répétèrent Boishardy et Keinec.

Un moment d'hésitation suivit ces paroles. Les sans-culottes, stupéfiés de l'audace des chouans, reculèrent. Mais, réfléchissant bientôt qu'ils étaient sept contre trois, ils mirent le sabre à la main. Quelques-uns étaient armés de piques. D'autres préparaient leurs pistolets. Brutus, toujours entre la porte de sortie et les hommes qui emplissaient la salle, demeurait indécis. Keinec bondit sur lui et, le saisissant à la gorge, l'envoya rouler sous la table.

— Tu m'appartiens! cria le jeune homme en brandissant son arme, et j'ai fait vœu de laver ma hache rougie dans le sang de tes victimes.

Ce fut le signal de la mêlée. Les sans-culottes, comprenant que c'était un combat mortel que celui qui allait se livrer, s'élancèrent les premiers. Les misérables ignoraient à quels ennemis ils avaient affaire.

Marcof et Boishardy levèrent leurs bras armés, et deux d'entre eux tombèrent sans pousser un cri, tant le coup qui les frappa les atteignit rapidement. La lutte devenait presque égale. Alors, ce qui se passa dans cette salle d'auberge fut quelque chose d'horrible et d'indescriptible. Les sans-culottes se battaient avec la rage du désespoir. Les trois chouans attaquaient, ivres de vengeance et de colère. Les cris et le choc des armes, le bruit des meubles brisés, celui des corps tombant lourdement sur le sol, le râle des mourants, tout cela formait un vacarme effrayant, rendu plus lugubre encore par le silence qui régnait au dehors.

Le combat se livrait à l'arme blanche. Deux coups de pistolet avaient seuls été tirés sans atteindre personne. Boishardy, Marcof et Keinec ne se servaient que de leur hache d'abordage. Ils voulaient sentir les coups qu'ils frappaient. Brutus, blessé d'abord par Keinec au commencement de l'action, s'était relevé et avait bondi sur le jeune homme; mais un coup de hache qui l'atteignit en plein visage le renversa de nouveau. Brutus râlait en se tordant dans les convulsions de l'agonie.

Le drame qui se passait dans cette petite auberge isolée était plus sinistre peut-être que ceux qui s'étaient passés sur la place du Département et dans le lit de la Loire. L'élégant parquet sur lequel s'étaient posés jadis les petits pieds mignonnement chaussés des invitées du fermier général, ruisselait alors du sang des patriotes. Les chaises, les tables brisées dans la lutte, le jonchaient de leurs débris mutilés; les bouteilles renversées laissaient couler à flots le vin qui se mêlait au sang, tandis que leurs tessons servaient d'armes à ceux qui avaient perdu les leurs.

Les sans-culottes, vaincus, blessés, épouvantés, faiblissaient rapidement. Quatre, tués sur le coup, gisaient près de la table. Deux autres, renversés sous les mains puissantes de Keinec et de Boishardy, demandaient grâce d'une voix éteinte; mais les deux chouans avaient trop longtemps contenu l'éclat de leur colère: leur cerveau délirant ne leur permettait pas de comprendre les supplications qui leur étaient adressées, et leurs ennemis tombèrent à leurs pieds, la poitrine ouverte. Seul le septième vivait encore, et il s'efforçait de gagner la porte de sortie, fermée à double tour par Brutus, alors qu'il croyait être certain de la victoire, quand Marcof l'atteignit et l'envoya rouler auprès de ses compagnons.

Enfin les royalistes s'arrêtèrent avec le regret de ne plus avoir d'ennemis à combattre. Les cadavres des sans-culottes étaient étendus à terre baignés dans une mare de sang noirâtre. La compagnie Marat était veuve de sept de ses enfants. Tous étaient morts.

Par surcroît de précaution, Keinec examina attentivement chacun des corps et s'assura qu'aucun d'eux ne palpitait plus. Marcof, la bouche entr'ouverte, les narines dilatées, regardait d'un œil étincelant l'horrible spectacle.

— Bien commencé! dit Boishardy en essuyant le fer rougi de sa hache. Voilà de la besogne de moins pour le bourreau et des compagnes envoyées aux âmes de l'enfer.

— Tonnerre! répondit Marcof en soupirant, pourquoi n'étaient-ils que sept!

— Là, mon brave lion! Nous nous sommes fait la main, et nous recommencerons bientôt.

— Dieu le veuille! fit Keinec.

— Dieu le voudra, car Dieu est juste, dit Boishardy en frappant sur l'épaule du jeune homme. Maintenant, qu'allons-nous faire de ces charognes.

— La Loire est proche...

— Eh bien! jetons-y ces cadavres.

— Pas encore, interrompit Marcof; ne compromettons pas nos affaires par trop de précipitation... Laissons les choses dans l'état où elles sont. Je ne suis pas fâché de donner audience dans cette salle à celui que Brutus a envoyé chercher.

— Croyez-vous donc qu'il vienne?

— Je l'espère.

— Non! ce Fougueray est trop renard pour ne pas flairer la gueule du loup!

— Toujours est-il que nous devons l'attendre.

— Soit; attendons.

— Pendant ce temps Keinec va se rendre à l'auberge

où nous avons laissé nos chevaux; nous pouvons en avoir besoin.

Boishardy fit un geste d'assentiment. Marcof tira sa bourse de sa poche et la tendit à Keinec.

— Va vite, mon gars, dit-il au jeune homme. Paie la dépense; et si l'on s'inquiète des taches de sang qui couvrent tes habits, tu répondras que tu as été près de la guillotine.

— On ne s'en inquiétera pas, répondit Keinec; le costume que je porte en ce moment n'en est que plus exact.

— C'est juste. Va et fais promptement. Tu nous retrouveras ici.

Keinec examina l'amorce de ses pistolets, raccrocha la hache à sa ceinture et s'élança au dehors. Boishardy et Marcof restèrent seuls. Ils repoussèrent du pied ceux des cadavres qui les gênaient, et, prenant des sièges, ils se disposèrent à atttendre l'arrivée du citoyen Fougueray.

XXIII

MAITRE NICOUD

Lorsque, sur l'ordre de Brutus, maître Nicoud avait quitté son auberge, il s'était rapidement dirigé vers la demeure de Carrier afin d'accomplir la mission dont il était chargé. Il devait, lui avait dit le sans-culotte, prévenir le citoyen Fougueray que des amis l'attendaient au cabaret du quai de la Loire. Nicoud atteignit promptement Richebourg et trouva, devant la maison du proconsul, les sentinelles ordinaires qui l'empêchèrent de passer. Il demanda le chef du poste. Celui-ci le renvoya à Pinard, qui avait la haute main sur la garde de la maison de Carrier. Pinard était précisément dans la cour de la maison. Nicoud l'aborda et lui demanda la permission de parler au citoyen Fougueray.

— De quelle part viens-tu? répondit le sans-culotte.

— De la part du citoyen Brutus.

— Où est-il, le citoyen Brutus?

— Chez moi.
— A l'auberge du quai?
— Oui, citoyen.
— Il est seul?
— Oh! non; il est avec des amis.
— Lesquels?
— Des membres de la compagnie d'abord, et puis trois autres que je ne connais pas.
— Qu'est-ce que c'est que ces trois-là?
— Je n'en sais rien; mais ils ont l'air de bons patriotes.
— Et tu dis qu'ils demandent le citoyen Fougeray?
— C'est-à-dire que j'ai compris, en entendant un bout de leur conversation, que c'était l'un de ceux dont je vous parle, qui désirait voir le citoyen, et que Brutus, pour lui faire plaisir, m'avait ordonné de venir le chercher.

Pinard réfléchit quelques instants. On sait qu'il avait intérêt à connaître les démarches de Diégo. Aussi trouva-t-il dans cette affaire quelque chose de singulier et de mystérieux qu'il se promit d'éclaircir. A quel propos Brutus envoyait-il chercher le citoyen Fougeray? Cette démarche cachait-elle quelque chose que Diégo ne voulait pas qu'il sût? Or, si Diégo ne voulait pas qu'il sût, il était évident que lui, Pinard, avait intérêt à savoir. Donc, en vertu de ce syllogisme parfaitement logique, il pensa à éclaircir la situation.

— C'est bien! répondit-il brusquement à Nicoud. Je préviendrai le citoyen Fougeray moi-même.
— Alors, je vais retourner dire à Brutus que sa commission est faite?
— Non pas!... Tu vas entrer au poste et y attendre mon retour; surtout, fais en sorte que je t'y retrouve, sinon je te fais chercher par mes hommes et je t'envoie au dépôt.
— Sois tranquille, citoyen Pinard, je ne bougerai pas! répondit Nicoud. C'est là tout ce que tu as à m'ordonner?
— Oui.

Quelques minutes après, Pinard, après avoir donné des ordres concernant le service de la nuit, se dirigeait seul vers les quais de la Loire, et maître Nicoud, obéissant avec un empressement digne d'éloges au séide du proconsul, s'incarcérait lui-même dans le poste des vrais sans-culottes.

— Je veux voir par moi-même, se disait Pinard, et si Fougueray avait eu l'intention de me jouer, il le payerait cher ! Je le ferais noyer demain soir. Mais non, continua-t-il après un silence pendant lequel il réfléchit profondément ; mais non, si Fougueray avait eu l'intention de me tromper, il est trop fin pour se servir de cet imbécile de Brutus. Cela ne peut être ! Ne serait-ce pas plutôt un piège tendu par d'autres au courant comme lui des affaires du marquis, et qui voudraient profiter des circonstances en détruisant notre combinaison ? Cela est plus probable, et si cela est, c'est à moi à veiller ! En voyant ceux qui accompagnent Brutus, je saurai bien reconnaître à qui nous avons affaire.

L'ancien berger de Penmarkh marchait rapidement malgré l'obscurité. Les rues étaient désertes, car onze heures du soir venaient de sonner, et les malheureux habitants de Nantes se renfermaient avec soin chez eux, priant le ciel que la nuit entière se passât sans recevoir la visite des sans-culottes de la compagnie Marat. Pinard atteignit le quai et suivit la rive du fleuve.

— Oh ! pensait-il, si Fougueray réussit, dans huit jours j'aurai quitté la France et je serai riche à mon tour. Mon but sera atteint ! Je remuerai de l'or et je commanderai en maître. Où irai-je ? Bah ! que m'importe. Je changerai encore de nom, et comme j'aurai la fortune, je serai bien reçu partout. Oui ! oui ! Fougueray réussira ! Quant à Yvonne, demain matin je l'enverrai au Bouffay, et le soir elle sera déportée verticalement ; cela lui apprendra à faire la bégueule avec un ami de Carrier ! Elle a eu de la chance que le temps m'ait manqué depuis quarante-huit heures pour m'occuper d'elle !

Pinard en était là de ses réflexions et de ses projets lorsqu'il s'arrêta court dans sa marche. Il lui semblait entendre un bruit de voix arriver jusqu'à lui. Il écouta attentivement. Des cris retentirent plus distinctement à son oreille ; ces cris partaient d'une maison située à quelque distance et complètement séparée des autres.

— C'est dans l'auberge de Nicoud, murmura-t-il ; que s'y passe-t-il donc ?

Alors il approcha avec précaution, mais en écoutant toujours. Bientôt le vacarme cessa et tout rentra dans le silence. Pinard arrivait au moment même où la lutte entre les chouans et les sans-culottes venait de se terminer.

La salle du cabaret dans laquelle s'était passée la scène sanglante était située au rez-de-chaussée de la maison. Trois larges fenêtres l'éclairaient sur une vaste cour dans laquelle stationnaient autrefois les équipages des grands seigneurs et des financiers que recevait Graslin, et que maître Nicoud avait transformée en une sorte de jardin à l'usage de ses clients qui trouvaient là, durant l'été, l'air et la fraîcheur sous une succession de berceaux verdoyants. Ces fenêtres percées à hauteur d'appui, étaient garnies de barreaux de fer que le cabaretier avait fait poser par mesure de précaution, la porte de la cour ayant été enlevée et l'accès en étant par conséquent toujours ouvert. A la gauche de ces trois fenêtres se trouvait la porte conduisant dans l'intérieur de l'habitation, porte étroite, basse, mystérieuse, comme il convenait à une petite maison ; cette porte ouvrait sur un premier vestibule, étroit également et communiquant lui-même avec la salle où maître Nicoud avait placé son comptoir. Cette salle, était l'ancien grand vestibule, en forme de rotonde, au pied de l'escalier conduisant aux étages supérieurs. La rampe de cet escalier avait été commandée par le fermier général à un artiste de l'époque, qui l'avait exécutée en cuivre ciselé recouvert ensuite d'une épaisse dorure. Nicoud avait gratté la dorure, fait fondre le cuivre et remplacé le tout par une rampe en bois de chêne soutenue par d'épais pilastres.

La maison était fort petite et n'avait qu'une pièce de profondeur, de sorte que la salle où se trouvaient Marcof et Boishardy était éclairée, non seulement sur l'ancienne cour, mais encore sur le jardin planté par Graslin d'arbres précieux, et, par son successeur, de légumes, plus utiles à la consommation qu'agréables à la vue. Trois autres fenêtres donc ouvraient sur le derrière de la maison. Comme un petit mur de clôture séparait la cour du jardin, Nicoud n'avait pas cru devoir prendre à l'égard de ces fenêtres les précautions qu'il avait prises pour les premières, et elles étaient vierges de la plus mince barre de fer.

Lorsque Brutus et ses compagnons étaient arrivés à l'auberge, l'heure était déjà avancée; aussi maître Nicoud avait-il fermé déjà les contrevents des fenêtres ouvertes sur la façade, et aucun des survenants n'avait songé à les relever. Pinard, après s'être approché doucement, essaya donc, mais en vain de faire pénétrer son regard dans la salle. Un faible rayon de lumière glissant entre les contrevents, lui indiquait seul que la pièce était habitée, mais il ne pouvait distinguer ce qui se passait à l'intérieur. Il écouta de nouveau et n'entendit aucun bruit.

Alors il pensa à tourner la maison et à pénétrer dans le petit jardin situé au fond. Déjà il atteignait l'angle du mur lorsqu'un nouveau bruit le fit retourner subitement, Pinard s'accroupit dans l'ombre. L'infâme satellite de Carrier était brave et ne redoutait pas le danger. Il attendit tranquillement. La porte de la maison s'ouvrit, et un homme parut sur le seuil. Cet homme était Keinec, lequel allait accomplir l'ordre dont venait de le charger Marcof. Keinec referma la porte sur lui et prit sa course dans la direction du Bouffay. Il frôla Pinard sans le voir.

En ce moment la lune, se dégageant d'un nuage, resplendit subitement, et éclaira le jeune homme.

Pinard porta vivement la main à ses lèvres pour étouffer un cri.

— Keinec! murmura-t-il.

Mais Keinec était déjà loin. Le sans-culotte se redressa d'un bond.

— Qu'est-ce que cela veut dire? pensa-t-il. Keinec dans la même maison que Brutus! Oh! il faut absolument que je sache la vérité. Keinec à Nantes! Saurait-il donc que j'y suis moi-même, et qu'Yvonne...

Pinard s'arrêta.

— Non, reprit-il vivement; impossible! Il n'aurait pas eu la patience d'attendre. Il ne sait rien. Mais que vient-il faire?

Et le sans-culotte se prit de nouveau à réfléchir profondément. Tout à coup il se frappa le front.

— C'est cela! dit-il en lui-même, Keinec est un chouan. Keinec fait partie de la bande de ce damné Boishardy; s'il vient à Nantes c'est qu'il s'agit d'un complot royaliste! Voyons maintenant ce qui se passe dans l'intérieur de l'auberge, et pourquoi Fougueray se trouve mêlé à tout ceci.

Sur ce, Pinard tourna la maison, et franchissant le petit mur de clôture dont nous avons parlé, il sauta dans le jardin converti en verger. Une fois dans ce verger, et assuré que tout était entièrement désert autour de lui, il se glissa le long du bâtiment, et gagna les fenêtres placées sur ce côté de la maison. Ces fenêtres, à la hauteur desquelles il atteignit facilement, car le terrain du jardin se trouvait plus élevé que celui de la cour, avaient leurs contrevents ouverts. Seulement, une épaisse couche de poussière qui faisait rideau, empêchait tout d'abord de distinguer nettement l'intérieur. Pinard s'approcha davantage.

Certain de ne pas être vu, il colla son visage aux carreaux inférieurs de l'une des croisées, et regarda attentivement. La première chose qu'il vit fut le cadavre de Brutus placé en pleine lumière, en face de ses regards qui tombaient d'aplomb sur le corps ensanglanté. Pinard reconnut aussitôt son compagnon; mais ne manifesta aucune surprise.

Puis, près de ce cadavre, il distingua deux hommes assis; l'un lui tournait le dos et masquait le visage de l'autre. Autour de ces hommes, et gisant sur le parquet maculé de sang on apercevait les corps inanimés des membres de la compagnie Marat. Pinard tressaillit en voyant ce massacre des siens; mais il continua stoïquement à porter toute son attention sur ceux qui occupaient principalement ses regards.

Au bout de quelques minutes, l'homme qui lui dérobait les traits de son compagnon fit un mouvement brusque et se leva en se retournant. Le sans-culotte put alors entrevoir le visage des deux individus enfermés avec les cadavres.

Sans doute reconnut-il les deux hommes d'un seul coup d'œil, car il fit un pas en arrière si vivement que son pied glissa et qu'il tomba à la renverse. Se relevant comme poussé par un ressort, il traversa le verger, s'élança sur le mur, et se dirigea d'une course furieuse vers l'intérieur de la ville.

— Marcof et Boishardy à Nantes! murmurait-il. Oh! quelle prise! Coûte que coûte, il faut m'en emparer; si ces hommes voyaient demain luire le soleil, étant encore libres, Fougueray et moi serions perdus! Plus de doute, ils savent tout; mais ils n'auront pas le temps d'agir.

Pinard atteignit bientôt la place où se dressait la guillotine. De joyeuses clameurs, entremêlées de chansons, de jurons énergiques et de mots d'un cynisme éhonté retentissaient dans une maison voisine. Cette maison était le cabaret à l'enseigne du « *Rasoir national,* » cabaret où Keinec avait conduit les chevaux. Pinard, connaissant cette auberge pour le lieu des réunions ordinaires des sans-culottes de la compagnie Marat, frappa rudement à la porte qui s'ouvrit presque aussitôt.

Pinard pénétra dans une salle fumeuse, mal éclairée

par un quinquet en fer battu, et dont l'atmosphère nauséabonde soulevait le cœur de dégoût. L'ami de Carrier fut reçu avec des acclamations frénétiques. Une vingtaine d'hommes étaient là, les uns attablés et buvant, les autres debout et vociférant.

— Vive Pinard! hurla la bande.

— Merci, mes Romains! répondit le lieutenant de la compagnie Marat; mais il n'est pas temps de boire et de chanter. Les aristocrates font des leurs. Brutus et vos amis ont été égorgés ce soir. Il faut les venger!

— Brutus a été égorgé! s'écria un sans-culotte.

— Par qui? demandèrent sept ou huit voix.

— Par des brigands de chouans qui ont pénétré dans la ville, et ont souillé par leur infâme présence la terre de la liberté.

— Les chouans sont à Nantes! s'écria-t-on de toutes parts avec stupéfaction.

— Oui! répondit Pinard.

— Sont-ils nombreux?

— Où sont-ils?

— Quand les as-tu vus?

Et les questions, les interpellations se croisèrent dans un tumulte effroyable.

— Je les ai vus il n'y a pas une heure! dit l'ami du proconsul en s'efforçant de dominer le bruit assourdissant qui se faisait dans la salle. Ils sont à l'auberge du quai de la Loire, chez Nicoud, et je ne crois pas qu'ils soient nombreux, car je n'en ai compté que trois; mais peut-être les autres se cachaient-ils dans la maison.

— Et ce sont ceux-là qui ont assassiné Brutus et nos amis?

— Je vous répète que mes yeux ont contemplé leurs cadavres; les brigands causaient tranquillement assis auprès d'eux.

A cette nouvelle assurance, la colère et la rage des sans-culottes ne connurent plus de bornes.

— A mort les chouans! s'écria-t-on.

— A la Loire les aristocrates!

— Vengeons nos frères !
— Mort aux aristocrates !

Et vingt autres exclamations menaçantes partirent de tous les coins de la salle. Les sans-culottes, entourant Pinard et se pressant autour de lui, sollicitaient de nouveaux détails en brandissant leurs sabres et leurs piques avec des gestes furibonds. La scène était tellement animée, qu'aucun des assistants ne remarqua que par l'entre-bâillement de la porte du fond venait d'entrer un nouveau venu qui, en apercevant Pinard, se recula vivement, et prêta une oreille attentive à tout ce qui allait se dire. Cet homme était Keinec.

Le chouan, après avoir bridé les chevaux, se disposait à gagner la rue, lorsque la voix de Pinard était arrivée jusqu'à lui. Keinec s'était d'abord arrêté comme s'il eût été cloué sur le sol par une force invincible; puis il s'était rapproché, et, ainsi que nous venons de le dire, il s'était hasardé jusqu'à pénétrer dans la salle. En reconnaissant Carfor, qu'il entendait nommer Pinard, il comprit que le secret de sa présence et de celle de ses chefs dans la ville était connu du terrible ami du proconsul.

Keinec pouvait fuir sur-le-champ ; mais, avec cette indifférence du danger qui faisait le fond de son caractère, il voulut entendre jusqu'au bout l'espèce de conciliabule qui se formait. Seulement la prudence lui avait fait rouvrir la porte de la salle, et il écoutait en dehors tenant à la main les brides des chevaux, et prêt à fuir par la grande porte de derrière, la seule qui, donnant accès aux voitures et aux chevaux, demeurait ouverte toute la nuit. Pinard était monté sur une table et haranguait les patriotes. Pinard avait compris que, pour mieux entraîner les sans-culottes et s'en faire suivre, il lui fallait donner quelques explications. D'ailleurs les discours étaient à l'ordre du jour à cette époque : on en faisait partout et pour tout, à toute heure et à tous propos, et le lieutenant de Carrier eût risqué de se dépopulariser aux yeux de ses amis en manquant une si belle occasion de lancer une allocution patriotique. Puis, d'une part, le berger terroriste ignorait le nombre des chouans à attaquer; il ne pouvait supposer, malgré la témérité des trois royalistes, qu'ils se fussent hasardés seuls et sans secours dans la ville, et il s'imaginait que la maison du quai de la Loire était remplie de soldats blancs. D'un autre côté, il connaissait la valeur passablement négative de ces valets de la guillotine qui l'entouraient, et qui, les premiers à l'assassinat et au pillage, avaient grand soin de ne pas quitter les murs de Nantes, dans l'enceinte desquels ils ne couraient aucun danger, laissant aller au feu de l'ennemi les vrais soldats de la République. Il s'agissait donc de chauffer à blanc le patriotisme des sans-culottes, et de faire passer dans leur cœur le désir de la vengeance et la ferme volonté d'exprimer ce désir autrement que par des cris et des vociférations. En conséquence, Pinard s'était élancé sur une table, et, dominant l'assemblée, avait commencé ce que l'on nommait une « *carmagnole de Barrère* » c'est-à-dire une improvisation fulminante, patriotique et splendidement colorée.

Sans prononcer les noms des deux chefs royalistes, car il voulait se réserver l'aubaine de les apprendre lui-même à Carrier et de toucher la prime promise par le proconsul, il fit, en style de circonstance, un tel tableau de la honte qui allait rejaillir sur la compagnie Marat tout entière, si elle ne vengeait pas son honneur outragé par la mort de sept de ses enfants, que les auditeurs, transportés de rage et de fureur, l'interrompirent par des rugissements d'indignation; menaces de mort, promesses de tortures, serments de vengeance, de meurtre et de carnage, partaient de tous côtés en une seule et même explosion. Tous, d'un même mouvement, se précipitèrent sur leurs armes. En un clin d'œil les satellites de Carrier furent prêts à marcher, les uns armés de piques et de pistolets, les autres de sabres et de fusils de munition. Bref, il fut décidé sur l'heure qu'une expédition nocturne allait avoir lieu contre les brigands royalistes, sous le commandement du citoyen Pinard, qui se réservait ainsi non seulement le mérite de l'initiative, mais encore celui d'avoir mené à bonne fin une affaire aussi importante.

D'une part, Pinard allait satisfaire sa haine contre Marcof et Keinec; de l'autre, il allait d'un seul coup s'élever au-dessus des Grandmaison et des Chaux, de ceux enfin qui contre-balançaient son influence auprès du proconsul. La capture des chefs royalistes le faisait le second dans Nantes. Aussi son œil fauve lançait-il des éclairs de joie féroce, et, voulant terminer par une péroraison digne de son brillant exorde :

— Sans-culottes! s'écria-t-il, braves patriotes épurés, montrez une fois encore que vous êtes la force de la République et que vous seuls êtes la véritable barrière entre la nation et les gueux qui veulent la perdre! A vous l'honneur de laver avec le sang des brigands la tache qu'ils ont osé faire au sol républicain en le foulant sous leurs pieds indignes! A vous la gloire d'écraser ces serpents qui se sont glissés dans notre sein! Sans-culottes! la patrie est en danger! Aux armes et vive la nation!

— Vive la nation! hurla l'auditoire.

— En avant! répondit Pinard qui comprit que l'exaltation avait atteint son apogée.

Ils sortirent en masse confuse du cabaret. Arrivés sur la place, Pinard les fit mettre en rangs et prit la tête en recommandant le plus grand silence. Les sans-culottes, y compris leur chef, étaient au nombre de vingt-quatre; c'était juste huit hommes que chacun des royalistes allait avoir à combattre, en supposant que Keinec pût arriver à temps pour prêter à ses chefs le secours de son bras. La troupe prit le chemin qu'avaient parcouru Brutus et ses compagnons, et se dirigea en bon ordre vers le cabaret isolé.

XVIII

LION ET TIGRE

Boishardy et Marcof étaient demeurés dans la salle basse, l'oreille au guet, et attendant toujours l'arrivée de Diégo. Plus d'une demi-heure s'était écoulée depuis le départ de Keinec.

— Tonnerre! s'écria le marin avec violence. Ce Fougueray ne viendra pas!

— Je vous avait dit que le drôle flairerait ce qu'il aurait trouvé, répondit Boishardy.

— Et Keinec?

— Je ne comprends pas le retard qu'il met à revenir.

— Lui serait-il arrivé malheur?

— Cordieu! si je le savais, je braverais tout pour secourir ce gars qui nous a si dignement secondés!

— Écoutez Boishardy! il me semble entendre du bruit au dehors.

— Vous vous trompez, mon cher, ce sont les murmures du fleuve qui vous arrivent aux oreilles, et le vent du nord qui secoue les portes.

— Vous avez raison.

— Voici la lampe qui s'éteint, fit observer Boishardy.

— C'est vrai; il n'y a plus d'huile.

— Nous ne pouvons pas rester ici sans lumière!

— Qu'importe!

— Si nous étions découverts, la position ne serait pas tenable!

— Eh bien! sortons alors.

— Soit. Nous demeurerons sur le seuil de la porte, et nous attendrons Keinec.

Boishardy et Marcof se dirigèrent vers la porte qui donnait sur la cour, l'ouvrirent et se trouvèrent en plein air. Le marin se baissa vers la terre.

— Je vous répète, Boishardy, que j'entends quelque chose.

— Un galop de chevaux?

— Non.

— Des pas d'hommes?

— Non plus.

— Qu'entendez-vous donc alors?

— Je ne sais... quelque chose de confus que je ne puis définir.

— Allons sur le quai.

Les deux hommes traversèrent la cour et gagnèrent l'ouverture située sur la rive du fleuve. L'obscurité était profonde et rendue plus épaisse encore par le brouillard qui s'élevait de la Loire, et qui, couvrant le faubourg, interposait son opacité entre les regards des deux amis et l'horizon qu'ils s'efforçaient d'interroger.

Le froid, dont la bise soufflant du nord augmentait l'intensité, était devenu très vif. De bruyantes rafales faisaient courber les têtes dénudées des grands arbres plantés sur le quai, et sifflaient aigrement dans leurs branchages noirs. Marcof écoutait toujours avec une attention profonde; mais par suite d'un phénomène assez commun, le brouillard humide empêchait la perception du son, et ce n'était que lorsque le vent, chassant devant lui la brume, établissait un courant entre la ville et le faubourg, que le marin pouvait saisir ce bruit vague et indescriptible qui avait éveillé sa vigilance. Boishardy n'entendait rien et affirmait à son compagnon qu'il s'était trompé.

— Ce sont les feuilles mortes tourbillonnant sur nos têtes qui causent par leur froissement ce bruit mystérieux qui vous inquiète, dit-il à voix basse.

Marcof lui fit signe de garder le silence et se pencha en avant.

— Encore une fois, dit-il, je vous affirme que je ne suis pas le jouet d'une illusion.

— Alors, fit Boishardy avec résolution, tenons-nous sur nos gardes! Au diable ce brouillard qui vient de s'élever et qui nous dérobe les rayons de la lune! La nuit est tellement noire que l'on ne peut distinguer à deux pas devant soi...

Marcof l'interrompit en lui saisissant la main :

— Entendez-vous? dit-il.

— Oui, oui... j'entends, cette fois, répondit Boishardy. Qui diable est cela? On dirait le roulement d'une voiture, et l'on ne distingue pas le bruit des chevaux.

— Attention! il me semble voir quelque chose se remuer dans la brume. N'apercevez-vous rien?

— Si fait! je vois une masse confuse qui s'avance rapidement vers nous!

Boishardy et Marcof saisirent leurs pistolets qu'ils armèrent, et se tinrent préparés en silence à l'événement qui menaçait. Le gentilhomme et le marin ne s'étaient pas trompés : un bruit sourd devenant de plus en plus distinct retentissait sur le quai dans la direction de la ville, et une ombre arrivait effectivement sur eux avec une rapidité véritablement fantastique, car cette ombre épaisse et noire courait sur la terre sans faire entendre autre chose qu'un roulement indescriptible et presque insaisissable. Enfin elle arriva devant la porte de l'auberge, et s'arrêta brusquement.

— Les chevaux! s'écria Marcof.

C'était en effet Keinec conduisant les trois animaux.

— Tu leur as donc enveloppé les fers avec du foin? demanda Boishardy en voyant le jeune homme s'élancer à terre.

— Oui, répondit Keinec; c'est cette précaution qui m'a retardé, et il est heureux que j'aie employé mon temps à la prendre, sans elle nous étions perdus.

— Comment cela? demandèrent les deux hommes.

— Je vous l'expliquerai plus tard, messieurs; mais d'abord à cheval et piquons! Il y va de notre salut.

— Que s'est-il donc passé?

— Vous le saurez. A cheval! à cheval!

L'accent avec lequel Keinec prononça ces paroles était tellement pressant, que toute hésitation devenait impossible. Puis les deux chefs savaient le jeune homme trop brave pour s'effrayer d'un danger vulgaire. Ils sautèrent donc lestement en selle.

— Regardez! fit Keinec en se retournant.

Les rayons de la lune glissant sous un nuage percèrent en ce moment l'opacité du brouillard, et éclairèrent d'une lueur pâle une partie du quai. Marcof et Boishardy, imitant le mouvement de leur compagnon, purent alors distinguer au loin des piques et des baïonnettes qui s'avançaient en silence. Les cavaliers rendirent la main et les chevaux partirent. Grâce au foin qui entourait les sabots de leurs montures, le bruit du galop s'amortissait de telle sorte qu'il était évident qu'il serait absorbé par celui que faisaient les pas des sans-culottes.

— Nous sommes donc découverts? demanda Marcof.

— Oui, répondit Keinec.

— Tu en es sûr? ajouta Boishardy.

— J'ai entendu l'ordre que l'on donnait de nous traquer dans l'auberge.

— Et qui donnait cet ordre?

— Celui qui a découvert notre présence dans la ville.

— Le connais-tu?

— Oui.

— Quel est-il?

— Ian Carfor!

— Ian Carfor! répéta Marcof en arrêtant son cheval par une saccade si brusque que l'animal plia sur ses jarrets de l'arrière-train; Ian Carfor, dis-tu? Ce misérable est donc à Nantes?

— Oui.

— Tu l'as vu?

— Je l'ai vu.

— Et tu ne l'as pas tué?

— Je me serais fait massacrer sans pouvoir vous prévenir. Mais vous ne savez pas tout : Carfor a changé de nom; il se nomme aujourd'hui Pinard.

— Pinard! s'écria Boishardy à son tour; Pinard, l'infâme satellite de Carrier, le lieutenant de ses crimes, l'aide du bourreau! Parle vite, Keinec; dis-nous ce que tu sais, ce que tu as appris. Nous sommes à l'abri ici, et les misérables égorgeurs atteignent à peine le seuil de l'auberge.

Keinec raconta brièvement ce qu'il avait vu et entendu au cabaret du *Rasoir national*. Quant il eut achevé son récit, Marcof sauta à bas de son cheval.

— Descends! dit-il à Keinec.

Keinec obéit.

— Vous, Boishardy, continua le marin, vous allez prendre les brides de nos chevaux et nous suivre au pas.

— Qu'allez-vous faire?

— Vous le saurez; mais cela ne doit pas vous concerner. C'est une vieille histoire que Keinec et moi connaissons, et comme nous l'avons commencée ensemble, c'est ensemble que nous devons la terminer. Quand nous serons à deux ou trois cents pas de l'auberge que les bandits vont fouiller pour nous trouver, vous vous arrêterez et vous nous attendrez. Au nom de l'honneur, Boishardy, je vous somme de ne pas vous mêler à ce que nous allons entreprendre. Attendez-nous seulement; que nous puissions fuir ensemble; car il faudra quitter Nantes cette nuit.

— Et Philippe?

— Soyez tranquille, nous le sauverons demain, s'il est vivant encore; maintenant, j'en réponds.

— C'est bien, répondit le gentilhomme. Marchez, je vous suis; je m'arrêterai là où vous me le direz, et je vous attendrai, à moins que vous m'appeliez vous-même.

— Merci, Boishardy. Maintenant retournons sur nos pas.

La distance que les chevaux avaient franchie était assez courte. Arrivés à deux cents pas environ de la maison, Marcof fit arrêter Boishardy près d'un mur qui l'abritait de son ombre. Puis, saisissant le bras de Keinec, tous deux s'avancèrent, profitant habilement de tout ce qui pouvait dissimuler leur marche.

— Écoute, dit le marin, les sans-culottes ont sans doute placé une ou deux sentinelles à la porte du cabaret. Il faut que ces sentinelles meurent sans pousser un cri. Laisse tes pistolets à ta ceinture. Assure-toi seulement que la chaîne qui retient ta hache à ton bras droit est solidement accrochée. Bien, c'est cela! Maintenant prends ce poignard.

Marcof tirant deux espèces de dagues corses de la poche de sa carmagnole en remit une à Keinec et garda l'autre.

— Encore une recommandation, continua-t-il. Ne frappe qu'à la gorge, mais frappe d'une main ferme et enfonce jusqu'au manche. L'homme qui meurt ainsi tombe sans pousser un soupir. Tu m'as bien compris?

— Parfaitement! répondit Keinec.

— Rappelle-toi que si Yvonne est à Nantes, Carfor, mieux que personne, peut nous en donner des nouvelles; car il sait tout ce qui se passe dans la ville. Il faut donc que nous le prenions vivant.

— Compte sur moi, Marcof! Ou je mourrai sous tes yeux ou nous aurons Carfor!

— Nous réussirons et tu ne mourras pas, car Dieu est juste, et c'est lui qui nous envoie ce misérable. Ils sont vingt qui l'accompagnent, dis-tu? ce serait folie que de vouloir lutter et livrer un combat en règle. Ce qu'il nous faut seulement, c'est Carfor; peu nous importent les autres! Donc il s'agit de pratiquer une trouée jusqu'à lui et de l'enlever de vive force. Une fois ce brigand entre nos mains, nous passerons sur ceux qui voudraient nous arrêter ou le défendre, et nous fuirons au plus vite. Convenons seulement que celui de nous deux qui atteindra le premier Carfor l'emportera, et que l'autre protégera sa sortie. C'est dit, n'est-ce pas?

— Oui.

— Alors séparons-nous et ne te laisse pas entraîner par l'ardeur de la lutte; ne frappe que ce qu'il faudra frapper.

Keinec fit un signe affirmatif, et s'apprêtait à pénétrer dans la cour, lorsque Marcof le retint encore par la main.

— Suis les bosquets à ta gauche, dit le marin, et s'il y a deux sentinelles, égorge le sans-culotte qui se trouvera le plus éloigné de la maison; je réponds de l'autre. Seulement ne t'élance qu'au moment où tu m'entendras siffler doucement : ce sera le signal qui t'apprendra que je suis prêt, et il est essentiel que nous agissions ensemble ! Maintenant rappelle-toi les ruses des Indiens d'Amérique, avec lesquels nous avons combattu; profite des moindres accidents, de l'épaisseur du brouillard, et ne frappe qu'à coup sûr, car de ce premier coup dépend peut-être notre sort et celui de ceux que nous voulons sauver. Donne-moi la main, et songe à Yvonne !

Les deux hommes s'étreignirent les mains en silence, et se quittèrent pour pénétrer dans la cour. Keinec appuya sur la gauche et Marcof gagna le côté droit, puis les ténèbres les séparèrent.

Ainsi que l'avait supposé Marcof, Pinard avait laissé au dehors deux de ses compagnons avec ordre de veiller attentivement, dans la crainte que ceux qu'il voulait surprendre ne lui échappassent par un moyen qu'il ignorait. L'un des sans-culottes se promenait devant la porte du cabaret et sa silhouette se détachait nettement sur l'intérieur de la maison éclairé par les torches des soldats de la compagnie Marat. L'autre, placé à la hauteur des premiers bosquets, disparaissait au milieu de l'obscurité profonde.

Ces précautions prises, Pinard avait pénétré dans la maison à la tête du reste de ses hommes. Toujours persuadé que Marcof, Boishardy et Keinec n'avaient pas agi seuls, il s'attendait à trouver une résistance sérieuse, aussi n'avançait-il qu'avec une prudence calculée. Laissant la moitié de son monde au pied de l'escalier dans la pièce où se trouvait le comptoir, il fit allumer des torches et des flambeaux qui étaient symétriquement rangés sur une planche voisine, puis il tourna le bouton de la porte donnant dans la salle commune, celle-là même où gisaient dans leur sang Brutus et ses collègues. Aucun être vivant ne se présenta aux yeux étonnés du sans-culotte. Fouillant scrupuleusement la vaste chambre, il s'assura qu'aucune autre issue que celle par laquelle il venait de pénétrer n'avait pu protéger la fuite des royalistes. Repoussant du pied les cadavres qui gênaient leur marche, Pinard et ses subordonnés examinèrent les fenêtres; toutes étaient fermées en dedans. Le sans-culotte vomit une suite d'énergiques jurons.

— Les gueux nous auront sentis! s'écria-t-il. Ils se sont sauvés comme des lâches!

Cette supposition, que le silence qui régnait dans l'auberge semblait justifier, fit éclater l'ardeur belliqueuse des sans-culottes que l'approche du danger avait menacé d'éteindre.

— Fouillons la cuisine! dit un des assistants.

Pinard laissa deux autres hommes dans la salle et gagna la cuisine située du côté opposé. Elle était également déserte et les fenêtres qui donnaient sur le jardin étaient fermées en dedans, comme celles de la salle.

— Ils sont au premier, peut-être! murmura Pinard. Allons! explorons la maison tout entière, mais surtout que l'on garde bien la porte d'en bas!

Et, toujours suivi des siens, il gravit les marches de l'escalier. Trois hommes étaient demeurés dans l'étroit couloir sur lequel ouvrait la porte. Ces trois hommes pouvaient facilement communiquer avec les deux sentinelles placées au dehors, bien que la nuit les empêchât de les distinguer. C'était donc, en somme, cinq obstacles vivants qu'allaient avoir à affronter Marcof et Keinec pour pénétrer seulement dans le cabaret.

Ces dispositions venaient d'être établies, et Pinard et ses amis atteignaient le premier étage au moment où les deux royalistes suivaient chacun l'un des côtés de la cour, toujours protégés par le brouillard qui redoublait d'intensité et par les treillages arrondis des bosquets placés sur deux lignes parallèles.

Keinec se glissait avec une précaution infinie, étouffant le bruit de ses pas, le poignard serré dans la main droite et l'œil ardemment fixé en avant. Marcof imitant la même marche, avançait pas à pas, le corps ramassé sur lui-même, les jarrets à demi pliés comme une bête fauve guettant la proie sur laquelle elle va bondir. Le marin se dirigeait vers la maison qu'il voulait atteindre pour s'élancer sur le sans-culotte dont il distinguait la forme malgré l'opacité des ténèbres, éclairée qu'elle était par les lumières brillant dans le corridor.

Bientôt il aperçut l'ombre de la première sentinelle se projetant presque à portée de son bras; celle-ci, d'après le plan arrêté, appartenait à Keinec, Marcof ne s'en préoccupa donc pas. Se courbant vers la terre, il se coucha doucement et se mit à ramper pour passer sans éveiller l'attention du patriote.

En ce moment un vacarme véritablement infernal éclata au premier étage du cabaret. C'était Pinard et ses compagnons qui, furieux de l'inutilité de leurs recherches, brisaient les meubles de maître Nicoud pour passer leur colère impuissante. Des cris, des blasphèmes, des imprécations ignobles retentissaient par les fenêtres enfoncées. Ce bruit subit fit tourner la tête au sans-culotte au pied duquel passait Marcof. Le marin profitant de l'heureux hasard qui le protégeait, s'élança rapidement et atteignit la maison; là il se blottit et attendit.

La seconde sentinelle, accomplissant sa promenade régulière était à l'extrémité de l'auberge, mais devait passer, en revenant, devant le royaliste accroupi. Marcof avait la main gauche appuyée sur la terre pour être à même de donner plus de puissance à son élan, et sa main droite, armée de la dague corse à la lame triangulaire, rapprochée de la poitrine.

Une minute se passa, minute terrible, pendant la durée de laquelle toutes les facultés du marin se concentrèrent sur un même point, se réunissant pour atteindre un seul but : la mort de celui qui approchait. Enfin, le sans-culotte tourna sur ses sabots et, longeant la maison, atteignit l'endroit où se tenait Marcof.

Les nerfs du marin se détendirent d'un seul coup, comme la corde d'une arbalète, et il s'élança d'un seul bond en lançant dans l'espace un sifflement aigu. La flèche d'un archer ne serait pas arrivée plus rapide que la lame acérée du poignard de Marcof au cou de la sentinelle, qu'elle traversa de part en part. Le sans-culotte, littéralement égorgé, roula sur le sable sans exhaler une seule plainte. A peine Marcof se redressait-il, que Keinec était devant lui.

— C'est fait, dit simplement le jeune homme en montrant son poignard ensanglanté.

— Bien, mon gars ! Maintenant, le plus difficile reste à faire, mais nous le ferons ! Suis-moi ; seulement, si tu te trouves avant moi en face du berger, étends-le d'un coup de poing mais ne frappe pas trop fort ; il ne faut pas l'assommer.

— Je tâcherai.

— Viens.

Et Marcof entra résolument dans l'auberge. Un épouvantable tumulte y régnait du rez-de-chaussée aux combles. Les sans-culottes, ne désespérant pas encore du résultat de leur expédition, en dépit de leurs premières et infructueuses recherches, s'étaient éparpillés dans la maison et la sondaient de la cave au grenier. En arrivant près de l'escalier, Marcof se trouva face à face avec l'un de ceux que Pinard avait laissés dans le couloir donnant accès dans la salle commune.

— Où est Pinard ? demanda-t-il brusquement.

— Il cherche des aristocrates, répondit le patriote nantais qui, en voyant le costume déchiré et ensanglanté du marin, n'eut pas le moindre soupçon et le prit pour un des siens.

— Est-il en haut, en bas, dans la cour ?

— Est-ce que je le sais ?

— Tonnerre ! sais-tu que j'ai un ordre de Carrier à lui remettre, et que cet ordre ne permet aucun retard ?

— Attends, alors, je vais l'appeler.

Et le sans-culotte, enflant la voix, cria à tue-tête :

— Ohé, Pinard ! ohé, Pinard ! on vient te chercher de la part de Carrier !

— Qui cela ? répondit Pinard, dont la voix partit de l'étage supérieur.

— Je n'en sais rien.

— Eh bien, dis que l'on monte !

— Monte ! répéta le sans-culotte.

Marcof passa devant le soldat de la compagnie Marat et, suivi de Keinec, il s'élança sur les marches de l'escalier avec une énergie que décuplait l'imminence du danger. Tous deux eurent soin de baisser la tête afin que Carfor ne pût reconnaître de loin les traits de leur visage, car le digne patriote se penchait sur la rampe pour examiner les nouveaux venus.

Le lieutenant de Carrier était sur le palier du premier étage entouré de trois sans-culottes portant des flambeaux. Marcof, en arrivant au sommet de l'escalier, redressa sa tête menaçante qui se trouva tout à coup éclairée par le jeu des lumières. Carfor poussa un cri.

— Les aristocrates ! les...

Il n'eut pas le temps d'achever. Le marin s'était élancé sur lui. Mais Pinard, se jetant en arrière, se retrancha derrière un sans-culotte. Marcof, frappant dans le vide, fut entraîné par la force du coup qu'il portait. Il trébucha, chancela et tomba sur ses genoux ; un sans-culotte leva son sabre sur lui ; peut-être c'en était-il fait du frère de Philippe de Loc-Ronan, lorsque Keinec, saisissant entre ses mains de fer l'homme qui allait frapper, l'enleva et le jeta par-dessus la rampe de l'escalier. Puis, renversant un second du revers de sa hache, il asséna à Carfor un de ces énergiques coups de poing comme les matelots savent seuls en donner, un coup de poing à assommer un cheval, à renverser une cloison. Pinard le reçut en plein visage. Le sang jaillit du nez, de la bouche et des yeux, et le misérable roula sans connaissance.

Pendant ce temps, Marcof s'était relevé et terrassait

le troisième combattant auquel il ouvrait la poitrine d'un coup de poignard. Keinec avait saisi Carfor dans ses bras et le chargeait sur ses épaules.

— Viens! hâtons-nous! s'écria Marcof en s'élançant en avant.

Mais le bruit de la lutte, si courte qu'elle eût été, avait donné l'éveil aux autres sans-culottes. Les premières marches de l'escalier et la porte de sortie se trouvaient obstruées par huit ou dix hommes. Marcof brandit sa hache et sauta tête baissée, toujours suivi par le brave gars qui étreignait à l'étouffer le corps inanimé de l'ancien berger de Penmarckh. Les sans-culottes les reçurent la baïonnette et la pique en avant, appelant à leur aide leurs autres compagnons, qui accoururent de tous côtés. Marcof tomba au milieu d'un cercle pressé d'ennemis menaçants.

XIX

BOISHARDY, EN AVANT!

A l'aide d'un moulinet terrible, le marin opéra une première trouée dans la masse, et dégagea le couloir. Les sans-culottes, surpris à l'improviste, n'avaient pas eu le temps de se servir de leurs armes à feu. D'ailleurs l'espace manquait pour manier un fusil, et aucun d'entre ceux qui se trouvaient là n'avait, par bonheur, de pistolets chargés. Cette double circonstance, la dernière surtout, était un puissant auxiliaire.

Marcof avait abattu trois hommes en trois coups de hache donnés avec une rapidité qui tenait du miracle. Les autres reculèrent par un mouvement de terreur assez compréhensible, en face de ce fer sanglant qui les menaçait. Le marin profita du vide laissé devant la porte. Il poussa Keinec devant lui, et, se retournant, il fit face seul aux sans-culottes qui accouraient de toutes parts.

L'endroit dans lequel se passait cette scène était, nous le répétons, un corridor fort peu large, servant jadis de premier vestibule, et dont la porte donnait sur la cour. Une fois Keinec en dehors de la maison, Marcof voulait lui donner le temps d'emporter Pinard, et de gagner sans être inquiété l'endroit où se tenait Boishardy avec les chevaux. Le jeune homme, comprenant l'intention de son chef, s'élança de toute la vitesse de ses jambes en dépit du lourd fardeau qu'il portait sur ses épaules.

Marcof s'opposa donc comme une digue à la fureur des sans-culottes, et, se plaçant sur le seuil de la porte, il se tint terrible et menaçant, sa hache d'une main son poignard de l'autre. Les fenêtres de la salle donnant sur la cour étaient grillées, aucune autre issue ne faisait communiquer la maison avec l'escalier : il fallait donc passer sur le corps du royaliste pour poursuivre celui qui venait d'enlever si audacieusement le lieutenant de Carrier.

Les membres de la compagnie Marat écumaient de rage. Deux défaites successives dans la même soirée portaient à son comble leur frénésie sanguinaire. D'une part, Brutus et ses amis tués, massacrés, et dont les cadavres fumaient encore ; de l'autre, leur chef fait prisonnier au milieu de ses soldats, sous leurs yeux, arraché pour ainsi dire de leurs mains, et en face d'eux un homme, un seul, dont l'arme terrible avait abattu déjà trois de leurs compagnons.

Un même cri de vengeance s'échappa de toutes les poitrines, et tous se précipitèrent pour écraser l'audacieux ennemi ; mais les ignobles assassins, habitués à voir trembler devant eux leurs victimes quotidiennes, ignoraient à quel effrayant adversaire il allaient s'adresser. Marcof rugissait comme le lion que les tigres viennent attaquer dans son antre. Ses prunelles flamboyaient ; ses lèvres ouvertes se contractaient en laissant à découvert ses dents serrées ; sa physionomie avait revêtu une expression saisissante ; tout son être, enfin, frémissait d'une ardeur sauvage. Marcof, ainsi, était admirable à contempler.

Un délire épouvantable s'était emparé de son cerveau sous les vociférations de ceux qui le menaçaient ; il ne voyait plus, il n'entendait plus, il n'avait plus qu'un but, qu'une volonté : tuer encore, tuer toujours ! C'était la passion du carnage dans toute sa farouche poésie. Sa fureur, excitée par les crimes sans nom auxquels il avait assisté depuis plusieurs heures, sa fureur, un moment assouvie par les meurtres de Brutus et de ses compagnons, s'était réveillée subitement, plus puissante encore, et centuplait ses forces herculéennes.

Marcof avait oublié et la noble mission qui l'avait conduit à Nantes, et ses amis qu'il allait perdre peut-être par sa folle témérité ; ce n'était plus le frère du marquis de Loc-Ronan, voulant arracher une victime au couteau révolutionnaire, ce n'était plus le chouan dévoué à la cause royale, c'était le démon de la vengeance en face de ceux qu'il devait punir. Sa hache, maniée avec une adresse merveilleuse par ses doigts crispés, s'abaissait et se relevait pour s'abaisser encore plus rapide, frappant sans relâche dès qu'elle trouvait jour à tuer ou à blesser. Les étincelles jaillissaient de l'acier au contact du fer des piques, des lances et des sabres. Heureusement le manque d'espace obligeait les sans-culottes à ne combattre que deux de front ; mais les derniers rangs poussant les premiers, ceux-ci tombèrent, sans pouvoir reculer sous les coups du marin.

En l'espace de quelques secondes quatre autres sans-culottes roulèrent à ses pieds. Enfin deux coups de feu retentirent. Une balle effleura l'épaule de Marcof, l'autre arriva en plein sur le manche de sa hache, qu'elle brisa un peu au-dessous du fer. Le royaliste était désarmé, et les piques acérées menaçaient sa poitrine. Saisissant son poignard de la main gauche, sans reculer d'un pas, il écarta violemment les fers prêts à le frapper, et de la main droite, arrachant un pistolet passé à sa ceinture, il cassa la tête de celui qui le serrait de plus près. Cependant la position n'était plus tenable.

Marcof s'était bien emparé d'une pique, mais cette

arme, moins favorable que la hache pour attaquer et se défendre, ne lui permettrait pas de lutter longtemps.

Puis, malgré son énergie et sa force extraordinaire, son bras commençait à s'engourdir. Sa respiration haletante sifflait dans sa poitrine. Une sueur abondante l'aveuglait par moments.

Ivre de sang et de carnage, il frappait sans plus se soucier des coups qui lui étaient portés. Sa carmagnole pendait en lambeaux.

Par un hasard providentiel il n'était pas encore blessé ; mais il allait être écrasé par le nombre. Sept cadavres de ses adversaires lui servaient de rempart. Déjà ses genoux fléchissaient, un nuage de sang passa sur ses yeux. Il allait tomber en arrière lorsqu'il se sentit enlever de terre et jeter de côté par deux bras nerveux. Deux éclairs brillèrent au-dessus de sa tête, deux détonations retentirent simultanément, et deux sans-culottes roulèrent sur les dalles qui pavaient le corridor. Puis un fer de hache en abattit deux autres. C'était Boishardy qui, l'œil en feu, frappait à son tour.

Le gentilhomme, dévoré d'impatience, avait attendu néanmoins le retour de Keinec ; mais dès que le jeune Breton était arrivé, portant toujours Pinard inanimé sur ses épaules, le brave royaliste lui avait impérativement commandé de prendre sa place à la garde des chevaux, et s'était élancé au secours de son ami.

Il y avait une telle similitude de bravoure, d'audace, de force et d'adresse entre Marcof et Boishardy, que les sans-culottes, trompés encore par l'apparence de la taille et par l'aspect du costume, ne s'aperçurent pas tout d'abord de la substitution d'aversaire qui venait d'avoir lieu. Les plus hardis reculèrent devant cette nouvelle attaque impétueuse. Près de la moitié de la bande avait déjà succombé. Il étaient nombreux encore néanmoins ; mais une sorte de terreur panique s'empara d'eux en voyant Marcof qui se relevait et revenait plus terrible.

Ils crurent à l'arrivée subite d'une troupe entière de royalistes. Les misérables prirent la fuite par le verger.

Marcof bondit pour les poursuivre; mais Boishardy l'arrêta d'une main ferme. Sans mot dire, il l'entraîna dans la direction des chevaux. En ce moment Keinec, dévoré par la rage de l'inaction à laquelle Boishardy l'avait contraint, Keinec arrivait avec les chevaux. Pinard, pieds et poings liés, était couché en travers sur l'encolure de celui que montait son gardien. Marcof et Boishardy se mirent en selle, et partirent au galop. La rapidité de la course rafraîchit le sang du marin. Son cerveau se dégagea et il secoua la tête.

— Oh! j'en ai bien tué! furent ses premières paroles.

— Oui! répondit joyeusement le gentilhomme. La nuit a été bonne, et la compagnie Marat en garde mémoire! Vous n'êtes pas blessé, au moins?

— Je ne crois pas.

— A la bonne heure! Et toi, Keinec?

— Moi, répondit le Breton en fermant les poings, je n'ai rien fait! Marcof a agi seul.

— Ne dis pas cela, fit vivement le marin. Tu m'as encore une fois sauvé la vie, et c'est toi qui as pris Carfor.

— Et cette fois je ne le lâcherai pas.

— Tu auras raison, mon gars, dit Boishardy en souriant. Ah! s'il y avait seulement deux mille hommes comme nous trois dans l'armée royaliste, nous serions dans huit jours sous les murs de Paris, et les égorgeurs monteraient à leur tour sur l'échafaud qu'ils ont dressé pour le roi martyr.

— En attendant, nous voici loin de Nantes. Où allons-nous?

— A Saint-Etienne, répondit Marcof.

— Chez Kérouac, qui nous a donné ces déguisements.

— Oui.

— Mais il y a plus de six lieues de Nantes à Saint-Etienne.

— Qu'importe! Il faut mettre notre prisonnier dans un endroit où nous soyons certains qu'il soit bien gardé.

— C'est juste. Demain nous rentrerons dans la ville.

— Oui, et nous sauverons Philippe, car maintenant

je réponds du succès. Pinard est le bras droit de Carrier ; Pinard fait tout et sait tout à Nantes ; Pinard fouille les prisons à son gré, condamne ou absout suivant sa fantaisie ; Pinard nous donnera tous les renseignements nécessaires, et Pinard nous procurera les moyens d'enlever Philippe de cette caverne de bandits.

— S'il ne voulait pas parler?

— Lui? Il a essayé une fois de refuser de me répondre quand je voulais l'interroger. Demandez à Keinec si j'ai su lui délier la langue? Le scélérat doit encore porter les marques de ma colère ! Oh ! il parlera, cela ne m'inquiète pas !

Tandis que Marcof répondait ainsi aux questions du chef royaliste, Pinard était peu à peu revenu de l'étourdissement causé par le coup de poing du jeune Breton.

La situation était trop tendue et trop critique pour que la mémoire lui fît défaut et que la présence d'esprit ne lui revînt pas en même temps que la conscience de l'existence. Il entr'ouvrit les yeux, il vit au-dessus de sa tête le buste athlétique de Keinec, à sa droite et à sa gauche Marcof et Boishardy galopant rapidement, et, n'essayant pas de tenter un seul mouvement qui pût déceler qu'il eût repris connaissance, il demeura dans une immobilité complète, obéissant comme une masse inerte aux secousses que l'allure du cheval sur le cou duquel il était attaché donnait à son corps.

— Ah çà ! demanda tout à coup Boishardy en se retournant vers Marcof, lorsque vous aurez tiré de lui ce que nous en voulons, qu'est-ce que vous en ferez?

— Je ne sais encore, répondit le marin.

— Vous ne le tuerez donc pas comme un chien qu'il est?

Un léger frémissement agita convulsivement le corps du sans-culotte. Le misérable attendait avec une anxiété horrible la réponse de son ennemi, qui paraissait hésiter ; Pinard tenait à la vie.

— Cela dépendra de ses réponses, dit enfin Marcof.

XX

KÉROUAC

Un soupir de soulagement expira sur les lèvres du prisonnier. Les trois cavaliers, qui suivaient la levée du fleuve depuis Nantes, atteignaient en ce moment le petit bourg de Chantenay. Le brouillard s'était en partie dissipé, et la nuit, plus claire, permettait de distinguer la campagne environnante.

— Quittons la route, dit Boishardy; Chantenay est au pouvoir des bleus ; prenons par Saint-Herblain.

— Non, répondit Marcof; cela nous ferait faire un crochet inutile. Tournons seulement Chantenay et suivons la Loire jusqu'à Couéron; de là, nous gagnerons Saint-Etienne à travers les bruyères.

Boishardy fit un geste d'assentiment et s'élança sur la droite, coupant le pays du sud à l'ouest. Marcof et Keinec le suivirent. Les trois hommes continuèrent en silence leur course furieuse et eurent bientôt doublé les dernières maisons du petit bourg.

La situation de Pinard devenait de minute en minute plus intolérable et se métamorphosait graduellement en un véritable et atroce supplice. Couché sur l'encolure du cheval de Keinec, sa tête et ses bras pendaient d'un côté le long du poitrail, et de l'autre ses jambes ballottaient dans le vide. Sa poitrine se trouvant plus élevée que les extrémités, le sang ne circulait plus et menaçait de l'étouffer ou d'envahir complètement le cerveau. La figure du sans-culotte, ensanglantée déjà par le coup que lui avait porté le jeune homme avant de l'enlever de l'auberge, était devenue violacée et se décomposait rapidement. Les veines du cou, gonflées à éclater, apparaissaient en saillie comme des cordes. Un râle sourd s'échappait avec peine de sa gorge, menacée d'une strangulation prochaine. Pinard ferma les yeux et perdit de nouveau connaissance.

Les cavaliers avaient dépassé Couéron et atteint les

hautes bruyères dans lesquelles leurs chevaux enfonçaient jusqu'au poitrail. Ils galopaient toujours cependant.

Bientôt les maisons de Saint-Étienne se détachèrent sur les nuages gris qui couraient au-dessus de leurs têtes, et, quittant les landes de bruyères, ils entrèrent dans la petite ville, qui paraissait plongée dans un profond sommeil. Ils tournèrent les premières maisons sans ralentir leur allure; puis, mettant brusquement leurs chevaux au pas, ils s'avancèrent vers une ruelle étroite dans laquelle l'obscurité semblait plus profonde encore.

Marcof sauta à terre et heurta doucement à une porte située au rez-de-chaussée d'une humble maison ayant toute l'apparence d'une modeste ferme bretonne. On veillait sans doute à l'intérieur, malgré l'heure avancée de la nuit, car la porte s'ouvrit aussitôt. Un vieillard, tenant à la main un flambeau, parut sur le seuil. En apercevant le marin et ses compagnons, sa physionomie exprima la joie la plus vive.

— Vous avez donc réussi? dit-il.

— Pas précisément, répondit Marcof; mais nous avons bon espoir, mon brave Kérouac.

— Grand Dieu! s'écria le vieillard en remarquant le désordre des vêtements des trois cavaliers et le sang dont ils étaient couverts; grand Dieu! seriez-vous blessés?

— Non pas, tonnerre!

— Vous vous êtes battus cependant?

— Et vigoureusement, je te le jure! Mais entrons vite; nous te raconterons la chose en détail. Pour le moment il s'agit de transporter chez toi le prisonnier.

— Un prisonnier!

— Fait à Nantes cette nuit même.

— Qui donc?

— Pinard.

— Le lieutenant de Carrier?

— En personne!

12

— Oh! fit le vieillard dont les yeux étincelèrent. Merci de l'avoir amené vivant! Je pourrai le tuer de ma main comme ils ont tué mon frère et ma fille!

— Peut-être ne te refuserai-je pas cette consolation.

— Entrez vite, messieurs! dit Kérouac en s'effaçant pour laisser passer Marcof, Boishardy et Keinec qui portait toujours le corps inanimé du sans-culotte. Entrez vite; j'aurai soin des chevaux.

Les trois hommes pénétrèrent dans la maison. Arrivé dans la première pièce, Keinec allait jeter Pinard sur un siège, lorsque Marcof l'arrêta.

— Pas ici, dit-il.

— Au cellier, n'est-ce pas? fit Boishardy.

— Oui.

Et Marcof, prenant une lumière, conduisit ses compagnons vers l'entrée de l'escalier qui descendait dans les fondations de la maison.

— L'endroit dans lequel ils se trouvaient était une ancienne ferme, dévastée deux fois déjà par les bleus. Le cellier, où l'on déposait autrefois les provisions, était vide et désert. D'énormes crocs scellés dans la muraille montraient leurs pointes acérées, veuves des quartiers de viande salée et des jambons fumés qui y étaient appendus jadis en prévision de l'hiver.

— Jette-le là, dit Marcof à Keinec en désignant le sol de la cave. Maintenant prends des cordes, attache-lui les mains derrière le dos, et lie-le solidement au croc le moins élevé.

Keinec s'empressa d'obéir.

— Ah! fit-il en serrant les deux mains déjà liées du misérable, Carfor a conservé la trace de notre visite à la baie des Trépassés, ses pouces sont rongés. Nous ne pourrons plus employer le même moyen pour le faire parler.

— Nous en trouverons d'autres, mon gars, répondit Boishardy.

En ce moment Kérouac entra dans le cellier

— Laissez-moi voir la figure de ce tigre, dit-il en

écartant Keinec et en plaçant en pleine lumière le visage de Pinard.

Les paupières du sans-culotte firent un mouvement qui n'échappa pas à Marcof.

— Le drôle revient à lui, dit-il.

— Oh! continuait le vieillard, c'est donc cet homme qui a fait mourir ma fille; c'est lui qui a donné l'ordre de frapper mon frère!

Et ses regards dévoraient pour ainsi dire toute la personne de l'ancien berger de Penmarckh. Marcof vit l'émotion profonde qui se peignait sur la physionomie de Kérouac. Il craignit une scène qui eût retardé l'exécution de son plan.

— Kérouac, dit-il doucement, laisse-nous, mon vieil ami; personne ne veille en haut, et il est urgent, par le temps qui court, que nous soyons avertis des moindres événements du dehors.

Le vieillard hésita.

— Vous ne le tuerez pas sans moi? demanda-t-il avec anxiété.

— Non.

— Tu me le promets

— Je te le jure.

— Alors je vais veiller.

Et Kérouac remonta lentement les degrés de l'escalier qui conduisait à la pièce supérieure. Le vieillard avait déjà disparu que l'on entendait encore ses sanglots.

— Pauvre homme! dit Boishardy, on lui a massacré son enfant?

— Oui, répondit le marin, les bleus sont venus ici; ils ont emmené sa fille et son frère à Nantes. L'une a servi de jouet aux orgies de Carrier et est morte de faim et de douleur dans les prisons. L'autre a été guillotiné. Kérouac était à Nantes ce jour même, et il a vu rouler la tête de son frère en même temps qu'un geôlier compatissant lui apprenait qu'il avait perdu sa fille.

— Les monstres! murmura le gentilhomme.

Puis désignant Pinard :

— Celui-là payera pour tous! ajouta-t-il.

— Celui-là, répondit Marcof, celui-là nous procurera les moyens de satisfaire notre vengeance et d'arriver à notre but. Il nous aidera à frapper Carrier et à délivrer Philippe, ou, sur mon salut éternel, je le jure, il souffrira toutes les tortures de l'enfer. Allons, Keinec, il est temps d'agir. Tire ton poignard et pique ce misérable jusqu'à ce qu'il soit revenu complètement à lui.

Keinec appuya la lame aiguë de son arme contre le bras de Pinard, et enfonça graduellement. Le sans-culotte poussa un cri de douleur.

— Le voilà réveillé! dit froidement le marin.

— Oui, répondit Carfor en se redressant, oui, je t'entends et je te vois, Marcof; mais sache bien que si je suis en ta puissance, ma volonté est plus forte que la tienne. Tu me tueras, cette fois, je ne dirai rien. J'ai subi déjà les tortures que tu m'as infligées; mais aujourd'hui mon âme saura braver la douleur et sera plus puissante que mon corps!

— Je crois que le bandit parle de son âme! fit Marcof en riant. Il nous défie; eh bien! nous allons voir.

Et s'adressant à Keinec :

— Va nous chercher, dit-il, un réchaud de charbon et un morceau de fer.

Keinec sortit vivement.

— Qu'allez-vous faire? demanda Boishardy.

— Employer un procédé fort simple que j'emprunte aux Indiens de Ceylan pour faire obéir les éléphants.

— Et quel est ce procédé?

— Il consiste, à l'aide d'une forte brûlure, à entretenir une plaie vive sur le cou de l'animal; c'est dans le milieu de cette plaie que l'on enfonce la lame qui sert d'éperon. Le moyen est d'autant meilleur qu'il n'altère nullement la santé ni les forces, et que la douleur est insurmontable.

Boishardy fit un geste de dégoût. Marcof haussa les épaules.

— Nous n'avons pas le choix des moyens, dit-il; il

faut que cet homme vive et qu'il parle, qu'il parle promptement surtout.

— Et vous croyez qu'il parlera?

— Vous allez voir par vous-même.

Keinec rentrait, portant un réchaud de charbons enflammés et une plaque de tôle d'une petite dimension, surmontée d'une tige de fer qui lui servait de manche.

— Boishardy, veuillez faire chauffer à blanc la plaque, dit tranquillement Marcof; nous, pendant ce temps, nous préparerons le prisonnier.

Le gentilhomme s'approcha du réchaud, activa, en soufflant dessus de toute la force de ses poumons, l'incandescence des combustibles, et présenta, en la tenant par le manche, la petite plaque de tôle aux charbons étincelants. Marcof et Keinec avaient délié les bras du prisonnier, et lui enlevèrent sa carmagnole d'abord, puis sa veste et sa chemise; cela fait, Marcof étendit le corps de Pinard sur la terre, la face tournée vers le sol, et lui rattachant les bras au-dessus des poignets, il fixa solidement l'extrémité de la corde aux barreaux de fer d'un soupirail voisin, tandis que Keinec, suivant le même procédé, agissait en sens contraire à l'égard des jambes du sans-culotte. Pinard, ainsi garrotté, était dans l'impossibilité de tenter un seul mouvement. Il ne poussa ni un cri ni une plainte, et une résolution farouche se lisait sur son front légèrement relevé.

— La tôle est-elle chaude? demanda froidement Marcof.

— Oui, répondit Boishardy qui avait pris, dans un coin, de fortes pinces à l'aide desquelles il soutenait le morceau de fer.

— Donnez-moi cela alors! dit le marin.

Boishardy passa les pinces à son compagnon. Sur la tôle rougie à blanc on voyait des myriades d'étoiles qui semblaient la parcourir dans tous les sens, s'éteignant aussi rapidement qu'elles apparaissaient scintillantes. Marcof secoua la tête en signe de satisfaction et revint vers Pinard.

XXI

LE DÉLÉGUÉ DU COMITÉ DE SALUT PUBLIC

A l'heure même où Marcof, Boishardy et Keinec, enfermés avec Pinard dans le cellier de la petite ferme de Saint-Étienne, s'apprêtaient à employer les moyens les plus extrêmes pour contraindre Carfor à les servir dans l'exécution de leurs projets, et lui faire révéler ce qu'il était essentiel qu'ils sussent, des événements nouveaux et importants avaient lieu à Nantes.

Ce soir-là, comme cela était sa coutume chaque soir depuis son avènement au pouvoir proconsulaire, le sensuel représentant de la Convention donnait à souper aux patriotes purs qui lui servaient de courtisans assidus. Carrier avait un grand faible pour la bonne chère et les réunions bruyantes, et il ne s'en privait pas.

Le citoyen Fougueray, délégué du Comité de salut public de Paris, était tout naturellement au nombre des invités.

Deux heures et demie du matin venaient de sonner, et l'orgie était dans tout son éclat. Diégo seul conservait son sang-froid. Placé à côté d'Hermosa, il échangeait à voix basse avec son ancienne maîtresse des paroles en apparence frivoles, mais, en réalité, des plus sérieuses, car tous deux discutaient à propos de Philippe de Loc-Ronan, et surtout à propos de l'immense fortune de Julie, fortune dont la courtisane ne paraissait nullement disposée à abandonner sa part.

Les deux associés, séparés aux yeux de tous par les événements, mais qui, cependant, n'avaient jamais cessé de s'entendre, étaient en quête d'un adroit moyen de tromper Carrier et Pinard, et de garder pour eux seuls le butin dont Diégo avait déjà promis deux portions assez considérables.

— Sois tranquille, disait l'Italien ; tu me connais et tu peux t'en rapporter à moi. Ces deux hommes sont des machines dont je me sers, des rouages nécessaires pour faire marcher l'œuvre; mais une fois nos efforts couronnés de succès, je briserai les rouages ou je les jetterai de côté. Pinard n'est qu'une bête féroce, possédant l'instinct du crime sans profit; il n'est pas de ma force. J'ai l'air de le trouver cousu de ruses et confit de précautions, pour mieux lui donner confiance dans sa propre imagination, mais au demeurant, je m'en moque comme de ceci !

Et Diégo lança sur la table un grain de raisin sec qu'il faisait danser dans la paume de sa main.

— Et Carrier? dit Hermosa.

— Celui-là, c'est différent : il est plus difficile à jouer, et il est à craindre, car il n'a pas l'habitude d'hésiter devant les moyens violents, mais il ne m'inquiète guère non plus : il a tant de vices, qu'il offre prise aux gens véritablement habiles. D'ailleurs, s'il le faisait, j'emploierais les pouvoirs que ce niais de Pinard a si bien confectionnnés. Avant qu'on en ait reconnu la fausseté, j'aurais dix fois le temps de casser la tête au proconsul et de mettre Nantes sens dessus dessous. C'est même peut-être là une idée à laquelle j'aurais dû songer plus tôt. Ce serait réjouissant de se servir contre Pinard de son propre ouvrage, et de le faire guillotiner en vertu des ordres qu'il aurait falsifiés lui-même. Qu'en penses-tu?

— Je pense qu'il nous faut d'abord pour nous seuls la fortune de la marquise.

— Mon Dieu ! tu déviens d'un matérialisme épouvantable ! Tu ne penses qu'à l'argent ! tu n'as plus de poésie !

— J'aurai de la poésie à mon heure, quand j'aurai les millions.

— Eh bien, ma belle, encore une fois, sois tranquille, mon plan est fait, et nous ne partagerons rien. Seulement, sois plus aimable que jamais avec Carrier. Sur ce, il est tard, je suis fatigué, cette ignoble société me dégoûte, je quitte la compagnie. On ne respire pas ici, et j'ai besoin d'air. Adieu ! demain je te dirai ce que j'aurai fait, car demain, bien certainement, j'aurai joué la seconde manche de cette partie décisive, et peut-être bien que le soir venu nous fuirons ensemble.

Les deux complices se pressèrent mystérieusement les mains, et Diégo, se levant de table, repoussa sa chaise et quitta la chambre au milieu des cris, des chants et des vociférations des convives, dont les trois quarts menaçaient de rouler bientôt sous la table. L'Italien traversa le salon et descendit les degrés de l'escalier qui conduisait dans le vestibule. De là il atteignit la cour qu'il allait traverser pour gagner la rue, lorsqu'un tumulte effroyable, partant de l'intérieur du corps-de-garde, l'arrêta brusquement dans sa marche. Il s'avança vivement pour connaître la cause de ce bruit inattendu.

Ce corps-de-garde, habitation ordinaire des sans-culottes de la compagnie Marat, était une vaste pièce oblongue, meublée, comme le sont toutes celles servant au même usage, d'un énorme poêle, de chaises de paille, de lits de camp et de rateliers pour les fusils; mais les murailles, peintes à la chaux et noircies par la fumée, rappelaient à profusion la destination particulière qui lui était réservée. L'image du patron sous l'invocation duquel s'était placée la trop fameuse compagnie abondait sur toutes les faces du poste. Ici c'était une peinture grossière représentant l'ami du peuple frappé dans son bain par Charlotte Corday, et accompagnée de cette inscription :

« NE POUVANT LE CORROMPRE ILS L'ONT ASSASSINÉ. »

Plus loin, c'était un buste voilé d'un crêpe funèbre et couronné d'immortelles, avec ce couplet tracé sur la muraille :

Marat, du peuple vengeur,
De nos droits la ferme colonne,
De l'égalité défenseur,
Ta mort a fait couler nos pleurs,
Des vertus reçois là couronne;
Ton temple sera dans nos cœurs!
Mourir pour la patrie,
C'est le sort le plus beau, le plus digne d'envie.

De l'autre côté de ce couplet, on voyait écrit en lettres énormes :

> Pleure, mais souviens-toi qu'il doit être vengé.
> Ennemis de la patrie, modérez votre joie ;
> Il aura des vengeurs !

De tous côtés l'œil ne rencontrait que médailles en plâtre et en ivoire, représentant, les unes Marat, les autres Chalier et Lepelletier, avec cet exergue :

MARTYR DE LA LIBERTÉ !

Enfin une énorme affiche, qui, quelque temps avant, avait couvert les murs de Paris, cachait presque entièrement un côté de la muraille. Cette affiche était ainsi conçue :

LEPELLETIER.

> Pour avoir assassiné le brigand, il fut assassiné
> Par un brigand.

BRUTUS.

> Le vrai défenseur des lois républicaines
> Et l'ennemi juré des rois.

MARAT.

> Le véritable ami du peuple,
> Fut assassiné par les ennemis du peuple.

Au-dessus de cette affiche pendait le drapeau national ; au-dessous on lisait ce quatrain :

> Peuple, Marat est mort ; l'amant de la patrie,
> Ton ami, ton soutien, l'espoir de l'affligé,
> Est tombé sous les coups d'une horde flétrie,
> Pleure, mais souviens-toi qu'il doit être vengé !

Puis ces inscriptions placées et répétées partout :

« *Vive la République ! Vive la Montagne ! Vivent à jamais les sans-culottes !* »

Et bon nombre d'affiches, d'arrêtés et décrets, de

motions, parmi lesquels on distinguait un placard portant cet en-tête :

« *Boussole des patriotes pour les diriger sur la mer du civisme, imitée de Marie-Joseph Chalier, mort à Lyon.* »

C'était une longue liste de ce que Nantes renfermait de gens riches et de cœurs honnêtes, et qui, tous, devaient être envoyés à la guillotine ! Comme on le voit, ce lieu, dont la description est de la plus rigoureuse exactitude, était bien digne de ceux qui l'habitaient.

Au moment où Diégo y pénétra, un grand tumulte régnait dans le corps-de-garde. Une trentaine de sans-culottes entouraient un malheureux et étaient en train de le pousser dans la rue pour le pendre à la corde de la lanterne qui éclairait l'entrée de la demeure du proconsul. L'homme menacé d'un genre de supplice qui était alors de mode pour les petits coupables et le menu des aristocrates, n'était autre que maître Nicoud.

Voici ce qui s'était passé : On se rappelle que Pinard avait donné l'ordre au cabaretier d'entrer dans le poste et d'y attendre son retour, sous peine de se voir incarcérer. Or, être incarcéré signifiait tout simplement être guillotiné, fusillé ou noyé. Donc maître Nicoud s'était empressé d'obéir, et le malheureux avait une telle confiance dans les promesses du lieutenant, qu'il ne se serait pas avisé de bouger de place, se fût-il agi de tout l'or des mines du Pérou. (La Californie, et l'Australie n'ayant pas encore été inventées en l'an de grâce 1793).

Nicoud connaissait presque tous les sans-culottes, qui étaient devenus ses pratiques quotidiennes depuis les noyades, le cabaret étant situé à proximité du fleuve, et l'opération attirant fort en cet endroit messieurs de la compagnie Marat. Maître Nicoud avait donc passé les deux premières heures assez agréablement, causant, riant, plaisantant, et se prêtant aux bons mots d'un goût assez équivoque que ses clients se permettaient assez familièrement à son endroit.

On sait, pendant ce temps, ce qui s'accomplissait

dans la maison du quai de la Loire. Après l'enlèvement de Pinard, et la boucherie que les royalistes avaient faite des sans-culottes, les sept ou huit survivants avaient pris la fuite en se dispersant dans le verger. Le premier moment de terreur passé, la honte d'avoir été battus par deux hommes, ou plutôt par un seul homme, car Marcof avait lutté presque seul; la honte, disons-nous, rallia les fuyards. D'un commun accord ils revinrent à la charge. Mais ils ne trouvèrent plus d'ennemis, et, grâce à la précaution qu'avait prise Keinec d'envelopper de foin les sabots des chevaux, ils ne purent même pas découvrir la direction par laquelle s'étaient élancés les royalistes. Ils parcoururent en vain la maison, jurant, sacrant, maudissant, sans même se soucier de porter secours aux blessés qui criaient et aux mourants qui râlaient. Enfin, bien convaincus qu'ils ne pouvaient venger leur défaite, les misérables se réunirent pour tenir conseil.

Que fallait-il faire? était la grande question que l'on se renvoyait de bouche en bouche. La position en effet était difficile.

Ils ne pouvaient se dissimuler que, de toute façon, il fallait en arriver à prévenir Carrier. De plus, il était fort évident que le proconsul ferait massacrer sans pitié celui ou ceux qui lui annonceraient la triste nouvelle que trois royalistes avaient tué plus de vingt sans-culottes, avaient enlevé son lieutenant, et n'avaient pas reçu la moindre égratignure. La délibération fut bruyante. Enfin, l'on arrêta, faute d'une décision meilleure, qu'il fallait de toute nécessité aller rendre compte à Carrier de ce qui s'était passé, et l'avertir de la disparition de Pinard. En conséquence, les sans-culottes se mirent en route, décidés à se présenter en corps et ayant l'intention de faire monter avec eux une partie de ceux de leurs compagnons qu'ils trouveraient au poste de la maison du proconsul. C'était l'exécution de ce projet arrêté qui avait mis le malheureux Nicoud dans la position où nous l'avons laissé.

Lorsqu'en entrant dans le corps-de-garde, les patriotes trouvèrent le cabaretier dans l'auberge duquel vingt des leurs venaient d'être massacrés, ils l'avaient accusé de complicité avec les royalistes. Nicoud avait voulu protester, et il essaya même d'un discours destiné à prouver la blancheur de sa conscience et son innocence de toute participation aux crimes qui venaient d'être commis ; mais on avait étouffé ses paroles sous des vociférations effrayantes. Les cris de : « A mort le traitre ! A la lanterne l'aristocrate ! » retentirent de toutes parts.

Les sans-culottes songeaient qu'en sacrifiant Nicoud, ils auraient une sorte de vengeance à présenter à Carrier, et ils avaient résolu de pendre le malheureux cabaretier avant d'affronter la colère du maître. L'aubergiste se débattait sous les poignets de fer qui le poussaient au dehors, protestant plus que jamais et essayant en vain d'attendrir ses bourreaux. C'étaient ces cris, ce bruit, ces débats qui avaient provoqué le vacarme dont le citoyen Fougueray s'était ému en traversant la cour de la maison du proconsul.

Le tumulte était si grand, que personne ne prit garde au délégué du Comité de salut public lorsqu'il pénétra dans le poste ; mais en sa qualité d'envoyé de Paris, Diégo crut de son devoir, afin de mieux jouer le rôle qu'il avait pris, d'intervenir et de demander la cause de cette exécution nocturne, et de ce scandale qui mettait en émoi tous les bons citoyens.

Maître Nicoud le prit tout au moins pour un ange libérateur, et se précipita à ses pieds, laissant une partie de ses vêtements entre les mains de ceux qui le retenaient. Les sans-culottes interrogés expliquèrent rapidement au citoyen délégué les raisons qu'ils avaient pour pendre l'aubergiste. En entendant raconter les événements de la nuit, Diégo pâlit horriblement. Il comprenait qu'un seul homme, à sa connaissance, avait assez d'audace pour tenter un tel coup, et assez de courage pour l'exécuter. Il ne douta pas un seul instant que le royaliste dont on lui parlait ne fût Marcof.

Marcof à Nantes ! Il y avait bien là en effet de quoi faire pâlir l'ancien bandit calabrais. Aussi demeura-t-il tout d'abord pétrifié et anéanti. Mais sa conception si vive lui démontra rapidement qu'il ne fallait pas se laisser entraîner par le découragement.

— Prévenons Carrier, dit-il ; et pendez toujours cet homme ; cela ne peut pas nuire, quoiqu'il soit évident qu'il ne sache rien.

Ces mots n'étaient pas achevés que Nicoud, enlevé de terre, poussé, battu, déchiré, fut jeté au milieu de la rue, puis la lanterne tomba, la corde fut enroulée autour du cou du malheureux, et un hourra retentit dans la foule. Le corps de l'aubergiste se balançait au-dessus de la tête des sans-culottes.

— Cela vous servira d'introduction auprès de Carrier, fit observer tranquillement Fougueray.

En effet, le bruit extérieur avait attiré l'attention du proconsul, et un aide-de-camp en sabots et en épaulettes de laine accourut pour en connaître la cause. Tous les sans-culottes voulurent parler ensemble. Fougueray les interrompit et leur imposa silence.

— Je vais prévenir le citoyen représentant, dit-il. Tenez-vous prêts à recevoir ses ordres.

Comme l'intention qu'exprimait Fougueray satisfaisait les sans-culottes qui, de cette façon, n'allaient plus se trouver en face de la première colère du proconsul, personne n'éleva la voix pour émettre un autre avis. Le citoyen délégué, c'est ainsi qu'on appelait l'Italien, gravit précipitamment le premier étage de l'escalier, et entra dans le salon où nous avons déjà introduit nos lecteurs. Il alla droit à Carrier qui causait devant la cheminée avec Angélique et Hermosa.

— J'ai à te parler, lui dit-il.

— D'affaires ? demanda le proconsul.

— Oui.

— Au diable, alors ! j'ai fermé boutique pour aujourd'hui. A demain matin.

— Non pas !

— Je te répète que je ne t'écouterai pas.

Puis se penchant à l'oreille de Carrier, Fougueray ajouta :

— Les chouans ont pénétré dans Nantes cette nuit même.

Carrier devint blanc comme un linceul. Le misérable lâche frissonna de tous ses membres. Son œil vitreux exprima une terreur invincible.

— Bien vrai? fit-il d'une voix suppliante, comme s'il eût espéré que Diégo allait se rétracter, après avoir essayé d'une plaisanterie.

— Certes, cela est vrai ! répondit vivement Fougueray.

— Ils ont attaqué la ville ?

— Non.

— Qu'ont-ils fait alors ?

— Ils ont tué plus de vingt hommes de la compagnie Marat! Mais viens dans ton cabinet, je te dirai tout. Il est urgent de prendre des mesures vigoureuses pour rattraper les brigands, ou, s'ils sont hors de Nantes, les empêcher d'y rentrer. Viens, te dis-je ; nous aviserons.

Carrier, quittant les deux femmes, se laissa entraîner ; Fougueray raconta tout ce qu'il venait d'apprendre.

— Il est impossible qu'un homme ait fait cela! dit Carrier en entendant son interlocuteur lui faire part des exploits de Marcof.

— Malheureusement, la chose est exacte.

— Impossible! te dis-je.

— Pourquoi?

— Il n'y a pas de créature au monde capable de tant de force et de hardiesse.

— Je te certifie pourtant qu'il existe un homme capable de tout cela, et cet homme, je le connais.

— Et c'est lui qui a accompli ce que tu viens de me dire? C'est lui qui a tué seul près de vingt sans-culottes ?

— Lui, aidé de deux autres.

— Quel est son nom?

— Marcof le Malouin.

— Marcof le Malouin ? Marcof qui a attaqué le convoi des prisonniers venant de Saint-Nazaire ?

— Lui-même.

— Et les deux hommes qui accompagnaient ?

— J'ignore qui ils sont.

— Que devons-nous faire pour nous emparer de ces brigands ?

— Mettre toute la police sur pied ; donner le signalement de Marcof ; je vais l'écrire. Fouiller Nantes jusque dans les moindres cachettes de ses plus humbles demeures ; faire donner l'ordre de veiller attentivement aux portes de la ville, arrêter tous ceux qui inspireraient le plus léger doute. En un mot, redoubler d'attention et de rigueur.

— C'est facile, répondit Carrier ; je vais faire faire des arrestations sur une grande échelle ; par exemple, il faudra nous hâter de vider les prisons, augmenter le nombre des baignades et des mitraillades, car du diable si je sais où fourrer un prisonnier. Les dépôts regorgent ! Enfin, n'importe ! on trouvera un moyen ! Je vais faire arrêter, arrêter quand même, arrêter en masse, arrêter sans trêve, sans relâche, et on exécutera tous ces brigands ! Dans le nombre, nous aurons bien la chance de nous débarrasser de quelques-uns de ceux qui conspirent contre la République !

Fougueray regardait Carrier avec une sorte de stupéfaction. Tout scélérat qu'il fût, il avait peine à comprendre que la manie du meurtre pût être portée à un point aussi épouvantable. Il contemplait avec stupeur cet homme qui parlait d'arrêter, de noyer, de mitrailler, avec un calme, un sang-froid qui décelaient l'indifférence de son âme et le peu de trouble que ressentait sa conscience.

— Mais, fit observer l'Italien, as-tu le droit d'arrêter ainsi sans preuves, sans indices de culpabilité ?

— Ce droit-là, je le prends, répondit le proconsul.

Puis, haussant les épaules et présentant à Fougueray

une feuille imprimée placée sur le bureau, il ajouta en souriant :

— D'ailleurs, lis la loi contre les *suspects*, et tu verras qu'on peut arrêter tout le monde. Tiens, écoute ce décret.

Et il lut à haute voix, en soulignant pour ainsi dire chacune des phrases :

« Doivent dorénavant être considérés comme *suspects* et mis en état d'arrestation et d'incarcération :

« 1º Ceux qui, dans les assemblées du peuple, arrêtent son énergie par des discours astucieux, des cris turbulents et des menaces.

« 2º Ceux qui, plus prudents, parlent mystérieusement des malheurs de la République, s'apitoient sur le sort du peuple et sont toujours prêts à répandre de mauvaises nouvelles avec une douleur affectée.

« 3º Ceux qui ont changé de conduite et de langage selon les événements, qui, muets sur les crimes des royalistes et des fédéralistes, déclament avec emphase contre les fautes légères des patriotes, et affectent, pour paraître républicains, une austérité, une sévérité étudiées, et qui cèdent aussitôt qu'il s'agit d'un modéré ou d'un aristocrate.

« 4º Ceux qui plaignent les fermiers, les marchands contre lesquels la loi est obligée de prendre des mesures.

« 5º Ceux qui, ayant toujours les mots de « liberté, république ou patrie » sur les lèvres, fréquentent les ci-devant nobles, les contre-révolutionnaires, les aristocrates, les feuillants, les modérés, et s'intéressent à leur sort.

« 6º Ceux qui n'ont pris aucune part active dans tout ce qui intéresse la révolution, et qui, pour s'en disculper, font valoir le payement de leurs contributions, leurs dons patriotiques, leur service dans la garde nationale par remplacement ou autrement.

« 7° Ceux qui ont reçu avec indifférence la constitution républicaine, et ont fait part de fausses craintes sur son établissement et sa durée.

« 8° Ceux qui, n'ayant rien fait contre la liberté, n'ont aussi rien fait pour elle.

« 9° Ceux qui ne fréquentent pas leur section et donnent pour excuse qu'ils ne savent pas parler, ou que leurs affaires les en empêchent.

« 10° Ceux qui parlent avec mépris des autorités constituées, des signes de la loi, des sociétés populaires, des défenseurs de la liberté.

« 11° Ceux qui ont signé des pétitions contre-révolutionnaires ou fréquenté des clubs et sociétés anti-civiques.

12° Ceux qui sont reconnus pour avoir été de mauvaise foi, partisans de La Fayette, et ceux qui ont marché au pas de charge au Champ de Mars. »

— Eh bien! demanda Carrier après avoir achevé sa lecture, et en rejetant la feuille imprimée sur le bureau. Eh bien! tu as entendu? Dis-moi maintenant qui est, ou plutôt qui n'est pas *suspect* en France? Est-ce qu'avec cela on ne peut pas faire incarcérer tous les citoyens, depuis le premier jusqu'au dernier? J'ai le champ libre, et si la Convention me tracassait jamais, je saurais lui répondre. Donc, je vais donner mes ordres, ou mieux encore, tu les donneras toi-même. Tu me plais, citoyen. Tu as l'air d'un bon patriote, d'un rusé compère. Puisque cet imbécile de Pinard s'est laissé enlever, veux-tu sa place?

— La place de Pinard?

— Oui.

— En quoi consistait-elle?

— Dans l'inspection des prisons d'abord. Dans le commandement de la compagnie Marat. Dans la rédaction des ordres et des décrets qu'il me donnait à signer.

— C'est tout?

— Oui. Ne trouves-tu pas que cela soit assez? Pinard avait toute ma confiance.

— Et tu la reporteras sur moi?

— Je te le promets.

— Alors, marché conclu, j'accepte. Donne-moi des signatures en blanc et je te réponds du reste.

— Tu veilleras à la sûreté de ma personne?

— A mon tour, je te le promets.

Et Carrier, attirant à lui cinq ou six feuilles de papier aux en-têtes républicains, y apposa sa signature au bas. Fougueray s'en empara en déguisant la joie qu'il éprouvait sous une apparence calme. Les blancs-seings de Carrier lui assuraient le succès de ses plans en lui aplanissant tous les obstacles.

—Rentre au salon si bon te semble, dit-il; moi, je me charge des ordres à donner et de leur exécution.

Carrier fit un geste d'assentiment, ouvrit une porte voisine et sortit. On entendait le bruit confus de l'orgie qui avait atteint l'apogée de sa fureur et de son cynisme.

Carrier fit sa rentrée au milieu du tumulte en se frottant les mains et en lançant à droite et à gauche des regards de jubilation. Le proconsul était enchanté d'avoir trouvé, sans plus chercher, un remplaçant au sans-culote enlevé par les royalistes. Pinard épargnait à son patron une grande partie de la besogne journalière et ne lui laissait que les plaisirs du métier. Or, Carrier, sensuel et paresseux, s'était parfaitement arrangé de cette existence qui allait être continuée, grâce à la bonne volonté de Fougueray.

Puis, une autre pensée avait poussé le représentant à se fier à l'envoyé du Comité de salut public, dont il était loin de suspecter les pouvoirs. Fougueray lui avait paru bien autrement délié que Pinard, bien autrement apte à remplir la caisse proconsulaire à laquelle, du premier coup, il allait apporter deux millions. Enfin, l'intérêt personnel liait Fougueray à Carrier, et l'ancien procureur regardait ce lien comme bien autrement sérieux que ceux formés par l'amitié ou par une opinion commune.

— Je partage l'affaire du marquis, disait le proconsul, mais il partage, lui, les rançons et les autres bénéfices; or, le chiffre de ces rançons peut et doit être énorme, s'il agit adroitement; donc il a intérêt à protéger ma vie, donc il est l'homme qu'il me fallait. Je ne ne suis pas fâché, au reste, que Pinard soit au diable ! D'ailleurs, que celui-ci me donne les millions en question, après, nous verrons bien !

Et Carrier alla rejoindre Hermosa et Angélique qui l'attendaient. Fougueray, demeuré seul, se leva vivement et fit quelques tours dans la pièce. L'expression de sa physionomie avait changé subitement depuis quelques minutes; de soucieuse et inquiète, elle était devenue joyeuse et hautaine. Revenu en face du bureau, il se laissa tomber dans un fauteuil, et, frappant le meuble du plat de sa main droite :

— Victoire ! s'écria-t-il, victoire ! Décidément, la soirée est bonne ! Je me croyais près de ma perte, et la position devient plus belle que jamais ! Mes espérances se changent en certitudes ! Les difficultés disparaissent. Pinard me gênait ; Marcof m'en débarrasse ! Merci, Marcof ! tu ne croyais pas si bien me servir ! J'ai entre les mains la tranquillité de la ville, toutes les forces dont elle dispose, et les moyens d'atteindre mes ennemis là où ils sont. Cela durera-t-il ? continua-t-il après avoir réfléchi un instant. Bah ! que m'importe ! Ce qu'il me fallait, c'était vingt-quatre heures de pouvoir absolu, et je les ai. Demain, ou pour mieux dire ce matin, car voici bientôt le jour, j'aurai vu Loc-Ronan et je l'aurai contraint à me donner une lettre pour Julie de Château-Giron. Oui, mais le difficile ne sera pas fait; il me restera à voir la religieuse. Or, elle est à bord du *Jean-Louis*.

Ici Diégo tira un portefeuille de la poche de son habit, l'ouvrit et y prit une lettre qu'il parcourut du regard.

— Oui, continua-t-il, ces renseignements doivent être exacts. Julie était au nombre des prisonniers de Saint-Nazaire, puisque Pernelles, le patron du navire sur lequel s'était embarqué Philippe, m'avait annoncé que le marquis avait avec lui une religieuse et un vieillard. Ce vieillard, c'est Jocelyn : la religieuse est sa femme sans doute. Damné Marcof ! Grâce à mon génie, à mon habileté, je les avais tous trois entre mes mains. Dénoncés par mes soins, ils sont arrêtés à leur débarquement, et il faut que ce démon incarné vienne se jeter au travers de mes projets et qu'il arrache Julie aux soldats qui escortaient les prisonniers. Maintenant, voyons encore ce que me dit Agésilas.

Diégo prit une seconde lettre et lut à voix basse :

« La Roche-Bernard, 22 frimaire. Le lougre *le Jean-Louis* est à l'ancre près de la ville ; il est admirablement gardé. Celui dont tu me parles n'est pas à bord. »

— Ce n'est pas cela, interrompit Diégo en refermant la lettre.

Il en ouvrit une autre.

« 20 frimaire, lut-il. »

— Ah ! c'est cela.

« Un homme et une religieuse sont arrivés cette nuit. L'homme est le patron du lougre ; quant à la religieuse, je lui ai entendu donner le titre de madame la marquise. La religieuse est restée à bord ; le patron est revenu à terre. S'il survient un événement, je t'en donnerai avis. »

Diégo s'interrompit une seconde fois dans sa lecture, et, ne terminant pas la lettre, il la replaça dans le portefeuille.

— Et rien depuis ce moment, dit-il ; donc Julie est encore à bord du *Jean-Louis* et Marcof n'est pas retourné à la Roche-Bernard ; or, il est incontestable que c'est lui qui a tué les sans-culottes dans l'auberge du quai. C'est lui qui a enlevé Pinard, qu'il aura reconnu, malgré le changement de nom et de condition. Eh bien ! qu'il demeure vingt-quatre heures seulement à Nantes ou dans les environs, et j'aurai eu le temps d'agir. Je verrai la religieuse tandis qu'il sera absent de son bord, et j'enlèverai l'affaire à leur nez et à leur barbe ! Qu'il sauve son frère s'il le veut, peu m'importe, quand j'aurai les écus ! Allons, j'étais un sot de me tourmenter ! Tout est pour le mieux, au contraire ! Pinard disparu, je n'ai plus de moyens à trouver pour éviter le partage. Quelle heureuse inspiration que de n'avoir pas agi précipitamment et d'avoir attendu ! Les noyades et les mitraillades auront dû, grâce à leur aimable perspective, rendre le cher marquis souple comme un gant, et quant à Carrier, il n'aura rien ! c'est convenu ! Allons, Diégo ! tu es né sous une heureuse étoile, mon cher ami, et la sorcière qui, dans ta jeunesse, t'a prédit une triste fin, a volé l'argent de ta mère. Corpo di Bacco ! quelle succession de bonheurs !

Ici Diégo s'arrêta brusquement.

— Si Pinard allait tout révéler !... dit-il. Non ! reprit-il au bout d'un moment de réflexion, non, il ne le fera pas... Et puis, le fît-il, j'agirai si vite que l'on n'aura pas le temps d'entraver mes desseins !

Sur ce, Diégo s'assit, et attirant à lui les feuilles revêtues de la signature du proconsul, il se mit à écrire rapidement. Le jour parut et le surprit encore dans ces occupations. Alors Diégo se leva, mit les différents ordres dans sa poche, et, regardant à sa montre :

— Sept heures et demie, dit-il ; il est temps d'aller au Bouffay et de voir le marquis de Loc-Ronan ! C'est ce jour qui doit décider de ma fortune !

XXII

L'ENTREPÔT

L'entrepôt était le nom que les sans-culottes donnaient à la prison principale. Cette prison, située près de l'endroit où se dressait la guillotine, se trouvait à une distance assez considérable de Richebourg où demeurait le proconsul. Diégo-Fougueray, avant de quitter la maison de Carrier, entra dans le poste des sans-culottes, et fit porter les différents ordres qu'il venait de rédiger aux chefs de corps de la garnison.

Puis s'enveloppant dans un épais manteau, vêtement parfaitement justifié par la rigueur du froid, il s'achemina vers Bouffay. Il avait gardé sur lui, par mesure de précaution, un blanc-seing du citoyen représentant.

Ce blanc-seing, joint aux pièces fausses fabriquées par Pinard et qui faisaient de Fougueray un personnage officiel, il n'y avait nul doute que les geôliers ne lui obéissent sans la moindre hésitation.

Aussi, fut-ce d'un ton de maître qu'il éleva la voix en s'adressant au gardien général des prisonniers. Il demanda le porte-clefs Piétro. Un sans-culotte s'empressa de l'introduire dans la première cour, et le conduisant à travers un véritable dédale de corridors et d'escaliers, le mit en présence d'un homme de petite taille, maigre et délicat d'apparence, au teint fortement basané et à l'œil expressif.

Cet homme était le geôlier Piétro qui, en apercevant Fougueray, laissa échapper un geste du plus profond étonnement. Le sans-culotte se retira. Les deux hommes demeurèrent seuls dans une sorte de chambre mal éclairée par une fenêtre garnie de barreaux, et qui servait de gîte au geôlier. Piétro joignit les mains en poussant une exclamation.

— Sainte madone! dit-il en dialecte napolitain. Toi ici, Diégo!

— Est-ce que tu ne m'attendais pas? répondit Fougueray en prenant l'unique siège qui se trouvait dans la pièce, et en s'asseyant avec l'aplomb d'un maître qui se sait en présence de son subordonné.

— Non; je te croyais encore à Paris où je t'avais rencontré il y a deux mois.

— Heureusement pour toi encore.

— Sans doute, et je ne le nie pas.

— Tu te rappelles donc ce que tu me dois?

— Comment l'oublierais-je? Sans toi je serais mort de faim et de misère! Tu m'as recueilli, tu m'as donné de l'argent pour venir à Nantes, où tu me procurais une place. Grâce à toi, j'existe encore, et quoique le métier ne soit guère de mon goût, comme il me nourrit, je m'y résigne.

— A propos, caro mio, j'ai toujours oublié de te demander pourquoi tu avais quitté le pays?

— Nos bandes avaient été détruites.

— Par qui?

— Par les carabiniers, donc!

— Comment! vous vous êtes laissé battre par ces drôles?

— A la première rencontre, Cavaccioli avait été tué. La désunion s'est mise parmi nous. Alors chacun tira de son côté. Sachant bien que si j'étais pris je serais pendu, je passai en Sicile avec ma femme. Là je la perdis en peu de temps. C'est la fièvre qui me l'a tuée. Alors me trouvant seul au monde, je pensai à aller à l'étranger. Un patron de barque, de mes amis, me jeta en Sardaigne : de là je gagnai la Corse, puis la France. J'espérais, une fois à Paris, me tirer d'affaire, car on prétendait qu'il était facile d'y faire des siennes; mais...

— Tu t'étais trompé!

— Je le sais.

— Ce qui fait que je te trouvai un jour mourant de misère et de faim, comme tu le dis très bien toi-même, et que j'eus compassion de toi.

— Aussi te suis-je dévoué, Diégo!

— C'est ce que nous verrons.

— Mets-moi à l'épreuve.

— Patience! D'abord, commence par me rendre compte de l'état des deux prisonniers que le citoyen Pinard t'a confiés.

— Ah! ces deux hommes dont l'un se nomme Jocelyn?

— Oui.
— C'est d'eux qu'il s'agit?
— Précisément.
— Ils sont là!
— Dans la salle commune?
— Sans doute; il n'y a de place nulle part.
— Tu vas me conduire près d'eux.
— Il vaut mieux qu'ils viennent ici.
— Pourquoi?
— Tu n'as donc pas encore visité les prisons?
— Non.
— Alors viens avec moi. Tu vas voir pourquoi je te conseille de ne pas entrer.

Diégo se leva, et les deux hommes sortant de la petite pièce traversèrent un large corridor et se trouvèrent en face d'une porte toute bardée de barres de fer et de plaques de tôle. Piétro souleva le trousseau de clefs pendu à sa ceinture, suivant la coutume traditionnelle. Il en choisit une qu'il introduisit dans l'énorme serrure de la porte; puis il fit jouer deux verrous et poussa le battant de chêne massif.

Une bouffée de vapeur fétide, apportant une odeur affreuse vint frapper Fougueray en plein visage. Il chancela et recula d'un pas.

— Qu'est-ce que cela? demanda-t-il en se détournant pour ne pas respirer les miasmes putrides qui s'exhalaient de la salle des prisonniers.

— C'est l'odeur des cadavres, répondit tranquillement Piétro.

— Les prisonniers sont-ils donc morts?
— Presque tous.
— Mais les deux hommes dont je te parlais?
— Oh! tranquillise-toi! Ceux-là sont encore vivants; je le crois du moins.
— Comment; tu le crois?
— Sans doute. Il y a quatre heures que je ne suis entré dans les salles; car, tu comprends? on y entre le moins possible, et en quatre heures il en meurt ici.

C'est pis que la mal'aria dans nos marais Pontins.
— Mais enfin où sont-ils?
— Ils doivent être là.
— Dans ce cloaque?
— Oui. Veux-tu toujours y pénétrer?
— Je veux voir, répondit Diégo en s'avançant.

Il passa devant Piétro, poussa tout à fait le battant de la lourde porte, et essaya de faire quelques pas en avant.

Nous disons « essaya » car l'Italien ne put pénétrer dans la salle. Certes Diégo, le bandit des Abruzzes, Fougueray, le soi-disant envoyé de Robespierre, l'homme, enfin, qui avait la conscience chargée de meurtres et de pillages, possédait une solidité de nerfs à l'épreuve des plus rudes atteintes; eh bien! telle était la monstruosité repoussante du hideux spectacle qui s'offrit à ses yeux, que le brigand, l'assassin, le persécuteur sans pitié du marquis de Loc-Ronan, demeura tout d'abord pétrifié et cloué sur place sans pouvoir avancer. Puis faisant un violent effort pour s'arracher à la contemplation qui le fascinait, il s'élança au dehors en frissonnant d'horreur et de crainte.

C'est que rien au monde, heureusement pour l'humanité tout entière, rien dans les plus sanglantes annales du moyen âge, rien parmi les narrations des atrocités commises par les peuplades les plus sauvages, rien même dans l'histoire des plus mauvais temps de l'inquisition espagnole, ne peut donner une idée du terrifiant tableau qu'offrait l'intérieur des prisons de Nantes sous le proconsulat de Carrier, de Carrier le représentant de la République une et indivisible, l'envoyé extraordinaire de la Convention nationale.

La salle de laquelle venait de sortir si précipitamment le citoyen Fougueray, après avoir tenté d'en affronter l'accès, était une de celles consacrées aux prisonniers destinés aux noyades et aux mitraillades, à ceux qui étaient conduits à la mort sans avoir paru devant les juges, à ceux enfin qui, suivant l'expression de Brutus, devaient donner la *représentation* aux bons sans-culottes de la « compagnie Marat. »

C'était un vaste parallélogramme éclairé sur la cour intérieure de la prison par quatre fenêtres percées régulièrement dans une épaisse muraille, et soigneusement grillées. Des contrevents en forme de soufflet ne laissaient pénétrer que difficilement un jour blafard équivalant à la demi-obscurité du crépuscule. Les murs, entièrement nus, soutenaient un plafond très bas. Une seule porte permettait d'entrer dans cette salle : c'était celle qu'avait ouverte le porte-clefs.

Au pied des murailles, dans toute la longueur de la pièce, était étendue une sorte de litière de paille, semblable à celle que l'on voit dans les écuries mal tenues ; cette paille putréfiée, pourrie par le temps, s'était transformée en un fumier aux exhalaisons fétides qu'auraient refusé des chevaux de labour. Sur ce fumier immonde, qui avait fini par envahir la salle entière, gisaient pêle-mêle, entassés les uns sur les autres d'une muraille à l'autre, et tellement nombreux et serrés qu'aucun endroit libre n'existait pour poser le pied, des corps demi-nus formant une couche humaine.

Ces corps étaient ceux d'hommes, de femmes, d'enfants, de vieillards de tous âges et de toutes conditions. Aucun d'eux ne bougeait : tous ceux qui étaient à terre étaient morts !

Il y avait dans cette salle plus de deux cent cinquante prisonniers ; cinq seulement étaient debout. Ceux-là seuls vivaient encore ! De ces cadavres amoncelés en une masse repoussante, les premiers étaient là depuis plus d'un mois !

— Toutes les salles représentent-elles donc le même spectacle ? demanda Diégo en se remettant à peine du sentiment d'horreur et de dégoût qu'il venait d'éprouver.

— Toutes sans exception, répondit Piétro.

— Mais pourquoi n'enlève-t-on pas les morts ?

— Est-ce que l'on a le temps ? Et puis quand même, qui oserait toucher aux cadavres ? C'est trop déjà de respirer les miasmes qui émanent de leurs corps : y toucher, ce serait vouloir mourir. Dernièrement un guichetier, celui d'en bas, est tombé asphyxié en ouvrant la porte de sa salle. Il y a huit jours, on offrit aux prisonniers qui voudraient se dévouer à cette tâche périlleuse, de leur rendre la liberté après l'exécution. Quarante se sont présentés. Trente ont péri avant la fin du travail.

— Et les dix autres?
— Ceux qui avaient survécu?
— Oui.
— Carrier les a fait guillotiner le soir même, disant qu'ils allaient ainsi être libres.
— Mais de quoi meurent donc ainsi les prisonniers?
— De tout! de maladie d'abord; le typhus ravage les prisons; presque tous les soirs, le poste de garde est décimé quand il ne meurt pas tout entier dans la nuit. Je ne sais pas comment nous pouvons y résister. Et puis la faim tue pas mal.
— La faim?
— Sans doute.
— Ne les nourrit-on pas?
— On leur donne par jour une demi-livre de riz cru et un morceau de pain mêlé de paille. Encore voilà-t-il quarante-six heures que la distribution n'a été faite. On leur vend l'eau, et ceux qui n'ont pas de quoi la payer meurent de soif.
— Mais pourquoi ces cadavres sont-ils superposés les uns sur les autres?
— Pourquoi?
— Oui.
— C'est bien simple. Les premiers morts ayant occupé toute la place de a salle, et la place manquant aux nouveaux venus, ceux-là ont été obligés pour se coucher de s'étendre sur les défunts. Dans la salle d'en bas, il y en a trois rangs les uns sur les autres; et si les quarante prisonniers dont je te parlais n'avaient pas, il y a huit

jours, déblayé les prisons, je ne sais pas trop comment on pourrait aujourd'hui ouvrir les portes!...

Diégo, épouvanté de ce qu'il avait vu et de ce qu'il entendait, continua cependant à interroger le porte-clefs, lequel entra alors dans de si ignobles détails que nous nous refusons à les transcrire ici. Que ceux qui ne reculent pas devant ces pages effrayantes de l'histoire consultent toute la série du *Moniteur* du 1er au 25 frimaire an III (du 20 novembre au 15 décembre 1794), époque du procès de Carrier; qu'ils lisent attentivement les rapports faits à la Convention sur le proconsul de Nantes, l'acte d'accusation dressé contre lui, les dépositions des témoins oculaires, entre autres celles du citoyen Thomas; qu'ils fouillent, comme nous l'avons fait, les archives de la ville martyre, qu'ils étudient les mémoires de l'époque, et ils trouveront, non seulement tous les détails qui précèdent donnés par Piétro au citoyen Fougueray, mais encore tous ceux plus atroces que nous ne voulons pas décrire[1].

Diégo, atterré, ne pouvait revenir de la stupéfaction dans laquelle le récit de son ancien compagnon l'avait plongé. Enfin, secouant la tête pour en chasser les idées terrifiantes qui s'y étaient logées:

— Ah bah! fit-il avec insouciance, après tout, cela ne me regarde pas; mais je ne comprends pas le meurtre qui ne profite pas, moi, et il paraît qu'il était temps que j'arrivasse.

---

1. Plusieurs écrivains ont cherché à établir le chiffre des victimes immolées pendant l'époque de la Terreur. Il n'est aucun d'eux qui offre autant de garantie, pour l'exactitude, que le républicain Prud'homme: partisan de la Révolution, il a recueilli dans six gros volumes tous les détails des événements qui se passaient sous ses yeux.

Deux de ces volumes sont consacrés à un dictionnaire où chaque *condamné* se trouve inscrit, à sa lettre alphabétique, avec ses noms, prénoms, âge, lieu de naissance, qualité, domicile, profession, date et motif de la condamnation, jour et lieu de l'exécution.

Nous en extrayons les chiffres suivants concernant le proconsulat de Carrier à Nantes:

Puis, continuant sa pensée et s'adressant à Piétro :

— Tu m'assures que le marquis de Loc-Ronan et Jocelyn ne sont pas morts ?

— Qui cela, le marquis de Loc-Ronan ?

— Le compagnon du prisonnier Jocelyn.

— Ah ! c'est un marquis ?

— Oui.

— Tiens ! tiens ! tiens !

— Qu'as-tu donc ?

— Il l'a échappé belle !

— Comment cela ?

— On l'a appelé trois fois au moins par son nom depuis que je suis ici.

— Pour quoi faire ?

— Pour aller avec les autres, donc !

Victimes sous le proconsulat de Carrier à Nantes.

En tout 32,360 qu'il faut répartir ainsi qu'il suit :

Enfants au-dessous de 12 ans, *noyés*.	1,500
Id. id. *fusillés*.	500
Femmes *noyées*.	500
Id. *fusillées*.	264
Prêtres *noyés*.	460
Id. *fusillés*.	300
Nobles *noyés*.	1,400
Artisans *noyés*.	3,300
Id. *fusillés*.	2,000
Guillotinés en tout.	9,136
Morts de faim dans les prisons.	5,000
Morts du typhus dans les prisons.	8,000
Total.	32,360

Or, le consulat de Carrier de Nantes a duré deux cent trente jours.

C'est donc une moyenne d'environ 141 victimes par jour.

Quand on consulte les tables de population de cette époque, et que l'on trouve que la ville de Nantes contenait 70,000 habitants, quand on réfléchit que les trois quarts de ces 32,360 victimes étaient prises au sein même de cette population, on en vient à douter que de tels excès de férocité aient pu trouver place dans un cerveau humain.

Cependant les faits sont là.

(*Note de l'auteur.*)

— Et il n'a pas répondu ?
— Non.
— On ne l'a donc pas cherché?
— Est-ce qu'on a le temps ? Quand un prisonnier ne répond pas, on suppose qu'il est mort et on ne s'en occupe plus.
— C'est donc ça que j'avais entendu dire que plusieurs s'étaient sauvés par ce moyen.

Allons, pensa Diégo, Carfor ne m'avait pas trompé; il avait fait prévenir Philippe.

— Que faut-il faire maintenant? demanda Piétro en voyant son compagnon garder le silence.
— Amène le marquis dans ta chambre.
— Sans l'autre prisonnier?
— Oui.
— Mais, as-tu un pouvoir pour que j'agisse ainsi sans me compromettre?
— Tiens ! lis ces papiers, répondit Diégo en tendant à Piétro les feuilles qu'il avait dans sa poche.
— Inutile, répondit le geôlier, je ne sais pas lire, je préfère m'en rapporter à toi.
— Fais donc vite.
— Fougueray rentra dans la pièce dans laquelle il avait pénétré en premier, et Piétro se hasarda dans la salle.

Quelques minutes après, l'amant d'Hermosa et le mari de la misérable étaient en présence. Philippe de Loc-Ronan avait vieilli de dix ans depuis le jour où nous l'avons quitté lors de sa fuite de l'abbaye de Plogastel. Ses traits amaigris dénotaient tout ce qu'il avait souffert de douleurs et de privations, de chagrins et d'inquiétudes, de honte et de misère. C'était véritablement grand miracle que le marquis eût pu résister au séjour des prisons, depuis plus de deux mois qu'il en respirait l'air infect et qu'il subissait toutes les tortures que les terroristes infligeaient à leurs victimes.

Ainsi que Marcof l'avait raconté à Boishardy, Philippe et Jocelyn faisaient partie de la bande des prisonniers que les soldats républicains conduisaient de Saint-Nazaire à Nantes, lorsque l'intrépide marin avait attaqué l'escorte, et un malheureux hasard avait voulu qu'ils fussent demeurés aux mains de ceux qui les gardaient. Philippe et son fidèle serviteur avaient donc été conduits au château d'Aulx d'abord, puis transférés ensuite dans l'intérieur de la ville.

XXIII

LE MARCHÉ

Lorsque le marquis entra dans la pièce où l'attendait son estimable beau-frère, Diégo s'était brusquement retourné, afin que le jour, qui pénétrait par une étroite fenêtre, ne tombât pas tout d'abord sur ses traits, qu'il voulait cacher au prisonnier. En dépit de lui-même, l'Italien se sentait ému, non de commisération pour sa victime, mais de la partie qu'il allait jouer. Encore quelques minutes peut-être, et il aurait entre les mains la lettre qui mettait à sa discrétion cette fortune si ardemment convoitée, si laborieusement poursuivie. Il avait voulu attendre jusqu'alors, pour donner le temps aux noyades et aux mitraillades quotidiennes d'impressionner le marquis. Il comptait énormément sur l'impression causée par ces horreurs pour décider Philippe, dont il connaissait la fermeté. Puis, à défaut de ce moyen, il en tenait un autre en réserve : celui-là concernait l'amour du marquis pour sa seconde femme.

Enfin, maître de lui même, il se retourna froidement. Philippe, dont les yeux rougis par les veilles étaient devenus d'une faiblesse extrême, ne distingua pas la physionomie de l'Italien. Croyant qu'il allait subir un interrogatoire, il se retourna vers Piétro qui demeurait sur le seuil de la porte :

— Où me conduisez-vous ? demanda-t-il.

— Ici, citoyen, répondit le geôlier.

— Pour quoi faire ?

— Quelqu'un veut te parler.

— Qui cela ?

— Le citoyen.

Et Piétro désigna du geste le délégué du comité de Salut public. Le marquis de Loc-Ronan fit alors un pas en avant vers celui qu'on lui indiquait.

Philippe, en dépit de son séjour prolongé dans les prisons, n'avait rien perdu de sa dignité morale. C'était toujours ce beau gentilhomme aux façons élégantes et chevaleresques, aux grands airs de noble seigneur. En apercevant Diégo, qu'il reconnut au premier coup d'œil, le sang lui monta au visage.

— Le comte de Fougueray ! dit-il en reculant.

— Le citoyen Fougueray, si vous le voulez bien, répondit Diégo avec une ironique politesse et en faisant un geste à Piétro, qui sortit et referma la porte.

— Cela devait être ! murmura le marquis avec un mépris profond.

Diégo sourit.

— Tu ne m'attendais guère, n'est-ce pas, citoyen? reprit-il avec cette brutalité de langage qui était de mode à cette triste époque.

— Si fait, je vous attendais.

— Bah ! vraiment ?

— J'ai été victime d'une infâme délation ; puisqu'il s'agissait de lâcheté, je devais penser à vous.

— Citoyen Loc-Ronan !

— Monsieur le comte !

— Encore une fois, je suis le citoyen Fougueray! s'écria Diégo avec colère, car il craignait que quelque surveillant, en rôdant dans le corridor, n'entendît le marquis lui donner un titre qui entraînait alors le dernier supplice pour ceux qui le portaient.

Philippe devina la pensée de son interlocuteur, mais il se contenta de hausser dédaigneusement les épaules.

— Que me voulez-vous donc encore ? demanda-t-il froidement et avec une hauteur extrême.

— Causer quelques instants, avec vous, cher beau-frère, répondit Diégo avec une affabilité railleuse. Il y a si longtemps que nous ne nous sommes vus que nous devons avoir bien des choses à nous dire !

— Assez ! dit brusquement Philippe. Je n'ai plus ni or, ni argent, ni terres, ni châteaux, ni fortune enfin. Que me voulez-vous donc?

— Vous avez un bien plus précieux que tout cela à défendre, et ce bien c'est la vie.

— Est-ce donc à ma vie que vous en voulez?

— Je veux la défendre, mon cher beau-frère.

— Vous?

— Moi-même, qui vous ai toujours apprécié comme vous le méritez.

— Je suis condamné, monsieur, dit froidement le marquis, et j'ai hâte de mourir pour être délivré de tous mes maux. D'ailleurs l'existence venant de vous, je la repousserais !

— Cependant, dit Diégo, la mort est une vilaine chose, surtout par la façon dont elle arrive ici, et sans parler du typhus, il me semble qu'être noyé dans la Loire ou fusillé sur la place du Département...

— Vaut mieux mille fois que d'être guillotiné devant une foule sanguinaire et stupide ! interrompit Philippe. Mourir par le fer est la mort du soldat; ce doit être la mienne. Mourir noyé dans le fleuve, c'est quitter la vie entouré de pauvres innocents qui vous font cortège pour monter au ciel. L'une ou l'autre façon de gagner l'éternel sommeil ne m'effraye pas, au contraire, je les attends toutes deux avec calme, presque avec impatience.

Diégo se mordit les lèvres. Les exécutions n'avaient nullement porté l'effroi dans l'âme du stoïque gentilhomme, et le bandit avait perdu en vain quatre jours à attendre. Le marquis fit un pas pour quitter la chambre.

— Vous voyez, dit-il, qu'il est inutile de prolonger l'entretien.

— Si fait ! s'écria Diégo; causons au contraire, et plus que jamais je tiens à votre aimable compagnie.

— Je n'ai rien à entendre, vous dis-je.

— Vous croyez?

— J'en suis certain.
— Peut-être vous trompez-vous?
— Non.
— C'est ce que nous allons voir.

Et Diégo, après une légère pause, reprit d'une voix ferme :

— Il s'agit de votre seconde femme.
— De Julie! s'écria Philippe avec un violent mouvement.
— D'elle-même.
— Mon Dieu! un danger la menace-t-il? Est-elle donc arrêtée de nouveau, elle qu'un miracle avait sauvée?
— Non; elle est libre encore; mais je connais l'endroit où elle se cache!

Philippe poussa un soupir.

— Vous voyez bien que nous avons à causer! continua Diégo en souriant.

— Seigneur! s'écria le marquis en levant les mains vers le ciel; Seigneur! qui me délivrera donc de ces maudits attachés à mes pas!

— Oh! les grands mots! répondit l'Italien. Les phrases à la Voltaire! Ceci est un peu bien passé de mode, je vous en avertis. Et puis, vous venez de commettre une énorme faute de grammaire. Vous employez le pluriel. Vous dites : « *les maudits!* » Erreur, cher beau-frère, grave erreur. Il fallait vous écrier : « *le maudit!* » car j'ai une bonne nouvelle à vous annoncer. Le chevalier de Tessy est mort et bien mort. Le diable ait son âme! n'est-ce pas? Allons, je vois à votre physionomie que cela ne vous suffit pas. Vous voudriez que j'allasse rejoindre le plus tôt possible ce cher frère que je pleure tous les jours. Mais, bah! j'ai l'âme chevillée dans le corps, moi! Donc n'y songez pas, et sachez seulement que je demeure seul, avec la marquise, bien entendu, la douce et belle Hermosa, que vous avez tant aimée.

— Assez! interrompit brusquement Philippe. Parlez clairement; que me voulez-vous?

— Causer, je vous l'ai dit.

— A quel propos ?

— A propos des choses les plus intéressantes pour nous deux. Mais d'abord n'êtes-vous pas un peu curieux de savoir comment j'ai pu deviner que vous étiez vivant, vous à l'enterrement duquel j'ai assisté jadis ?

— Allez au but !

— Pour y arriver, je suis contraint de faire un détour.

Philippe fit un mouvement convulsif; mais il s'arrêta.

— Parlez comme bon vous l'entendrez, dit-il ; j'écoute.

— A la bonne heure. Je commence, et je vous réponds que vous ne languirez pas longtemps. Sachez seulement que je viens vous proposer la vie, la liberté et la tranquillité.

— Vous ?

— En personne !

— Je n'y crois pas.

— Vous me méconnaissez.

— M. de Fougueray, vous m'avez dit à l'instant que vous connaissiez la retraite où s'est cachée mademoiselle de Château-Giron. Si vous m'avez parlé ainsi, c'est que, par un moyen que j'ignore, je puis vous payer ce secret. Quel prix y mettez-vous ? Dites-le promptement et cessons cette conversation qui me soulève le cœur !

— Soit, citoyen Loc-Ronan, soyons brefs, je le veux bien. Voici ce qui m'amène. Votre seconde femme a une fortune immense. Cette fortune, réalisée jadis en or et en bijoux, est enfouie dans un endroit dont elle seule possède le secret. Eh bien ! je veux connaître ce secret et avoir cette fortune. Suis-je suffisamment clair et précis ?

— Infâme ! s'écria le marquis, vous voulez dépouiller une femme !

— Parfaitement.

— Et c'est à moi que vous venez le dire !
— Pour que vous m'aidiez !
— Moi ?
— Sans doute ; vous lui conseillerez d'agir selon mes vues.
— Jamais !
— Vous le ferez.
— Jamais, vous dis-je !
— J'aurai ce secret aujourd'hui même, marquis Philippe de Loc-Ronan, ou sans cela...
— Sans cela ?
— La citoyenne Château-Giron sera arrêtée demain.
— Vous voulez me tromper ; vous ne savez pas où est Julie.
— Réfléchissez donc ! Si je l'ignorais, pourquoi viendrais-je vous demander une lettre pour elle ? Cette lettre ne me servirait de rien. Vous savez peut-être le secret ; mais je sais également que vous ne me le révélerez pas. C'est pourquoi je vous demande une lettre pour madame de Loc-Ronan ; lettre dans laquelle vous lui conseillerez de faire ce que je lui demanderai en ce qui concerne sa fortune. De deux choses l'une, ou je remettrai cette lettre, et dès lors il faut bien que je sache où est la marquise, ou je ne la remettrai pas, et dans ce cas, pourquoi et dans quel intérêt l'exigerais-je ? Il me semble que ce raisonnement est parfaitement logique. Vous ne me répondez pas ? Vous me croyez plus ignorant que je ne le suis. Pour vous convaincre, écoutez-moi.

Et Diégo continua en dardant ses regards ardents sur Philippe, qui, à demi convaincu, pressait douloureusement sa noble tête entre ses mains amaigries :

— Le soir même du jour où vous vous êtes fait passer pour mort, vous avez pris la fuite avec Jocelyn. Vous vous êtes rendu à l'abbaye de Plogastel, abbaye dans laquelle nous étions nous-mêmes ; mais nous ignorions complètement votre présence. Dans les cellules souterraines, vous avez retrouvé votre femme, Julie de Château-Giron. Puis vous vous êtes sauvé à Audierne, et là, le fils d'une fermière des environs vous a fait passer sur son navire de pêche et vous a conduit en Angleterre ainsi que votre femme et Jocelyn. Je suis bien instruit, qu'en pensez-vous, mon cher beau-frère? Ma police est-elle convenablement faite?

— Mais qui donc vous a révélé tous ces détails? dit Philippe avec stupeur.

— Cela vous serait agréable à savoir? Je vais vous le dire, d'autant que le mystère m'importe peu maintenant. Huit jours après votre départ de France, un homme me racontait ces événements qu'il tenait de la bouche même de celui qui vous avait embarqué et qui vous avait parfaitement reconnu. Cet homme était un simple berger et se nommait Carfor. Grâce aux sottes croyances des paysans bretons, Carfor exerçait une grande influence sur le pays, et le pêcheur en question était à la dévotion du prétendu sorcier. Celui-ci s'est renseigné d'abord et m'a raconté ensuite. Voilà tout. Le fait est simple et croyable, car vous étiez hors de France, et ceux qui parlaient ne pensaient pas vous compromettre. Seulement le hasard m'a bien servi. Une fois certain de vous retrouver à Londres, je me mis à votre recherche. Vous veniez de rejoindre les émigrés en Allemagne. Ne pouvant vous suivre, je payai largement des gens à moi pour me suppléer, et depuis deux ans, depuis votre étonnante résurrection, j'ai connu jour par jour vos moindres démarches...

— Qu'aviez-vous donc à gagner en agissant ainsi? je ne possédais plus rien.

— Vous oubliez la fortune dont je vous parlais tout à l'heure. Laissez-moi achever. C'est sur ma dénonciation, ainsi que vous le supposez, que vous avez été arrêté en débarquant sur les côtes de France. C'est encore d'après mes ordres que vous êtes vivant aujourd'hui.

— D'après vos ordres!

— Je le répète, c'est grâce à moi que vous vivez.

— Je n'accepte pas l'existence à ce prix.

— Ne jurez pas avant de m'avoir entendu. Six jours

après votre incarcération, votre geôlier vous apporta vos provisions de pain et de riz comme à l'ordinaire. En rompant ce pain, n'y avez-vous pas trouvé un billet?

— Si fait.

— Que vous disait ce billet?

— Il me recommandait de ne pas répondre dans le cas où mon nom serait appelé; il me recommandait cela au nom de mon amour pour Julie, et il était signé : « un ami inconnu. »

— C'est bien cela.

— Ainsi vous en aviez connaissance?

— Il avait été dicté par moi et enfermé sous mes yeux dans le pain qui vous était destiné.

— Et vous ne m'avez donné cet avertissement salutaire que pour être toujours à même de torturer mon cœur, n'est-ce pas?

— Je vous ai donné cet avis pour vous préserver de la mort et ne pas ruiner mes projets. Je suis franc, vous le voyez. Bref, arrivons au fait, maintenant que vous connaissez les principaux détails. Il me faut la fortune entière de votre femme. Cette fortune une fois entre mes mains, vous serez délivré sur l'heure et vous aurez les moyens de quitter Nantes la nuit même de mon entrevue avec la citoyenne de Château-Giron. Libre à vous alors de rejoindre votre seconde femme et de vivre auprès d'elle. Pour moi, je quitterai la France en emmenant Hermosa. Cette fois, vous ne me reverrez plus. Comprenez-moi bien avant de répondre : la liberté pour vous, c'est la vie, c'est plus que la vie. C'est l'amour de Julie de Château-Giron; c'est votre bonheur et le sien; c'est enfin l'honneur de votre nom : car vous pourrez combattre pour votre cause. Mais si vous refusez, oh! si vous refusez, ne vous en prenez qu'à vous de tous les malheurs qui en résulteront. Vous ne mourrez pas de suite. Je veux, avant, que vous voyiez souffrir ceux que vous aimez. Julie arrêtée sera d'abord jetée en prison, puis elle servira de jouet aux amis de Carrier.

— Misérable ! s'écria Philippe. Ne dis pas cela ou tu vas mourir !

Et, plus rapide que la pensée, le marquis s'élança sur Diégo et l'étreignit. On sait que les colères de Philippe étaient terribles. L'accès que l'Italien avait provoqué décuplait les forces du prisonnier; mais malheureusement ces forces étaient presque éteintes par les souffrances qu'il subissait depuis deux mois. Cependant la supposition, ou plutôt le pronostic infâme de Diégo, avait tellement surexcité le courroux du marquis que, malgré toute sa vigueur, l'Italien plia et fut à demi renversé. Mais hélas! ce fut tout ce que put faire Loc-Ronan.

Piétro avait dit que la nourriture des prisonniers manquait depuis quarante-six heures. Le fait était exact. Il y avait près de deux jours que Philippe n'avait mangé! Diégo sentit donc mollir les bras qui l'étreignaient. Il fit un violent effort et rejeta le marquis sur son siège.

— Continuons, dit-il froidement, en voyant Philippe désormais incapable de résistance. Je disais que Julie servirait de jouet aux amis de Carrier : puis ensuite elle sera noyée ou fusillée. Tu crois, citoyen Loc-Ronan, que tu mourras alors? Pas encore. Il te restera autre chose à voir. Cette autre chose sera le supplice de Marcof le Malouin, de Marcof le chouan, de Marcof ton frère, entends-tu?

— Marcof! répéta Philippe.

— Oui. Il est à Nantes, et, suivant son habitude de folle témérité, il y est venu accompagné seulement de deux hommes. Il est arrivé hier soir. Il te cherche sans doute; mais je le défie de pénétrer jusqu'ici. Tous mes ordres sont donnés. J'ai les pleins pouvoirs de Carrier pour agir. Dans quelques heures, Marcof et ses compagnons seront entre mes mains. Tu le verras mourir avant toi. Allons! parle, maintenant. Veux-tu, oui ou non, me donner pour ta femme la lettre que je te demande?

Philippe se leva lentement. Il jeta un regard de mépris sur l'homme qui lui parlait ainsi avec une brutalité si horrible. Il parut hésiter. Puis les forces l'abandonnèrent, et il retomba sur sa chaise en comprimant son front entre ses mains crispées. Diégo le couvait sous ses regards ardents.

— Décide-toi ! dit-il.

En ce moment la porte s'ouvrit brusquement et Piétro entra.

— On te demande de la part de Carrier, dit-il à Diégo.

— Qui cela ?

— Son aide de camp.

— Qu'il attende.

— Non pas. Il a l'ordre de te ramener avec lui. Pinard est retrouvé !

— Pinard est retrouvé ?

— Oui.

— C'est bien ! je te suis.

Piétro sortit et referma la porte. Diégo revint vivement vers le marquis.

— Dans deux heures je serai de retour, dit-il. Réfléchis, et sache bien qu'il faut que ta réponse soit décisive. La liberté et la vie en échange de la fortune de Julie. La mort de ta femme, celle de ton frère et la tienne si tu refuses. Dans deux heures ! Si tu te laissais mourir avant, j'agirais comme si tu avais refusé. Tu vois que la tête est bonne et que je prévois tout. Adieu ! ou plutôt au revoir ; à bientôt !

Et Diégo s'élança au dehors.

Philippe était atterré. Il n'entendit pas Piétro rentrer près de lui. Le geôlier s'arrêta cependant devant le gentilhomme, et, le considérant attentivement, il murmura :

— Ah ! ce pauvre homme est le frère de Marcof ! Eh bien ! je vais d'abord lui donner la moitié de mon pain. Après, nous verrons.

XXIV

A BRIGAND, BRIGAND ET DEMI

Diégo trouva l'aide de camp du proconsul dans la cour de la prison. Tous deux se dirigèrent rapidement vers Richebourg. Carrier était seul dans son cabinet.

— Viens donc! dit-il brutalement à Diégo en le voyant apparaître sur le seuil de la porte; viens donc, citoyen Fougueray, j'ai du nouveau à te communiquer.

— Qu'est-ce que c'est? demanda l'Italien.

— J'ai reçu une lettre de Pinard.

— Quand cela?

— A l'instant.

— Et qui te l'a remise?

— Un sans-culotte de garde.

— Ce n'est pas cela que je te demande. Comment cette lettre a-t-elle été apportée à Nantes, et par qui a-t-elle été donnée au sans-culotte?

— Par un paysan breton de Saint-Étienne, un rude patriote que nous connaissons depuis longtemps.

— Et cette lettre est bien de Pinard?

— Sans doute.

— Voyons-la!

— Tiens; relis-la moi.

Et Carrier tendit à Diégo une feuille de papier soigneusement pliée que l'Italien prit avec une mauvaise humeur évidente.

Il l'ouvrit et lut ce qui suit :

« Citoyen représentant,

« Tu as dû apprendre que j'étais tombé, la nuit dernière, entre les mains des brigands qui avaient pénétré dans Nantes. J'ai enduré les tortures qu'il leur a plu de me faire subir, et j'ai dû me montrer digne de toi. Aussi le hasard m'a-t-il protégé. J'ai pu retrouver, parmi ces aristocrates maudits, deux braves patriotes qui les suivaient à contre-cœur. Nous nous sommes compris; les instants étaient précieux; nous avons agi sans retard.

« A l'heure où je t'écris, je suis libre, mais je suis obligé de me cacher jusqu'à la nuit prochaine. Alors j'arriverai à Nantes avec les deux patriotes qui m'ont sauvé. Les brigands seront punis de leur infamie, car j'ai découvert le secret de leur retraite.

« Envoie donc à dix heures du soir la compagnie Marat à la porte qui avoisine l'Erdre. Je la rejoindrai là, et cette nuit même je m'emparerai de deux chefs : Marcof et Boishardy. Demain tu les auras en ton pouvoir. Je compte sur toi pour agir vigoureusement.

« Salut et fraternité,
« PINARD. »

Diégo replia froidement la lettre, la remit à Carrier et plongea ses regards ardents dans les yeux du proconsul. Carrier détourna la tête.

— Que feras-tu? demanda l'Italien.

— Que ferais-tu à ma place? répondit Carrier en éludant ainsi une réponse à la question si nettement posée.

— Ce que je ferais?...

— Oui.

— Si je m'appelais Carrier et que j'eusse tes pouvoirs, dit Fougueray d'une voix nette et ferme, j'enverrais des sans-culottes autres que ceux de la compagnie Marat, et je ferais arrêter Pinard.

— Arrêter Pinard!

— Parfaitement.

— Et ensuite?

— Ensuite, je le déporterais... verticalement.

— Pourquoi?

— Parce que Pinard ne t'est plus utile, parce que Pinard partagerait avec toi les rançons que je te ferai donner, parce que Pinard te gêne, et parce qu'enfin je trouve absurde de lui abandonner un tiers des millions que nous avons à toucher.

— Ceux du marquis de Loc-Ronan?

— Oui.

— Tu lui avais donc promis quelque chose?

— Il le fallait bien !

— Comment cela?

— Pinard avait la surveillance des prisons, il pouvait faire mourir le marquis.

— C'est vrai.

— Comprends-tu, maintenant?

— Je commence. Et où en est cette affaire?

— Elle sera terminée aujourd'hui même.

— Nous aurons l'argent? s'écria Carrier dont les yeux brillèrent.

— Non; mais nous aurons la lettre qui nous le fera avoir.

— Comment toucherai-je, moi?

— Rien de plus simple. La lettre dont je te parle, une fois entre mes mains, j'irai à la Roche-Bernard l'échanger contre une autre qui me révèlera l'endroit où est enfoui le trésor. Donne-moi une escorte pour aller à la Roche-Bernard et ordonne au chef de me ramener à Nantes mort ou vif.

— J'accepte.

— Le secret connu de nous deux, nous irons ensemble à l'endroit indiqué et nous partagerons.

Cette fois, Diégo agissait avec franchise et sans la moindre arrière-pensée. Il préférait de beaucoup avoir affaire à Carrier plutôt qu'à Pinard. Il avait espéré que le lieutenant du proconsul aurait été massacré, et il avait nourri la pensée de s'approprier entièrement la fortune de Julie. Mais en apprenant le retour de Pinard, il comprit vite qu'il n'aurait pas le temps d'agir seul, ou que son complice, instruit de son manque de foi à son égard ne négligerait rien pour se venger. Alors il perdait tout. Bien mieux valait partager avec le proconsul, faire disparaître Pinard et s'assurer ainsi une certitude de gain.

Avec sa rapidité de conception ordinaire, Diégo avait envisagé la situation sous ses différentes faces et s'était promptement décidé, ainsi qu'on vient de le voir. Puis, un autre sentiment encore s'était fait jour dans sa pensée. L'ancien bandit réfléchissait qu'Yvonne demeurait seule à sa merci; sa passion étouffée se réveilla tout à coup en voyant les obstacles tomber.

De son côté, Carrier se laissait aller à des idées qui, quoique différentes, devaient aboutir au même but. Il trouvait plus simple et plus avantageux de ne pas partager avec Pinard, et en même temps il songeait aux moyens de ramener Fougueray à Nantes après avoir dépouillé le trésor. Une fois l'affaire faite et son complice entre ses mains, il ne doutait pas qu'il ne parvînt à s'approprier la somme tout entière.

Aussi, après quelques minutes de silence, la conversation reprit-elle plus vive entre les deux hommes. Carrier entra nettement dans la question.

— Tu veux faire disparaître Pinard? dit-il.

— Oui, répondit Diégo sans hésiter.

— J'y consens.

— Très bien.

— A une condition.

— Laquelle?

— Tu te chargeras de tout; je ne ferai rien; je laisserai faire.

— Soit.

— Tu le feras arrêter?

— Ce soir même, s'il se présente.

— Mais tu ne sortiras pas de la ville?

— Je te le promets.

— Cela ne suffit pas.

— Que veux-tu pour te rassurer complètement?

— Une certitude matérielle.

— Parle!

— Nous allons retourner aux prisons ensemble ; tu verras ton aristocrate, et ensuite je te donnerai l'escorte que tu m'as demandée pour te rendre à la Roche-Bernard.

— Si je pars, qui arrêtera Pinard ?

— C'est juste.

— Tu te défies de moi ?

— J'aime les choses claires, et je ne veux pas te laisser le moyen de me tromper.

— Dans la crainte que la tentation ne soit forte ?

— Précisément.

— Alors, autre chose.

— Quoi ?

— Je ne te quitte que pour aller donner les ordres relatifs à Pinard, et ce ne sera qu'après l'arrestation de celui-ci que je me rendrai au Bouffay.

— Qui m'assure que tu ne le feras pas avant ?

— Agis en conséquence ; défends jusqu'à nouvel ordre l'accès des prisons.

— Tu as raison.

Et Carrier appela à haute voix. Un sans-culotte ouvrit la porte du cabinet.

— Chaux est-il en bas ? demanda Carrier.

— Oui, citoyen.

— Fais-le monter.

Deux minutes après, Chaux faisait son entrée dans le cabinet du proconsul. Carrier écrivit rapidement quelques lignes et tendit le papier au sans-culotte.

— Cet ordre au Bouffay, dit-il. Tu l'exécuteras toi-même ; prends des hommes de garde avec toi et que personne ne puisse pénétrer dans les prisons avant onze heures du soir. Personne, entends-tu ? Je ferais guillotiner toi et tous les geôliers si j'apprenais que quelqu'un eût pu voir un prisonnier.

Chaux sortit sans répondre. Carrier paraissait être de mauvaise humeur, et dans ces moments-là ses meilleurs amis eux-mêmes, ses plus dévoués lieutenants n'osaient lui adresser la parole.

— Très bien, dit Fougueray après la sortie du sans-culotte.

Carrier donna un violent coup de poing sur la table.

— Tu te moques de moi! s'écria-t-il dans un style plus énergique que celui qu'il nous est permis d'employer; tu te moques de moi, citoyen!

— C'est possible, répondit imperturbablement Fougueray; mais, dans ce cas, c'est sans le vouloir. Explique-toi.

— Tu me dis d'empêcher d'entrer dans les prisons et tu en sors! c'est au Bouffay que mon aide de camp t'a trouvé.

— Eh bien, après?

— Eh bien! tu as vu le marquis!

— Oui.

— Et tu as la lettre, et tu n'as plus besoin de le voir.

Fougueray haussa les épaules.

— Me crois-tu donc un niais? dit-il dédaigneusement. Si j'avais la lettre du marquis, si j'avais pu me passer de toi, est-ce que je serais ici? Au lieu de suivre ton aide de camp, je galoperais en ce moment sur la route en tournant le dos à la ville.

Carrier sourit; cette franchise de voleur le rassura complètement.

— C'est vrai! dit-il. Tu es plus fort que je ne le pensais. Mais si tu n'as pu avoir cette lettre...

— Je l'aurai, interrompit Fougueray. Je tiens le marquis à tel point qu'il n'oserait pas même se tuer pour m'échapper. Les millions seront à nous, vois-tu, comme nous voici deux bandits dans la même chambre. Ce soir, à onze heures, je serai à la prison, et je ne reviendrai ici qu'avec la lettre, j'en réponds.

— Je donnerai l'ordre à Chaux de ne pas te quitter depuis ton entrée au Bouffay jusqu'à ton retour ici.

— A ton aise!

— Maintenant, dit Carrier, va à tes affaires, et à ce soir! Oh! nous avons joyeuse réunion à souper, tu sais?

— Avant d'aller au Bouffay, je viendrai ici prendre tes ordres pour pouvoir entrer dans les prisons, et en même temps je t'amènerai quelqu'un.

— Homme ou femme?

— Femme.

— Jeune ?

— Vingt ans.

— Jolie?

— Blonde comme un épi et blanche comme un ci-devant lis.

— Aimable ?

— Elle est un peu folle.

— Bah! ce sera plus amusant. Nous la ferons boire, et peut-être sa raison se retrouvera-t-elle au fond d'une bouteille. Amène ta protégée; je lui réserve bon accueil, d'autant plus qu'Angélique et Hermosa commencent à me fatiguer.

— Sultan! répondit Diégo en riant. Cet aristocrate de Salomon n'était qu'un caniche pour la fidélité auprès de toi! Allons, à ce soir. Tu seras content!

Et Diégo, échangeant une poignée de main avec le proconsul, quitta le cabinet de travail.

— Si j'ai l'argent dans quarante-huit heures, pensait Carrier en le regardant s'éloigner, dans cinquante, toi, tu seras déporté verticalement!

— Ah! tu ne veux pas que je revoie Philippe de Loc-Ronan sans tes ordres! se disait de son côté Diégo, en traversant la cour. Ah! j'ai eu un accès de loyauté et de franchise, et tu ne m'en sais pas gré! Eh bien! tant pis pour toi! Décidément, tu n'auras rien, et j'aurai tout! Imbécile, qui oublie qu'il m'a remis hier soir trois blancs-seings! Est-ce que j'aurais été assez bête pour les employer tous! Il m'en reste un, et avec celui-là j'entrerai dans les prisons quand je voudrai!

XXV

LA MARCHANDE A LA TOILETTE

Diégo était sorti et avait gagné la place. Tout à coup il s'arrêta en réfléchissant profondément.

— Le renard, dit-il, est capable de me faire épier, et cinq minutes après mon entrée au Bouffay il serait averti. Mon blanc-seing ne me servirait donc à rien qu'à me faire prendre. Il faut trouver autre chose !

Et l'Italien se remit en marche, la tête penchée, le front soucieux, dans l'attitude de quelqu'un qui médite, absorbé dans sa pensée. L'imagination du bandit était de celles qu'on ne prend jamais sans vert : son cerveau, éclos sous le soleil des Calabres, était doué d'une activité dévorante. Bientôt son œil étincela et sa lèvre ébaucha un sourire.

— Tout me sert ! dit-il joyeusement, même l'idée que j'ai eue de lui conduire Yvonne. La Bretonne est encore jolie, je la parerai en conséquence : ce sera du fruit nouveau. Elle l'occupera bien deux heures cette nuit, le temps d'aller aux prisons, d'avoir la lettre et de sortir de Nantes. Voyons ; c'est cela ! A cinq heures, je suis à la place du Département avec Carrier ; à six heures, nous assistons, toujours ensemble, aux noyades. Je parle de la beautée d'Yvonne ; je monte la tête au sultan pour qu'il attende avec impatience. Ensuite je prends des soldats et je vais à la porte de l'Erdre ; j'attends Pinard à dix heures ; je l'expédie au dépôt, où je le fais écrouer moi-même. A onze heures, je conduis Yvonne chez Carrier ; nous soupons. Carrier se grise, selon son habitude ; il fait l'aimable avec la petite ; je remets l'affaire du marquis sous un prétexte que je trouverai ; je l'ajourne, puis, tandis que Carrier emmène Yvonne dans son boudoir, je file au Bouffay sans mot dire, mon blanc-seing m'ouvre les portes, je prends la lettre... et bonsoir ! C'est dit. Si le marquis ne se décide pas immédiatement, je le presse en faisant enlever Jocelyn sous ses yeux... Cela ira tout seul ! Quant à Hermosa... Ma foi ! elle deviendra ce qu'elle pourra ! Si Carrier a assez d'elle, il saura bien s'en débarrasser, et il nous rendra service à tous deux. A moi seul les millions de la marquise. Per Bacco ! je n'ai pas perdu mon temps, et la chance est pour moi ! Ce dont il s'agit maintenant, c'est de faire la leçon à la Bretonne, et de parer sa beauté de façon à ce qu'elle fascine le citoyen représentant !

Et Diégo, le front haut, la face illuminée, la physionomie rayonnante, le regard chargé de ruses, s'engagea dans l'intérieur de la ville, se dirigeant vers la demeure de Pinard.

Diégo avançait rapidement, lorsqu'en traversant un petit carrefour, formé par l'embranchement sur un même point de trois rues différentes, ses yeux s'arrêtèrent sur une petite boutique de la plus modeste apparence, mais aux montres de laquelle resplendissait un véritable amas de robes, de chiffons, de fichus, de souliers de satin, de colliers, de bracelets, de bijoux de toutes sortes, d'oripeaux sans nombre enfin, qui, s'étalant pêle-mêle, offraient un coup d'œil bizarre et indescriptible.

Au-dessus de la porte d'entrée, sur un cartouche de bois peint en rouge, et supporté par deux tringles de fer scellées dans la muraille, on lisait en lettres blanches ces mots significatifs :

A LA CURÉE DES ARISTOCRATES.

Puis, sur la vitre supérieure de la porte était collée une large bande de papier blanc, avec cette autre inscription :

LA CITOYENNE CARBAGNOLLES,
MARCHANDE A LA TOILETTE.

Madame Carbagnolles, ou, suivant son propre style, la citoyenne Carbagnolles, était, disait-on, la nièce du bourreau de Nantes, et trafiquait des effets de femme, *des défroques de la guillotine*, suivant le langage des sans-culottes, défroques que son digne oncle lui envoyait.

Fougueray tourna le bouton de cuivre de la serrure, poussa la porte qui, en s'ouvrant, fit violemment tinter une sonnette fêlée, et pénétra dans l'intérieur du magasin. Une femme de trente à trente-cinq ans, petite, grasse, mignonne, rondelette, trottant menu, souriant toujours, se tenait derrière le comptoir. Cette femme était la citoyenne Carbagnolles.

Affable, avenante, gaie, d'une loquacité remarquable, la main fine et potelée, les dents blanches, les lèvres rouges, le nez en l'air, la tête ronde comme une pleine lune, la citoyenne, parfaitement conservée pour son âge, dont elle pouvait cacher cinq bonnes années sans faire sourire ses voisines, la citoyenne Carbagnoles offrait le type parfait de ces aimables marchandes, dont la réputation de coquetterie et les manières provocantes suffisaient, au temps des petits chevaliers et des abbés parfumés, pour amener la fortune dans une maison.

Heureusement pour la citoyenne qu'elle était nièce du citoyen exécuteur ; car, ayant conservé des façons du temps passé et des idées tant soit peu anti-républicaines, elle avait souvent excité les froncements de sourcils des sans-culottes, qu'elle n'aimait pas, et qui l'accusaient de modérantisme, en dépit du patriotisme de son enseigne. Mais sa parenté avec le bourreau était une égide puissante ; aussi la citoyenne continuait-elle paisiblement son commerce en regrettant tout bas de ne plus avoir affaire aux soubrettes des grandes dames et aux caméristes des *impures*, et d'être obligée, chaque fois qu'un vêtement nouveau entrait en magasin, de laver le sang qui le souillait.

Diégo qui, d'après l'enseigne et le nom, s'attendait à trouver dans la boutique une de ces créatures stigmatisées à jamais par le titre de « *tricoteuses* » qu'on leur avait donné à Paris, Diégo fut surpris de l'air gracieux, accort et engageant de la belle marchande. Aussi, mis en réminiscence d'aristocratie par les façons de la citoyenne Carbagnolles, l'envoyé du Comité de Salut public porta la main à son jabot, et reprenant le laisser-aller élégant dont avait su se doter le comte de Fougueray :

— Citoyenne, dit-il, j'ai besoin de robes, de dentelles et de bijoux.

— J'aurai tout ce qu'il te faudra, citoyen, répondit la marchande en montrant l'émail éclatant des perles qui garnissaient sa bouche. Tu veux une robe en belle étoffe, n'est-ce pas? J'ai tout ce qu'il y a de mieux; tiens, regarde, examine.

Et la marchande ouvrit une vaste armoire porte-manteau, plaquée contre la muraille, et se mit en devoir de dénombrer les richesses qu'elle renfermait.

— Voici des robes de ci-devant duchesses, fraîches et jolies à faire pâmer d'aise la citoyenne la plus difficile : des robes *pékin velouté et lacté*, des caracos *à la cavalière*, des robes *rondes à la parisienne*, des chemises *à la prêtresse*, des ceintures *à la Junon*, des robes *au lever de Vénus*, des baigneuses ; voilà des fichus *à la Marie-Ant...*, *à la citoyenne Capet*, reprit-elle en se mordant les lèvres.

Diégo la regarda en souriant.

— Je ne te dénoncerai pas, dit-il. Voyons, donne-moi cette robe en satin bleu garnie de dentelles blanches. C'est cela! Maintenant, il me faut des bas de soie, des souliers, des boucles d'oreilles, enfin tout ce qui est nécessaire à la toilette complète d'une jeune et jolie femme. Je ne paye pas en assignats, ajouta-t-il en voyant la marchande qui, avant de le servir, semblait l'examiner avec attention pour savoir ce qu'elle devait montrer ; je paye en pièces d'or à l'effigie de l'ex-tyran !

— Je vais vous donner tout ce que vous demandez, répondit madame Carbagnolles en souriant finement et en substituant le « *vous* » aristocratique au « *toi* » sans-culotte; car elle comprenait qu'un homme qui payait en or avait droit à cette subtile distinction.

La marchande attira à elle un escabeau, y monta légèrement, et posa son pied sur le comptoir pour être mieux à même d'atteindre une série de cartons verts placés dans des rayons élevés tout autour du magasin. Or, si la citoyenne avait la main fine et potelée, son pied était mignon et cambré. Ce petit pied, gracieusement chaussé d'un bas bien blanc et d'un joli soulier à boucle d'acier, attira l'œil de l'acheteur.

Tandis que Diégo caressait du regard un bas de jambe élégamment modelé que découvrait une jupe fort courte, la marchande avait tiré du rayon deux cartons, qu'elle déposa successivement sur le comptoir, puis elle sauta lestement sur le plancher. Ces cartons contenaient ce que désirait Fougueray. Celui-ci fit son choix, et, ayant fait mettre de côté tout ce qui devait parer Yvonne, depuis les souliers jusqu'aux fleurs de la coiffure, il paya et pria la marchande de faire porter ses emplettes par une personne qui l'accompagnerait.

— Votre nom, citoyen? fit la jolie boutiquière en ouvrant son registre de vente. Vous savez que la Commune exige que nous inscrivions celui de tous nos acheteurs, afin de s'assurer que nous ne fournissons que de bons patriotes?

— Eh bien! citoyenne, écris simplement « l'envoyé du Comité de salut public de Paris », répondit Diégo en se redressant sous cette pompeuse dénomination. Mon nom n'a pas besoin d'être ajouté à ce titre.

La marchande écrivit la patriotique qualité de l'acheteur; puis elle appela une femme de service qui prit le carton renfermant les achats faits par le citoyen. Fougueray salua madame Carbagnolles, lui adressa un dernier compliment, et sortit suivi par la porteuse.

La belle marchande laissa la porte se refermer, le citoyen disparaître, puis, s'élançant hors de son comptoir, elle courut à son arrière-boutique. Un homme blotti dans un coin obscur s'avança vers elle.

— Eh bien! dit l'homme, qu'est-ce que celui-là?

— Un républicain comme moi, répondit la marchande ; il a des façons de gentilhomme, il ne s'est pas formalisé de l'absence du tutoiement, et il a souri lorsque j'ai prononcé à demi le nom de la feue reine.

— Mais comment se nomme-t-il ?

— Je l'ignore, répondit madame Carbagnolles ; il n'a pas voulu dire son nom ; mais en revanche, il s'est qualifié d'envoyé du Comité de Salut public de Paris.

— Un envoyé du Comité de Salut public, madame Rosine ? répéta vivement l'inconnu. Vous êtes certaine de ce que vous dites ?

— J'ai écrit ce titre sous sa dictée.

L'homme fit un geste énergique, puis faisant rapidement quelques pas dans la chambre, il s'arrêta en se frappant le front.

— Un envoyé du Comité de Salut public de Paris, murmura-t-il ; mais il doit être tout-puissant à Nantes ! Il doit entrer et sortir des prisons à son gré ! D'ailleurs il peut, dans tous les cas, devenir un otage précieux ! Il faut que je devienne maître de cet homme !

Et l'homme s'avança vers la porte. La marchande l'arrêta.

— Où allez-vous ? demanda-t-elle avec inquiétude.

— Il faut que je suive celui qui sort d'ici, que je sache où il va, où je dois le retrouver !

— Inutile ! Marguerite l'accompagne. En revenant, elle nous dira où il s'est rendu ; alors le jour sera tombé, et vous pourrez sortir sans danger.

L'homme fit un geste d'assentiment et, se jetant sur un siège, étreignit le manche d'un poignard placé dans sa ceinture, tandis que son œil sombre lançait un éclair chargé de menaces.

XXVI

L'AMOUR D'UN BANDIT

Diégo continuait rapidement sa route, toujours accompagné par la femme qui portait ses riches emplettes.

Arrivé à la porte de Pinard, il congédia la femme, prit le carton et monta rapidement les marches de l'escalier tortueux. La porte du logement de l'ancien berger était fermée à triple tour. Diégo introduisit la lame d'un poignard dans la serrure, et se mit en devoir de la faire sauter. Après quelques secondes d'un travail opiniâtre, il y réussit. La porte s'ouvrit, et l'Italien entra.

Yvonne était dans la seconde pièce. La pauvre enfant, accroupie par terre, tenait sa tête dans ses mains et pleurait en sanglotant. Elle paraissait plus calme. Au bruit que fit Diégo, elle se leva avec un mouvement de terreur et se réfugia dans un angle de la chambre.

— Carfor! murmura-t-elle, Carfor! Carfor!

Diégo l'entendit. Il s'approcha doucement, et s'efforçant de donner à sa voix toute la suavité dont elle était capable.

— Non, chère Yvonne, dit-il, ce n'est pas Carfor.

— Qui donc? demanda la jeune fille en s'avançant timidement.

— C'est un ami.

— Un ami?

Et Yvonne fixa ses grands yeux humides sur le nouveau venu. Cette fois, elle ne fit aucun mouvement pouvant déceler qu'elle reconnût son interlocuteur ou qu'elle éprouvât un moment de crainte.

— Oui, un ami, continua Fougueray, un ami qui vous aime, qui s'intéresse à vous et qui veut vous voir heureuse. Voulez-vous quitter cette maison?

— Quitter cette maison?

— Oui...

Yvonne demeura immobile. Elle parut réfléchir profondément; puis une expression douloureuse envahit ses traits, et elle s'écria avec une terreur indicible :

— Non, non, il me battrait encore. Je ne veux pas, je ne veux pas.

— Vous ne voulez pas fuir?

— Non.

— Vous resterez donc ici ?

— Il le veut.

— Carfor, n'est-ce pas ?

Yvonne ne répondit pas; mais elle se mit à trembler si fort que Diégo crut qu'elle allait avoir une attaque nerveuse. Mais Yvonne se calma peu à peu. L'Italien pensa qu'il était prudent de changer le sujet de l'entretien.

Allant prendre sur la table le carton qu'il y avait déposé en entrant, il l'ouvrit, en tira d'abord la robe de satin qu'il venait d'acheter, et qui avait encore conservé une certaine fraîcheur. Il était évident que la pauvre victime à laquelle cette robe avait appartenu n'avait pas dû faire un long séjour dans les prisons. Diégo présenta le vêtement à la jeune fille qui l'admira avec une joie d'enfant.

— C'est pour moi? demanda-t-elle.

— Oui, répondit l'Italien.

— Pour moi? Bien vrai?

— Sans doute.

— Et ces beaux souliers aussi?

— Certainement.

— Et ces fleurs, ces bracelets, ces bijoux ?

— Tout cela est à vous et pour vous, ma belle petite.

— Alors... je puis les prendre... me parer... ?

— Je vous y engage et je vous en prie. Habillez-vous, Yvonne, et ensuite je vous emmènerai d'ici; je vous conduirai dans une belle maison où il y a de vives lumières, des jeunes femmes et d'aimables cavaliers. Nous souperons. Vous ne mangerez plus l'ignoble morceau de pain que le misérable vous donnait.

Yvonne n'écoutait pas.

Absorbée dans la contemplation des élégants objets qu'elle avait sous les yeux, et qu'elle maniait d'une main frémissante comme l'enfant auquel on apporte subitement un jouet nouveau ardemment désiré, elle ne se lassait pas de déplier la robe, la dentelle, et de toucher les bijoux étincelants.

Parfois ses regards s'abaissaient sur les horribles

haillons qui la couvraient, et ils se reportaient ensuite sur les parures. Elle semblait établir une comparaison intérieure entre sa pauvreté et ces richesses, et un combat visible avait lieu dans son âme. Évidemment elle doutait que tout cela pût être pour elle, et elle hésitait à s'en parer. Enfin la coquetterie, ce sentiment inné chez la femme et qui l'abandonne rarement, même lorsque la raison est égarée, la coquetterie l'emporta. Elle prit les bas de soie et les chaussa; puis elle mit les souliers coquets.

Alors elle se regarda avec une admiration naïve et profonde; elle joignit les mains en poussant un cri de joie, et, ramenant ensuite les plis troués de sa jupe de laine, elle marcha dans la chambre, ne pouvant se lasser d'examiner ce commencement de toilette. La fièvre du plaisir donnait de l'éclat à son teint et ranimait ses lèvres pâlies. Diégo la contemplait en silence.

— Le diable me damne si elle n'est pas plus jolie encore! murmura-t-il; et ce brigand de Carrier sera trop heureux!

Yvonne s'était arrêtée près de la table. S'imaginant dans sa folie être seule, elle commença lentement à dégrafer son justin. Le corsage tomba en glissant sur ses bras, et ses épaules rondes et blanches, ravissantes encore de suaves contours, en dépit des tortures qu'elle avait subies, apparurent dans toute leur délicate beauté.

Les yeux de Diégo étincelaient dans l'ombre : l'Italien sentait revenir dans son cœur la passion que la vue de la jolie Bretonne y avait jadis allumée.

La jeune fille se mit alors à chanter d'une voix douce et mélancolique une vieille complainte de la Cornouaille, tout en détachant les épingles qui retenaient à peine ses cheveux, lesquels se déroulèrent autour d'elle en splendide manteau aux reflets dorés. Ses bras nus, arrondis gracieusement au-dessus de sa tête, s'efforçaient en vain de réunir le flot de ses boucles soyeuses. Elle était ainsi ravissante de coquetterie enfantine.

Diégo, s'avançant doucement, se rapprocha d'elle.

Yvonne ne l'entendit pas et ne le vit pas. L'Italien prit alors dans ses mains les mains de la jeune fille, et l'attirant à lui sans mot dire, il voulut la presser tendrement sur sa poitrine. Yvonne frissonna et se dégagea vivement.

— Qui êtes-vous? que voulez-vous? s'écria-t-elle avec cet accent de terreur particulier aux personnes que l'on réveille subitement, les arrachant par un fait matériel au rêve qui les berçait.

Diégo ne répondit pas ; mais il s'avança encore, et s'efforça de saisir la pauvre enfant demi-nue, qui essayait en vain de se débattre. Cependant, au contact de ces mains frémissantes effleurant ses épaules, Yvonne rassembla ses forces, poussa un cri, raidit ses bras et se recula vivement...

Cet instinct de la pudeur, qui ne fait jamais défaut à la femme, lui fit chercher à couvrir ses épaules à l'aide de ses vêtements en désordre ; mais Diégo ne lui en laissa pas le temps.

— Au diable Carrier ! s'écria-t-il avec la rage des bandits de son espèce habitués à ne reculer devant aucun crime pour satisfaire leurs passions ; au diable Carrier ! Tu es trop jolie, ma mignonne, pour que j'abandonne les droits que me donne le hasard. Je t'aime, continua-t-il d'une voix brève et saccadée, et avec une expression hideuse. Je t'aime, entends-tu !

Et le misérable, enlaçant sa victime, imprima ses lèvres sur les épaules et sur le cou de la jolie Bretonne. La pauvre insensée poussait des cris inarticulés en s'efforçant de se soustraire à cette horrible étreinte.

Tout à coup, avec une suprême énergie, elle s'arracha des bras de l'Italien, et, se jetant brusquement en arrière, elle passa la main sur son front brûlant en lançant autour d'elle des regards rapides. Dans ses regards brilla un lumineux rayon d'intelligence qui éclaira soudain sa physionomie entière. Redressant la tête, et étendant la main vers son persécuteur, elle demeura durant l'espace d'une seconde, immobile et sans voix ;

puis enfin sa bouche s'entr'ouvrit, et tout son être frémit, agité par un frisson convulsif.

— Ah ! s'écria-t-elle d'une voix ferme; ah ! je vous reconnais ! Vous êtes le comte de Fougueray !

Diégo, stupéfait du changement étrange qui venait de s'opérer dans la jeune fille, recula malgré lui ; mais, se remettant promptement, il s'élança vers elle, la saisit de nouveau, et s'efforça de l'enlever de terre. Yvonne voulut en vain lutter. Enlacée par les bras vigoureux de Fougueray, elle se débattait sans pouvoir échapper au misérable.

— Va ! disait Diégo tout en contenant les mouvements de la jeune fille ; va ! personne ne peut venir à ton aide.

Yvonne poussait des cris déchirants. Malheureusement pour la pauvre enfant, la maison que Pinard avait choisie pour gîte était habitée par lui seul. Les anciens locataires avaient fui le voisinage du satellite de Carrier. Diégo avait dit vrai ; Yvonne était à sa merci, et nul ne pouvait la secourir.

Déjà les forces manquaient à la jeune fille. Épuisée par la lutte, elle demeura inerte et sans défense entre les mains du bandit. Diégo laissa échapper un rugissement de joie. Il souleva Yvonne, et approcha de ses lèvres la tête virginale de la fiancée de Jahoua.

Yvonne ne sentit même pas le baiser impur dont le monstre souilla ses beaux yeux éteints. Diégo, entraîné par une sorte de frénésie, porta la main sur les vêtements qui couvraient le corps de la malheureuse enfant. Ce mouvement ranima Yvonne. Elle se redressa, et parvint une fois encore à s'échapper des bras de l'Italien. Elle se précipita dans la première pièce.

— Au secours ! au secours ! cria-t-elle dans un paroxysme de désespoir.

Mais Diégo l'avait suivie.

— Appelle si bon te semble ! hurla-t-il en s'emparant de nouveau de sa proie. Je te l'ai dit, personne ne viendra.

En effet, personne ne répondit aux cris de la jeune fille. La pauvre enfant, haletante et sans force, implorait la miséricorde divine. Dieu seul pouvait la sauver. Dieu ne l'abandonna pas.

Au moment même où Diégo emportait Yvonne à demi-évanouie, la porte d'entrée, que le bandit n'avait pu refermer, puisqu'il en avait fait sauter la serrure, la porte d'entrée s'ouvrit avec fracas, et un homme bondit d'un seul élan jusqu'au milieu de la pièce. Diégo s'arrêta.

Par un double mouvement plus rapide que l'éclair, il fut sur la défensive. Laissant glisser Yvonne sur le plancher, il saisit un pistolet passé à sa ceinture et l'arma.

L'entrée du nouveau personnage qui venait interrompre cette scène épouvantable, avait été si brusque, que celui-ci demeura lui-même comme étourdi de son action et dans un premier moment d'indécision inquiète.

A la vue de cet homme, Yvonne s'était redressée, et ses yeux démesurément ouverts, sa bouche béante, indiquaient une émotion violente, terrible, venant se joindre encore à celle qu'elle éprouvait déjà. Tous trois demeurèrent un instant immobiles ; mais cet instant fut court.

Le nouveau venu se trouvait placé en face d'Yvonne ; ses regards s'arrêtèrent tout à coup sur la jeune fille et un rugissement effrayant s'échappa de sa poitrine.

— Yvonne ! s'écria-t-il d'une voix rauque et étranglée.

Puis se retournant sur Diégo :

— Ah ! ajouta-t-il avec une expression de férocité inouïe. Tu vas mourir !

Et d'un bond, d'un seul bond de chat-tigre s'élançant sur sa proie, il tomba sur l'Italien. Le pistolet de l'envoyé du Comité de Salut public s'abaissa et le coup partit. La balle traversa de part en part le bras du défenseur d'Yvonne ; mais telle était la force de cet homme et la puissance de la folle colère qui le dominait, qu'il ne sentit même pas la blessure dont le sang partit à flots.

Étreignant son adversaire à la gorge, il le terrassa d'un seul effort comme il eût plié un faible roseau. Le bandit râla sous cette énergique pression, sa face s'empourpra, puis passa rapidement du rouge vif au violet, et il demeura étendu sur le sol, la poitrine écrasée par le genou puissant de son ennemi.

— Une corde ! une corde ! dit l'inconnu en s'adressant à Yvonne et en lançant autour de lui un regard rapide et investigateur.

Mais la jeune fille, immobile et pour ainsi dire fascinée par le spectacle qu'elle avait sous les yeux, était incapable de comprendre et d'agir. Alors l'homme qui était venu si miraculeusement au secours d'Yvonne étreignit Diégo d'une seule main, en contenant tous ses mouvements, et de l'autre il arracha un poignard placé à sa ceinture, puis, se penchant sur le misérable, il lui saisit le bras droit, le contraignit à l'étendre, lui ouvrit violemment la main, l'appuya sur le parquet, et levant la lame tranchante et acérée, il la laissa retomber en traversant cette main, qu'il cloua littéralement sur le plancher. Diégo poussa un cri aigu de douleur, auquel répondit un cri de joie échappé des lèvres d'Yvonne.

— Keinec ! s'écria la jeune fille en se précipitant dans les bras de son sauveur.

Keinec, car c'était lui, contempla quelques instants en silence la jolie Bretonne. Le pauvre gars revoyait enfin cette Yvonne qu'il adorait, qu'il cherchait depuis deux ans avec un courage que rien ne pouvait abattre, qu'il croyait perdue à jamais, et que le hasard venait de lui faire retrouver. Keinec ignorait la présence à Nantes de la pauvre fille du vieux pêcheur dont il avait récemment vengé la mort.

Keinec n'avait pas assisté à l'interrogatoire que Marcof s'était préparé à faire subir à Pinard dans le cellier de la petite ferme de Saint-Étienne.

Boishardy avait fait observer qu'il fallait que l'un

d'eux retournât sur-le-champ à Nantes, afin de se tenir au courant des nouvelles, de se mettre à même de connaitre l'émotion que provoquerait la connaissance du combat qui avait eu lieu dans le cabaret du quai de la Loire, et de voir ce qui résulterait de la disparition du lieutenant de la compagnie Marat.

Ayant l'intention de rentrer en ville le lendemain, il était urgent de ne pas tomber dans un piège et de pouvoir être prévenus en cas de besoin. En conséquence, Keinec était remonté à cheval sur l'heure, et tandis que se préparait le supplice de Carfor, il avait repris la route qu'il venait de parcourir.

Marcof, lors de ses précédents séjours à Nantes, s'était mis en rapport avec la marchande à la toilette, dont, en sa qualité de chef royaliste, il connaissait les secrètes fonctions. Ce fut à elle qu'il adressa le chouan en lui recommandant de redoubler de vigilance et en lui ordonnant de veiller à la sûreté du jeune homme. S'il y avait danger à pénétrer dans la ville, la jolie marchande devait en prévenir Keinec, lequel aurait placé à la porte de l'Erdre, près la tour Gillet, un signal convenu.

Keinec, en entendant le titre que s'était donné l'acheteur qui venait de quitter le magasin de Rosine, Keinec avait pensé judicieusement que la capture d'un tel personnage pouvait devenir de la plus puissante utilité, et il avait résolu, puisque l'occasion s'en présentait de s'en emparer coûte que coûte. La femme qui avait accompagné l'envoyé du Comité de Salut public avait, en rentrant dans le magasin, donné au jeune homme l'adresse de la maison à la porte de laquelle elle avait laissé le citoyen Fougueray, et Keinec s'était élancé sur la piste.

La vue d'une femme violentée par celui qu'il venait chercher avait tout d'abord excité sa colère ; mais en reconnaissant Yvonne dans cette femme qui implorait secours d'une voix défaillante, cette colère avait atteint le paroxysme de son exaltation. Maintenant qu'il se trouvait en face de la jeune fille, maintenant qu'elle n'avait plus rien à craindre et que lui n'avait plus à frapper, Keinec sentait une émotion profonde succéder à la rage, et des larmes abondantes jaillissaient de ses yeux et roulaient sur ses joues bronzées. Enfin, terrassée par la joie, cette nature de fer ne put dominer le trouble qui s'était emparé d'elle, et, se laissant tomber à deux genoux, le jeune homme murmura à voix basse :

— Merci, Seigneur, mon Dieu ! merci, ma bonne sainte Anne d'Auray ! maintenant je puis mourir, Yvonne est sauvée !

Quant à Yvonne, toujours immobile et pour ainsi dire paralysée par le travail mystérieux qui s'opérait dans son cerveau, elle ne quittait pas du regard le jeune homme qu'elle avait tout d'abord reconnu dans le moment lucide provoqué par la force de la scène terrible à laquelle elle venait d'assister. Puis ses regards se détachèrent de Keinec et parcoururent la chambre. Alors un étonnement profond se peignit sur sa physionomie expressive ; on eût dit qu'elle voyait pour la première fois le lieu dans lequel elle se trouvait ; enfin ses yeux revinrent de nouveau s'arrêter sur le hardi Breton.

En ce moment Keinec s'agenouillait. Yvonne se pencha vers lui comme attirée par un fluide magnétique, et elle écouta attentivement l'action de grâces que prononçait son sauveur.

Alors son front s'éclaira subitement ; elle parut en proie à un trouble extrême, mais ce moment fut rapide : le calme se fit, et s'agenouillant pieusement près de son sauveur, elle murmura en pleurant une fervente prière. Mais cette fois la prière ne fut pas interrompue par des phrases sans suite; cette fois la pensée présida à l'action, et les pleurs qui inondèrent son visage ne s'échappèrent plus en sanglots convulsifs. C'étaient de douces larmes, des larmes de joie et de bonheur que versait la pauvre enfant, tandis que l'une de ses mains, cherchant celles de Keinec, les saisit et les pressa avec reconnaissance.

— Oui, dit la jeune fille en levant vers le ciel son œil limpide, dans lequel brillait la flamme divine de l'intelligence, oui, Keinec, remercions Dieu ensemble, car, dans sa miséricorde, il a permis non seulement que tu sois venu à temps pour me sauver, mais encore que je puisse, moi, t'exprimer ma gratitude. J'étais folle tout à l'heure, maintenant j'ai toute ma raison.

Yvonne disait vrai. Par un phénomène physiologique assez commun dans certains cas d'aliénation mentale, les secousses successives que venait de subir l'esprit de la Bretonne avaient fait tomber le voile qui le couvrait. Yvonne avait recouvré la raison.

XXVII

LES TROIS SANS-CULOTTES

Deux heures environ après la scène qui venait d'avoir lieu dans le logis du lieutenant de la compagnie Marat, et au moment où la nuit close s'étendait sur le bassin de la Basse-Loire, trois hommes, ou pour mieux dire trois sans-culottes aux allures avinées, débraillées et chancelantes, suivaient, bras dessus bras dessous, les rives de l'Erdre, se dirigeant vers la tour Gillet, près de laquelle s'ouvrait la porte de la ville par où étaient entrés, la veille au soir, Boishardy, Marcof et Keinec. Deux des trois sans-culottes, dont l'un portait des épaulettes d'officier attachées sur les épaules de sa carmagnole, hurlaient à tue-tête un refrain patriotique ; seul, celui qui se trouvait placé entre eux deux, ne chantait pas. Arrivés en face de la tour, les chanteurs, sans discontinuer leur symphonie, examinèrent chacun, d'un œil étrangement intelligent pour celui d'un ivrogne, les abords de la vieille forteresse.

— Rien ! dit l'un d'eux.

— Alors, l'entrée est libre ! répondit l'autre.

Ces paroles brèves s'échangèrent entre deux rimes, et les trois promeneurs s'avancèrent plus chancelants que jamais vers la porte devant laquelle veillait un soldat. Celui-ci présenta les armes à l'officier, se fit montrer les cartes de civisme épuré des deux autres citoyens, et les laissa continuer tranquillement leur route. Tous trois reprirent leur marche et leur chant suspendus. Seulement, celui qui se trouvait placé au milieu et qui gardait le silence, lança un regard du côté du corps de garde, tandis que l'un de ses compagnons portait négligemment la main à la crosse d'un pistolet qui sortait à moitié de la poche de sa carmagnole.

— Pas d'imprudence si tu tiens à la vie ! murmura-t-il à l'oreille de l'homme dont il serrait fortement le bras sous le sien.

La porte franchie, les nouveaux arrivés s'engagèrent dans l'intérieur de la ville ; mais plus ils avançaient et moins bruyant devenait leur chant, moins avinée paraissait leur démarche ; enfin les jambes s'affermirent, les bustes se redressèrent et les bouches se turent complètement. Ils venaient d'atteindre l'extrémité de la place du Département, pavée plus encore peut-être que la veille de cadavres ensanglantés.

— Halte ! dit brusquement l'un de ceux qui soutenaient le troisième sans-culotte. C'est ici que Keinec nous a donné rendez-vous, n'est-ce pas, Marcof ?

— Sans doute, Boishardy, répondit le marin, sans doute, et le gars ne va pas tarder à venir, si toutefois Carfor ne nous a pas trompés.

— Et comment vous aurais-je trompés ? répondit le troisième interlocuteur, qui n'était autre que le lieutenant de Carrier. N'ai-je pas fait ce que vous avez voulu ?

— C'est justice à te rendre, et tu n'y as même pas mis trop de mauvaise volonté.

— Alors tu tiendras ta parole, Marcof ?

— Est-ce que j'ai jamais failli à un serment ?

— Non !

— Eh bien, alors ?

— Je ne doute pas ! mais dis-le-moi encore ; tu ne me tueras pas ?

— Tu auras la vie sauve, mais tu sais à quelles conditions ?

— Oui, faire retrouver Yvonne et vous aider à délivrer le marquis et Jocelyn.

— C'est cela même.

— Eh bien ! Yvonne est chez moi, je te l'ai dit et je le répète. Veux-tu que je t'y conduise?

— Non, répondit Marcof ; attendons Keinec, dès qu'il sera venu, je l'enverrai délivrer la jeune fille, tandis que nous irons tous trois à la prison.

— Keinec tarde bien ! dit Boishardy en regardant autour de lui avec impatience.

— Il va venir, fit Marcof.

— Oui ! si le pauvre gars n'a pas été reconnu et arrêté, fit observer Boishardy.

— Je lui avais donné le mot de passe hier, vous le savez, dit Carfor, comme c'est moi qui vous ai appris que les officiers entraient et sortaient librement, et qu'il fallait que l'un de vous en prît le costume.

— Cela est vrai ; mais ces épaulettes me pèsent, fit le chef royaliste en arrachant les insignes du grade qu'il avait pris.

— Qu'as-tu donc ? demanda brusquement Marcof en soutenant Carfor qui chancelait.

— Ma blessure me fait horriblement souffrir !

— Pourquoi nous as-tu contraints à te martyriser, puisque tu devais finir par parler ?

Carfor poussa un soupir et chancela de nouveau en baissant la tête.

— Hum ! fit Boishardy d'un air mécontent, je n'aime pas ces demi-pâmoisons et ces accès de douleur. Le tigre fait patte de velours.

— Oui ! mais il est entre les griffes du lion ! répondit Marcof.

— Tonnerre ! Keinec ne vient pas ! reprit le chef royaliste après un silence.

— Je l'avais envoyé chez Rosine, et s'il lui était arrivé malheur, elle aurait trouvé moyen de nous prévenir. La tour Gillet ne portait aucun signal, donc tout doit bien aller.

Marcof s'arrêta en fixant son œil d'aigle sur un point noir qui apparaissait dans les ténèbres.

— Ah ! fit-il, voici quelqu'un ! Ce doit être Keinec ! Voyez donc, Boishardy.

Boishardy s'avança avec précaution et se trouva bientôt en face d'un nouveau personnage ; celui-ci, qui arrivait au pas de course, s'arrêta brusquement à deux pas du chef royaliste : c'était effectivement le jeune Breton. Tous deux revinrent vers Carfor et Marcof.

— Eh bien ? demanda le marin.

— Sauvée ! répondit Keinec avec un élan joyeux impossible à exprimer.

— Qui cela ? s'écrièrent en même temps Boishardy et Marcof.

— Yvonne ! Yvonne est sauvée !

— Tu l'as retrouvée ?

— Oui.

— Où cela ?

— Chez Carfor, et je suis arrivé à temps.

— Comment ? Explique-toi ?

Keinec raconta rapidement la scène qui avait eu lieu entre lui et Diégo. Seulement, le jeune chouan ne connaissait pas le misérable Italien ; il ne l'avait aperçu qu'une fois jadis, lorsque celui-ci fuyait des souterrains de l'abbaye en emportant Yvonne, mais l'éloignement avait empêché Keinec de distinguer ses traits. Tout ce qu'il put dire fut donc qu'il avait solidement garrotté l'envoyé du Comité de salut public avec lequel il avait lutté, et qu'il l'avait laissé sous la garde d'Yvonne.

— Nous verrons cela plus tard, répondit Marcof. Maintenant, ne perdons pas un instant et allons aux prisons. Yvonne est sauvée ! songeons à Philippe et à Jocelyn !

Puis, se retournant vers Carfor, il ajouta :

— Tu avais dit vrai en ce qui concernait Yvonne. Songe à ce qui te reste à faire. Voici le moment décisif arrivé. Tu vas payer de ta personne. Rappelle-toi qu'à la moindre hésitation tu es mort !

Carfor ne répondit pas. Marcof lui prit le bras et tous quatre se dirigèrent vers le Bouffay. Arrivés au poste de garde, Pinard demanda le chef et se fit reconnaître. Quelques sans-culottes étaient là ; ils poussèrent des hurlements de joie en revoyant le lieutenant de la compagnie Marat. Carfor, toujours enlacé à Marcof, les remercia de leurs démonstrations d'amitié et voulut passer outre, mais l'officier de garde l'arrêta.

— On n'entre pas ! dit-il.

— Comment, on n'entre pas ? répondit Pinard avec étonnement.

— Non.

— Pourquoi ?

— C'est la consigne.

— Est-ce que tu ne me reconnais pas ?

— Si fait.

— Tu sais que je suis l'ami de Carrier ?

— Sans doute.

— Eh bien ?

— Il y a ordre du citoyen représentant de ne laisser pénétrer qui que ce soit dans les prisons avant onze heures du soir, et il en est sept à peine.

Cet ordre, on se le rappelle, avait été donné le matin par Carrier à l'instigation du citoyen Fougueray. Carfor regarda Marcof avec inquiétude. Le marin comprit qu'il ne pouvait forcer l'entrée de la prison.

— Nous reviendrons à onze heures, dit-il en entraînant Carfor.

Tous quatre retournèrent sur leurs pas.

— Allons sur les quais, dit Boishardy, nous serons plus libres et nous ne rencontrerons personne.

Ils traversèrent la place et gagnèrent les rives de la Loire. Après avoir jeté un regard investigateur autour de lui et s'être assuré de la solitude complète de l'endroit où il se trouvait, Marcof s'arrêta et ses compagnons l'imitèrent.

— Fâcheux contre-temps ! dit Boishardy.

Marcof frappa du pied avec impatience. Tout à coup il saisit la main de Carfor et s'écria brusquement :

— Si tu nous avais trompés !

— Grâce ! fit le sans-culotte d'une voix déchirante ; j'ai dit la vérité, je ne vous trompe pas.

Marcof haussa les épaules.

— Es-tu sûr que Carrier ait ajouté foi à ta lettre? demanda Boishardy en s'adressant à Pinard.

— Je le crois.

— Cet ordre en serait-il la conséquence ?

— Je l'ignore.

— Pourquoi aussi avoir fait écrire cette lettre ! s'écria le marin.

— Pourquoi ! répliqua le chef royaliste.

— Oui.

— Pour mieux réussir.

— Je ne vous comprends pas.

— Écoutez-moi alors, Marcof, et vous allez comprendre. J'avais pensé, et cela était indubitable, que Pinard serait reconnu à son entrée dans la ville. Or, Pinard reconnu, il devait d'abord voir Carrier, et, au besoin, ses amis l'y auraient conduit de force. Qu'eussions-nous pu faire, alors ? Nous battre ? Aurions-nous pu pour cela sauver Philippe ? Non, n'est-ce pas ?

— Cela est vrai ! répondit Marcof.

— Tandis qu'en adressant à Carrier la lettre dont vous parlez, poursuivit M. de Boishardy, en le prévenant de l'arrivée de Pinard et surtout, en lui indiquant une heure que nous devions devancer, notre tranquillité provisoire était assurée, et de notre tranquillité présente dépend la réussite de nos projets. Enfin, mon cher, nos affaires de la nuit dernière m'ont mis en goût de bataille. J'ai pensé que nous pourrions tirer parti de la recommandation faite au représentant d'envoyer un détachement de sans-culottes à la porte de l'Erdre.

— Je comprends ! s'écria Marcof ; l'ordre que vous

avez donné ce matin à Kérouac est une conséquence de tout ceci.

— Sans doute.

— Il est allé au placis ?

— Oui. Ce soir, à onze heures, Fleur-de-Chêne et une partie de nos gars seront embusqués sur la route de Saint-Nazaire.

— De sorte qu'à un moment donné, nous exterminerons les sans-culottes, qui croient marcher à une victoire facile.

— C'est cela.

— Mais Philippe ?

— Il faut qu'il soit libre avant, et qu'il sorte sous la conduite de l'un de nous. Il s'échappera plus facilement pendant que nous ferraillerons.

— Admirable !

— Oui, tout irait bien si nous pouvions pénétrer dans la prison avant onze heures.

— Nous y pénétrerons !

— Comment cela ?

— J'ai mon plan.

— Dites ! fit vivement le chef royaliste.

Marcof réfléchit quelques instants, puis s'adressant à Carfor :

— Tu as entendu nos projets ; tu sais ce qu'il nous faut ; parle.

— Carrier peut seul faire ouvrir les prisons, répondit Pinard.

— Alors tu vas lui en demander l'ordre.

— Quand cela ?

— Tout de suite.

— Mais il faut que j'aille à Richebourg pour voir Carrier et obtenir cet ordre que tu exiges.

— Tu vas y aller !

Carfor ne put maîtriser un violent geste de joie, et son œil fauve lança un éclair sinistre.

— Comment, s'écria Boishardy, vous allez vous fier à cet homme ?

— Allons donc ! répondit le marin, je ne le quitte pas, et je reste soudé à ses côtés.

— Vous parlez d'aller chez Carrier, cependant.

— Eh bien ! sans doute !

— Quoi ! vous iriez avec lui ?

— Certainement.

— Et nous ?

— Vous m'attendrez sur la place du Bouffay.

— Marcof ! Marcof ! réfléchissez !

— A quoi ?

— Ce que vous voulez faire est impossible ! c'est d'une témérité tellement folle que rien ne saurait la justifier. Vous n'irez pas !

— Si fait !

— Non pardieu ! je ne vous laisserai pas aller seul dans cette tanière de bêtes féroces. Si vous êtes décidé, si rien ne peut vous arrêter, eh bien ! nous irons tous ensemble ; mais encore une fois, vous n'irez pas seul !

— Il le faut, Boishardy, il le faut cependant.

— Non, s'écria Keinec à son tour.

— Il le faut, vous dis-je ! Seul avec Carfor, je n'inspire aucune défiance. Quatre ensemble nous deviendrions l'objet de l'attention générale. Puis vous devez aller chercher Yvonne, et vous assurer du prisonnier fait par Keinec. Enfin, si je suis tué, il faut que vous viviez tous deux pour sauver Philippe. Nous avons fait d'avance le sacrifice de notre vie. Ne retardons rien par des paroles inutiles ; ma résolution est prise. Vous, Boishardy, je vous conjure de m'obéir ; toi, Keinec, je je te l'ordonne !

Les deux hommes demeurèrent indécis. Enfin Boishardy poussa un soupir.

— Faites donc, dit-il.

— J'obéirai ! ajouta Keinec.

— Bien, mes amis, répondit Marcof. Le temps presse, agissons donc sans retard. Je vais à Richebourg avec Pinard, je verrai Carrier. Pinard, que je ne quitte pas plus que son ombre et que je tiens toujours au bout de mon pistolet, Pinard demandera l'ordre au tyran de Nantes. Cet ordre, il l'aura, j'en réponds; je ne sais pas ce que je ferai si Carrier hésite, mais j'aurai cet ordre ou nous périrons tous. Courez donc tous deux auprès d'Yvonne, et trouvez-vous sur la place du Bouffay dans une heure. Je vous attendrai au pied même de la guillotine. C'est le dernier endroit où l'on ira chercher des honnêtes gens. A bientôt !

Et Marcof, brusquant les adieux dans la crainte d'une opposition nouvelle, entraîna rapidement Pinard stupéfait d'une pareille détermination. Le sans-culotte ne pouvait croire à tant d'audace, et il se sentait petit à côté du terrible marin. C'était, comme l'avait dit Marcof, le tigre dompté par le lion.

Boishardy et Keinec gardèrent d'abord le silence en suivant de l'œil l'ombre des deux hommes qui disparaissaient peu à peu dans l'épaisseur de la nuit. Le chef royaliste frappa du pied la terre et ferma les poings avec colère. Puis touchant l'épaule de Keinec :

— Viens! lui dit-il ; hâtons-nous, et ensuite tenons-nous prêts à porter secours à Marcof.

Tous deux s'élancèrent à leur tour, et gagnèrent promptement le quartier qu'habitait Pinard. Keinec pénétra dans l'intérieur de la maison. Boishardy le suivit.

XXVIII

LE FIL D'ARIANE

Keinec et Boishardy gravirent lestement les marches de l'escalier sombre et tortueux qui conduisait au logement de Pinard. Keinec avait hâte de rejoindre Yvonne; Boishardy était impatient de se trouver en face du prisonnier qu'avait fait le jeune chouan. Une faible clarté, brillant sur le palier du deuxième étage, vint activer leurs pas, et bientôt ils eurent atteint la porte d'entrée du misérable logis.

Au pied de cette porte, accroupie sur la dernière

marche de l'escalier, ils aperçurent, à la lueur s'échappant d'une petite lampe posée sur le carreau, Yvonne, dormant doucement la tête appuyée contre la muraille, et les mains jointes comme si le sommeil fût venu la surprendre dans la prière. La jeune fille avait cédé à la fatigue morale aussi bien qu'à l'épuisement physique, et elle s'était endormie. La pauvre enfant n'avait pas voulu rester dans la même pièce que Diégo, bien que celui-ci fut incapable d'essayer un seul mouvement.

Keinec avait solidement attaché l'Italien au pied du lit de Pinard ; et comme il n'avait pas pris la précaution de bander la blessure que son poignard avait faite en traversant la main du misérable, le sang avait continué à couler avec violence, et Diégo avait senti ses forces diminuer d'heure en heure. Une épouvantable crainte s'était emparée de lui. Une pensée horrible le torturait. Cette pensée était que, peut-être, Keinec voulait le laisser mourir lentement d'épuisement et de faim. Il voyait, comme dans un rêve fantastique, défiler devant lui toutes les effrayantes angoisses de l'homme condamné à une semblable mort. Bâillonné étroitement, il ne pouvait articuler un son, et tout espoir d'être secouru était bien perdu pour lui. Cependant, de temps à autre, semblable au noyé qui se raccroche à une branche frêle et délicate, et croit trouver un moyen de salut, Diégo se reprenait à songer à Pinard.

— Il est libre, pensait-il ; il rentrera à Nantes ce soir ; il viendra ici et il me délivrera.

Puis une autre réflexion venait anéantir cette suprême espérance.

— Carrier le fera disparaître. Il sera arrêté et noyé ce soir peut-être ; et c'est de moi qu'est née cette inspiration ! Oh ! tous mes plans détruits, tout mon avenir brisé par un hasard fatal. Maudite soit cette passion inspirée par Yvonne ! Maudite soit la pensée qui m'est venue de me servir d'elle ! Qu'avais-je donc besoin de rentrer dans cette maison ? Y a-t-il donc un Dieu pour guider ainsi nos pas en dépit de nous-même ? Un Dieu !

reprit-il en frémissant ; un Dieu   Oh ! non ! non ! Je ne veux pas y croire ! Un Dieu ! une justice ! une autre vie ! Je souffrirais trop ! Cela n'est pas ! cela n'est pas!

Et l'œil de l'ancien bandit calabrais, se relevant vers le ciel, semblait lui jeter un regard de menace et de défi. Le marquis de Loc-Ronan commençait à être vengé des supplices que lui avait infligés son bourreau.

Bientôt, à l'épuisement causé par la perte du sang, se joignirent les hallucinations provoquées par la fièvre. Diégo vit alors passer sous ses yeux, qui se fermaient en vain pour ne pas regarder, le panorama de sa vie antérieure, et le cortège de ses victimes.

A chaque crime, à chaque meurtre commis dans les Abruzzes, l'Italien poussait un blasphème nouveau espérant conjurer ces apparitions sinistres ; mais la justice divine, niée par cette âme dépravée, semblait s'acharner à une juste vengeance. Diégo ne se vit délivré de cette sorte de revue rétrospective que pour retomber dans les angoisses du présent. Ce fut en ce moment qu'un bruit extérieur le fit tressaillir. L'espérance et la crainte se succédèrent dans sa pensée, et son esprit tendu passa, en quelques secondes, par toutes les nuances énervantes de l'inquiétude et de l'anxiété.

— Est-ce Pinard ? se disait-il. Est-ce l'homme qui m'a blessé ? est-ce la délivrance ? est-ce la mort ?

Cependant Yvonne aussi avait entendu le bruit qui avait ému l'Italien. Elle se redressa vivement, et vit devant elle Keinec et Boishardy. La jeune fille tendit la main à son sauveur, tandis que le chef royaliste la contemplait en souriant avec bonté.

— C'est-elle, n'est-ce pas, Keinec? demanda-t-il en désignant Yvonne.

— Oui, monsieur le comte, répondit le jeune homme.

Et se tournant vers Yvonne, il ajouta :

— C'est M. de Boishardy. Sans lui et sans Marcof, je ne te sauvais pas. Ils ont fait plus que moi, car, sans leur secours, je ne serais pas à Nantes, et tu serais la victime de ce misérable.

La jeune fille voulut s'incliner sur la main du chef ; mais le gentilhomme, l'attirant doucement à lui, déposa un baiser sur son front pâli.

— Pauvre enfant ! murmura-t-il, vous avez bien souffert !

— Hélas ! monseigneur, j'ai été folle !

— Oh ! les monstres ! fit Boishardy avec une colère sourde. Enfin, mon enfant, vous êtes sauvée maintenant, et désormais vous aurez de braves cœurs pour vous défendre. Keinec et Jahoua seront les premiers ; mais je viendrai ensuite si vous le voulez bien. Pauvre Jahoua ! il doit maudire deux fois sa blessure qui l'a contraint à rester au placis.

En entendant prononcer le nom du fermier, Yvonne rougit subitement, et Keinec sentit les mains de la jeune fille frissonner dans les siennes. Une émotion terrible agita le brave gars. Ses yeux se voilèrent et il devint d'une pâleur extrême.

— Elle l'aime toujours ! pensa-t-il.

Puis une révolution subite sembla s'accomplir dans son âme, et une douceur ineffable remplaça peu à peu l'expression de haine qui avait envahi ses traits.

— Elle l'aime ! se dit-il encore. Il faut qu'elle soit heureuse ! Mon Dieu ! permettez que je sois tué cette nuit !

Boishardy se mordait les lèvres. Le gentilhomme avait compris ce qui se passait dans l'âme des deux jeunes gens, et il se repentait du mot imprudent qu'il venait de prononcer. Aussi, voulant écarter le nuage sombre qu'il remarquait sur le front de Keinec, s'empressa-t-il de changer le sujet de la conversation.

— Où est ton prisonnier ? lui demanda-t-il brusquement.

— En haut, répondit le jeune homme.

— Montons alors, et hâtons-nous !

Yvonne les suivit. La pauvre enfant, elle aussi, s'était aperçue des sentiments qui se peignaient sur le visage de son sauveur, et elle sentait le trouble et la crainte entrer de nouveau dans son âme.

Pendant les quelques heures qu'ils étaient demeurés ensemble, Keinec avait raconté une majeure partie des événements qui s'étaient succédé depuis la nuit fatale où Raphael avait enlevé la jolie Bretonne. Seulement, par un sentiment d'une délicatesse exquise, il ne lui avait pas fait part du serment échangé entre lui et Jahoua, lors de la fuite de Diégo, ce serment, qui avait pour but d'abandonner l'amour d'Yvonne à celui qui parviendrait le premier à retrouver la jeune fille et qui l'arracherait aux griffes de ses ravisseurs.

Yvonne, ignorant cette circonstance et connaissant le caractère impétueux de Keinec, s'était donc sentie saisie par une terreur vague en remarquant l'altération des traits du jeune homme, et, à cette terreur, venait encore se joindre un autre sentiment. La pauvre enfant aimait toujours Jahoua ; elle venait d'entendre dire à Boishardy que son fiancé était blessé, et elle avait compris que, lui aussi, était demeuré fidèle. Elle voulait savoir et elle n'osait interroger. Son regard, en rencontrant celui de Keinec, arrêta subitement sur ses lèvres les questions prêtes à s'en échapper. Elle baissa la tête et comprima un soupir. Keinec alors se rapprocha d'Yvonne. Un violent combat avait lieu dans l'âme du Breton. Enfin, il passa la main sur son front et leva les yeux vers le ciel avec une expression de résignation infinie.

Boishardy pénétrait dans le logement de Picard. Keinec retint Yvonne prête à le suivre, et se penchant vers son oreille :

— Jahoua sera guéri lors de notre arrivée, dit-il à voix basse, et il t'aime plus que jamais !

Yvonne poussa un cri, ses yeux rayonnèrent d'un suprême éclat de joie, et, saisissant la main du jeune homme, elle la porta à ses lèvres avant que celui-ci eût pu deviner son intention et arrêter ce mouvement.

— Sois béni ! murmura-t-elle ; tu es bon comme le Dieu de clémence !

— Qu'y a-t-il ? fit Boishardy en se retournant.

— Rien ! répondit Keinec. Entrons maintenant et hâtons-nous ! Marcof est peut-être en péril et j'ai besoin de me trouver en face d'hommes à combattre, de périls à braver, d'ennemis à frapper !

Le jeune homme prononça ces derniers mots avec un tel élan de férocité sauvage, qu'Yvonne frissonna de tout son être. Boishardy comprit encore ce qui se passait dans le cœur du pauvre gars.

— Ton cœur est aussi grand par la bonté que par le courage, dit-il. Viens ! ne pensons plus qu'à notre mission.

— Ce n'est pas de la bonté, répondit Keinec en pressant la main que le gentilhomme lui tendait affectueusement, c'est encore de l'amour !

Yvonne demeura dans la première pièce et les deux hommes passèrent dans celle où était attaché Diégo.

XXIX

UN SOUPER CHEZ CARRIER.

Tandis que Boishardy reconnaissait l'infâme beau-frère du marquis de Loc-Ronan sous le costume de l'envoyé du Comité de salut public, Marcof et Carfor pénétraient dans la maison du citoyen proconsul. En passant devant le poste de la compagnie Marat, le marin se contenta de serrer davantage, en signe d'avertissement, le bras de l'ex-berger passé sous le sien. Le sans-culotte comprit à merveille. Les sentinelles, reconnaissant Pinard, lui livrèrent passage sans difficulté. La compagnie Marat savait que son lieutenant était attendu chez Carrier. Pinard marcha donc droit au cabinet du représentant.

Carrier était alors chez Angélique, dont l'appartement était situé à l'étage supérieur. Lorsqu'on vint lui annoncer le retour de Pinard, il lâcha un juron énergique exprimant à moitié ce qui se passait en lui. Cependant faisant contre fortune bon cœur (au fond il craignait son lieutenant), il se hâta de descendre et pénétra dans son cabinet avec de grandes démonstrations de joie.

Pinard, sous l'étreinte de Marcof, joua son rôle à merveille. Il savait que la moindre hésitation de sa part, le plus léger signe surpris, la plus simple parole empreinte de trahison eussent été le signal d'une mort immédiate. Il présenta Marcof comme l'un des braves patriotes annoncés dans sa lettre du matin.

— C'est lui qui t'a aidé à fuir? demanda Carrier.
— Oui, répondit le marin en s'avançant.
— Tu as donc séjourné parmi les brigands.
— Comme tu le dis.
— Longtemps?
— Trois mois.
— Où cela?
— Un peu partout, dans les environs de Nantes.
— Quoi! ont-ils de leurs bandes si proches de la ville?
— Mais oui. Les gueux sont assez hardis. La preuve en est qu'ils ont osé pénétrer ici la nuit dernière.
— Qui les commandait?
— Boishardy.
— Tu sais que Pinard m'a promis de me mettre à même, dans quelques heures, de m'emparer de ces brigands d'aristocrates.
— Oh! je te le promets aussi, moi. Je te jure de te mettre face à face avec eux!
— Mais Pinard m'annonçait deux hommes. Pourquoi es-tu seul?
— Mon compagnon est au Bouffay.
— Il devait venir avec toi.
— Il n'a pas voulu.
— Pourquoi?
— Parce qu'il a ses raisons. Que t'importe? Pourvu que nous nous battions c'est tout ce qu'il te faut; et nous nous battrons parfaitement. Si tu en doutes, demande à Pinard; il sait ce que nous pouvons faire...

Tout en parlant ainsi, Marcof s'était peu à peu rapproché du proconsul. Sa main droite jouait avec le manche de son poignard. Une pensée rapide venait de traverser son cerveau. Carrier était là, en face de lui, à portée de son bras terrible. Marcof fit encore un mouvement, mais il s'arrêta.

Une hésitation effrayante se lisait sur sa physionomie expressive. En une seconde, toute la honte de l'action qu'il allait commettre se révéla à lui. Lui, l'homme de guerre, le soldat, le marin, lui habitué à frapper ses ennemis en face, lui Marcof enfin, lever son bras armé sur un être sans défense, tuer dans l'ombre comme un bandit, assassiner un homme, quel qu'il fût, qui se livrait à ses coups sans défiance, n'était-ce pas l'action d'un lâche qu'il allait accomplir ? Marcof recula.

Carrier ne se doutait pas du danger momentané qu'il venait de courir. Pinard, profitant du moment d'hésitation du marin, s'était avancé peu à peu vers la porte, lorsque Marcof releva brusquement la tête. Du geste il rappela près de lui le sans-culotte.

— Écoute, lui dit-il. A toi à parler au citoyen Carrier. Raconte-lui ce que je veux faire et ce que je demande.

— Ah ! tu demandes quelque chose ? interrompit le proconsul.

— Oui.

— Si c'est de l'argent, je t'avertis que la République est pauvre.

— Je ne veux pas d'argent.

— Que veux-tu donc ?

— Pinard va te le dire.

— Parle, alors.

— Il veut, répondit Carfor, il veut avoir le droit de fouiller dans les prisons et de disposer de deux hommes.

— C'est une vengeance, n'est-ce pas ? demanda le proconsul dont les regards s'éclaircirent.

— Peut-être, répondit le marin.

— Tu crains qu'ils n'échappent, et tu veux les tuer toi-même.

— Je crois que tu as deviné.

— Eh bien ! laisse-les où ils sont, alors ; ils souffriront davantage.

— Non ; je veux les avoir entre les mains.

— Tu y tiens donc bien ?

— Beaucoup.

— Eh bien, cela pourra se faire.

— Ce soir ?

— Je n'y vois pas d'inconvénient.

— Donne l'ordre alors de nous laisser passer. On nous a refusé l'entrée des prisons.

— Écris-le, je vais signer.

Et Carrier désigna du geste le bureau sur lequel se trouvaient papier, plumes et encre. Marcof se dirigea vers le meuble, attira un siège, prit place, et posa la main sur une feuille ornée de l'en-tête républicain. Pinard étouffa un soupir de joie. Son œil vitreux s'éclaircit brusquement, et il fit un pas en arrière. Marcof lui tournait le dos, et Carrier placé entre eux assurait encore sa retraite. Alors le lieutenant de la compagnie Marat s'avança silencieusement vers la porte; profitant du moment de liberté que lui avait imprudemment laissé le marin, il allait fuir, il allait s'élancer au dehors. Déjà il étendait la main pour saisir le bouton de la porte. Une seconde encore et c'en était fait de Marcof ; car la liberté de Pinard c'était la mort immédiate du frère de Philippe de Loc-Ronan.

Marcof avait pris une plume et allait la tremper dans l'encrier ; l'accomplissement de cet acte si simple allait peut-être lui coûter la vie... Par bonheur, le tapis ne couvrait pas toute l'étendue du plancher de la pièce ; un craquement d'une feuille du parquet sur lequel Carfor posa le pied, cependant avec une précaution extrême, rappela le marin à la situation présente. D'un seul bond il fut debout, et sa main saisit la crosse d'un pistolet. Pinard vit le geste, le comprit à merveille, et revint sur ses pas en affectant une tranquillité d'esprit qui était loin de son âme. Carrier n'avait rien vu, rien deviné ; il songeait à Fougueray qui manquait l'heure du rendez-vous, et dont il cherchait à s'expliquer l'absence.

— Eh bien ? fit-il en voyant Marcof se lever.

— Je ne sais pas écrire, dit le marin. Que Pinard prenne la plume.

Et, s'approchant du sans-culotte, il lui passa familièrement la main sur l'épaule gauche, et appuya son doigt légèrement sur la naissance du cou. Pinard devint pâle comme un linceul, tout son corps frissonna convulsivement, et il se précipita vers le fauteuil placé devant le bureau.

— Je suis prêt ! dit-il en attirant fiévreusement à lui la feuille de papier que Marcof avait repoussée. Que faut-il écrire ?

— L'ordre de nous laisser entrer dans les prisons sur l'heure.

Pinard traça rapidement quelques lignes et passa l'ordre préparé et la plume au citoyen représentant. Carrier prit l'un et l'autre et se pencha pour signer. Mais relevant la tête.

— A propos, dit-il en s'adressant à Marcof qui avait repris le bras de Pinard ; à propos, citoyen, quels sont les noms de ceux que tu veux avoir ?

— Qu'est-ce que cela te fait ? répondit le marin, que toutes ces lenteurs commençaient singulièrement à impatienter.

— Cela fait beaucoup, attendu qu'il y a certain prisonnier que je ne dois et ne puis livrer. Le bien de la République avant tout.

— Oh ! ceux-là n'intéressent guère le salut de la République ! Il s'agit d'un ci-devant domestique d'un ci-devant noble.

— Un domestique seul ?

— Non ; lui et son compagnon.

— Et comment les nommes-tu ?

— Je ne sais pas sous quel nom le dernier a été écroué ; mais le premier se nomme Jocelyn.

— Jocelyn ! reprit Carrier en se redressant et en lâchant la plume.

— Eh bien oui, Jocelyn ! dit Marcof étonné de l'accent avec lequel le proconsul venait de répéter le nom du vieux serviteur.

— Oh ! oh ! fit Carrier, cela demande réflexion alors.

— Pourquoi ?

— Parce qu'il me plaît de réfléchir.

— Mais il ne me plaît pas d'attendre, à moi ! s'écria Marcof qui sentait qu'il allait bientôt ne plus être maître de lui-même.

— Plaît-il ? fit Carrier en relevant le front avec insolence.

En ce moment la porte s'ouvrit doucement.

— Qu'est-ce ? demanda Carrier à une sorte de valet qui parut timidement sur le seuil.

— Citoyen, répondit le pauvre diable, c'est le souper.

— Eh bien, le souper ?

— Il est prêt...

— A table, alors ! s'écria le proconsul avec une joie manifeste ; à table !

— Et cet ordre ? signe-le donc ! dit Marcof en se contenant à peine.

— Quel ordre ?

— Tonnerre ! celui que je te demande, et qu'il faut que tu me donnes.

— Après souper, citoyen !...

— Cependant...

— Allons, à table ! Tu m'as tout l'air d'un bon patriote. Soupons ensemble, et ensuite tu prendras tous les aristocrates que tu voudras. Ce sera de la besogne toute faite. Viens donc, les amis nous attendent.

Marcof dévora son impatience. Il sentait, à n'en pas douter, qu'un éclat perdrait non seulement lui, mais encore Philippe. Carrier l'avait pris par le bras et s'efforçait de l'entraîner.

Le marin n'hésita plus. Se dégageant doucement, il saisit la main de Pinard qu'il voulait avoir toujours à sa portée ; et s'adressant à Carrier :

— Eh bien ! répondit-il, soupons ensemble et nous verrons si tu sais boire !

Puis se penchant à l'oreille de Pinard, tandis que le proconsul ouvrait la porte communiquant avec le salon :

— Garde à toi ! murmura-t-il ; nous mourrons ensemble si je dois mourir ! Il faut griser Carrier, et lui faire signer ce que je voudrai qu'il signe.

Une inspiration subite venait de traverser l'esprit du brave marin ; sa pensée courait rapidement vers un plus vaste horizon ; il espérait pouvoir sauver d'autres victimes encore. C'était cette inspiration généreuse qui lui avait donné la force de dominer sa nature violente et impétueuse.

Carrier, lui, avait accueilli avec une joie réelle l'annonce du souper qui le dispensait et de signer immédiatement l'ordre demandé et de donner une explication de son refus.

— Dès que Fougueray sera arrivé, se disait-il, je saurai à quoi m'en tenir. Alors j'agirai en conséquence et je ferai envoyer ce drôle au dépôt. Si Fougueray a voulu se jouer de moi, au contraire, en pensant me dérober un ordre qui lui permette d'agir avant l'heure convenue, il se trahira en se trouvant chez moi en face de son complice. D'ailleurs, j'ai tout à gagner en attendant et rien à perdre.

Quant à Pinard, lui aussi se réjouissait de ce retard, car il se disait de son côté qu'il était impossible qu'au milieu du tumulte ordinaire présidant à toutes les orgies du proconsul, il ne trouvât moyen de se débarrasser de Marcof et de se venger de son ennemi. Tous trois étaient donc entrés dans le salon, chacun ayant, comme on le voit, des pensées bien différentes.

Ce salon, dans lequel ils venaient de pénétrer, était une vaste pièce, aux proportions élégantes, splendidement éclairée, et envahie, comme cela était la coutume chaque soir, par une foule nombreuse et peu choisie. Rien n'était plus étrange, plus incroyable, plus pittoresquement hideux que la vue de cette société bizarre qui formait la cour du proconsul. On y voyait des généraux républicains, des officiers supérieurs de la garnison de Nantes en sabots et en épaulettes de laine, suivant l'usage de l'époque ; des membres du département en carmagnoles, la tête coiffée du bonnet phrygien, les bras nus, les manches déchirées ; des juges au tribunal révolutionnaire, sans gilet et sans cravate ; des sans-culottes de la compagnie Marat, aux vêtements sales, graisseux, maculés de taches de sang ; des fournisseurs, des habitués des clubs, des orateurs patriotes aux allures grossières, aux propos ignobles ; des femmes sans nom aux yeux ardents, aux regards éhontés.

Les uns jouaient, les autres hurlaient, presque tous fumaient la pipe à la bouche, se prélassant sur des sièges soyeux que le sybaritisme du citoyen représentant avait fait mettre en réquisition dans les somptueux hôtels des ex-grands seigneurs. Des blasphèmes effrayants retentissaient dans tous les coins du salon, non qu'ils fussent l'expression de violentes disputes, mais c'étaient tout simplement les fleurs dont on ornait le langage.

Marcof, l'intrépide corsaire, le voyageur infatigable qui avait tour à tour visité les tavernes anglaises, les musicos de la Hollande, tous les lieux de débauche qui sont l'apanage des villes maritimes, Marcof n'avait jamais contemplé un ensemble plus hideux, plus repoussant, plus dégradant pour l'espèce humaine.

Après s'être esquivé des empressements dont lui et Pinard étaient l'objet, il avait entraîné son compagnon dans un angle de la pièce, et, quoique Carrier fût venu l'y retrouver, absorbé qu'il était par ce qu'il voyait et ce qu'il entendait, à peine écoutait-il le citoyen représentant. Enfin la présence d'esprit lui revint. Il comprit que rester en arrière des autres serait se mettre mal dans la pensée du proconsul. Sans quitter Carfor, il se jeta dans le tourbillon à l'annonce que le souper était servi, et tous passèrent pêle-mêle dans la salle à manger.

Carrier prit place au centre de la table. Marcof s'assit

en face de lui, et Carfor se laissa tomber sur un siège à côté de celui que l'on pouvait, à bon droit, nommer son maître. Deux places seules demeurèrent vides : l'une à la gauche de Carrier, l'autre à la droite de Marcof.

La table était servie avec une profusion qui contrastait outrageusement avec l'état de famine dans lequel était plongée la ville entière ; mais Carrier était sensuel, mais Carrier était maître absolu, mais Carrier ne reculait devant aucun crime, aucune infamie pour assouvir ses passions, ses goûts ou ses moindres désirs, et peu lui importait qu'une partie de la population mourût de faim et de misère, pourvu qu'il ne manquât de rien. D'ailleurs plus la mortalité serait grande et plus vite sa mission serait accomplie, puisque la seule qu'il se fût donnée était de tuer, de tuer toujours.

Le placement des convives excita bien par-ci par-là quelques querelles, beaucoup de blasphèmes et pas mal de gourmades, mais ces gentillesses étaient l'assaisonnement ordinaire des soupers et avaient l'avantage d'amuser singulièrement le proconsul. Enfin, tous s'assirent et le calme se rétablit presque.

— Servez ! dit alors Carrier d'une voix de maître, et prévenez les citoyennes que nous les attendons !

Les valets, ou pour nous servir du style de l'époque, « les officieux », s'empressèrent d'obéir.

— Où donc est le citoyen délégué ? demanda Grandmaison, placé sur le même rang que Marcof et presque en face de Carrier.

— Fougueray ? répondit le représentant. Je ne sais ce qu'il fait ; il devrait être ici.

Au nom de Fougueray, Marcof avait tressailli.

— Fougueray ! répéta-t-il.

— Un délégué du Comité de salut public de Paris, dit Goullin.

— Est-ce que tu l'as vu, Pinard ? dit le marin en baissant la voix et en touchant, ainsi qu'il l'avait déjà fait dans le cabinet de Carrier, le sans-culotte entre les deux épaules.

Pinard se courba sous la faible pression, et lança à son voisin un regard suppliant.

— Oui, répondit-il.

— Est-ce donc le Fougueray que Brutus devait envoyer chercher? Est-ce le comte de Fougueray avec lequel tu étais en relation politique? Réponds nettement, réponds vite!

— C'est lui! dit précipitamment Carfor; c'est le même! Ne me touche pas, je t'en conjure! Je souffre trop!

Marcof laissa échapper de ses lèvres un sifflement de joie.

— Ah! se dit-il, c'est décidément Dieu qui m'a conduit à Nantes!

En ce moment la porte du fond s'ouvrit, et deux femmes rayonnantes de beauté et de parure firent leur entrée dans la salle. Tous les regards se tournèrent vers elles, et des applaudissements les accueillirent de toutes parts. Ces deux femmes étaient Angélique Caron et Hermosa.

La situation se compliquait singulièrement pour Marcof. Le marin reconnut sur-le-champ Hermosa, et comprit que la seconde qui allait suivre devait décider de son sort et du succès de la soirée.

Sur un double signe de Carrier, Angélique accourut prendre place à ses côtés, et l'Italienne se dirigea fièrement vers le siège resté vide à la droite de Marcof. Hermosa, occupée de répondre aux propos qu'on lui adressait sur son passage, n'avait pas pu voir encore celui qui allait être son voisin de table. Cependant elle approchait lentement. Le moment devenait horriblement critique.

Marcof, résolu à tout, la main droite appuyée sur la crosse de son pistolet, se tourna complètement vers Pinard, avec lequel il parut engagé dans une conversation des plus intéressantes. Il entendit, sans bouger, le murmure soyeux de la jupe qui frôlait sa chaise; il sentit Hermosa prendre place et s'installer à son côté.

Alors, tout en paraissant jouer négligemment avec l'arme meurtrière qu'il avait saisie, il la tira de sa ceinture, appuya la main droite sur la table, et la tenant de façon à ce que le canon menaçant fût dirigé vers Hermosa, il se retourna lentement. Une résolution terrible se lisait sur son front, et ses yeux étincelèrent de menaces.

Le geste de Marcof avait attiré tout d'abord l'attention de sa voisine, qui se pencha en avant pour essayer de distinguer les traits de l'homme à côté duquel elle se trouvait. Alors Marcof releva brusquement la tête, et ils se trouvèrent subitement tous deux face à face.

Hermosa pâlit affreusement. Du premier coup d'œil elle reconnut le frère du marquis de Loc-Ronan, le chouan qui, deux ans auparavant, l'avait interrogée dans la forêt de Plogastel, l'homme auquel enfin elle avait voué une mortelle haine.

La situation était tellement tendue, que le moindre incident pouvait en rompre l'équilibre, et transformer le souper en une scène sanglante. Marcof se taisait, mais ses yeux parlaient pour lui. Hermosa y lut si nettement l'arrêt de sa mort à la plus légère imprudence, qu'elle refoula au fond de sa poitrine le cri prêt à jaillir de sa gorge.

Les autres convives, heureusement, étaient trop occupés à vider les bouteilles et à fêter les mets qui encombraient la table, pour prêter attention à ce qui se passait sur le visage d'Hermosa.

— Eh ! citoyen, cria tout à coup Carrier en s'adressant à Marcof; eh ! citoyen, comment te nommes-tu ? Cet aristocrate de Pinard a oublié de m'annoncer ton nom !

— On m'appelle le tueur de hyènes, répondit Marcof.

— Le tueur de hyènes ?

— Oui.

— Où diable as-tu pris ce nom-là ?

— Je ne l'ai pas pris, on me l'a donné.

— Où cela ?

— En Afrique!
— Tu as donc tué des hyènes?
— Pardieu! sans compter celles que je tuerai encore.
— Est-ce que tu es marin?
— Mais oui.
— Et maintenant tu restes à terre pour faire la chasse aux aristocrates?
— Tu l'as deviné.
— Bravo! à ta santé!
— A la tienne et à celle de la citoyenne! répondit Marcof en élevant son verre de la main gauche, tandis que de la droite il enlaçait Hermosa et l'attirait à lui comme pour l'embrasser, mouvement fort ordinaire à la table du proconsul.

Hermosa plia sous l'étreinte du marin.

— Un mot et tu es morte! lui glissa Marcof à l'oreille, en effleurant de ses lèvres le cou de la courtisane, afin de motiver son action.

— Hermosa! hurla Carrier, si tu m'es infidèle, je te fais déporter ce soir!

— Tiens! tu es jaloux? riposta Marcof; vilain défaut, citoyen, et qui sent l'aristocrate. Liberté, égalité, c'est ma devise! Donc, si tu es libre d'embrasser la citoyenne, je suis libre aussi de le faire, et nous sommes égaux tous deux devant son amour. Bois donc! et vive la nation!

— Vive la nation! hurla l'assemblée tout entière.
— Bravo le tueur de hyènes!
— Vive la liberté!
— Vive l'égalité! cria-t-on de toutes parts.

Marcof grandissait en popularité. Carrier lui-même, habitué à voir tout plier devant lui, trouvait amusante la franchise du marin. Néron aussi avait ses bons jours.

— Dis donc, citoyen, reprit-il en ricanant, est-ce que c'est en Afrique que tu as pris l'habitude de souper avec un pistolet à côté de ton assiette?

— Justement.
— Mais ce n'est pas d'usage ici.

— Et la liberté donc? D'ailleurs, demande à Pinard pourquoi je ne quitte jamais mes armes. Il te le dira, lui. Allons, Pinard, qu'est-ce que tu as? Tu ne dis rien! Tu ne parles pas! Est-ce que ton séjour parmi les aristocrates t'a rendu muet?

Et Marcof, passant encore son bras autour du cou du misérable, appuya le doigt sur la place qu'il avait déjà touchée deux fois. Carfor se redressa comme s'il venait d'être mordu par un serpent.

— Parle donc! répéta Marcof.

— Qu'ai-je à dire? s'écria le sans-culotte avec une volubilité fiévreuse, tandis que le sang envahissait subitement son visage et tendait les veines de son cou; qu'ai-je à dire, si ce n'est que tu es le meilleur des patriotes que j'aie jamais connus. Vive le tueur de hyènes!

Pinard s'arrêta. Ses traits crispés exprimaient une douleur effrayante. Mais l'orgie montait rapidement à son comble; les paroles s'entre-croisaient de tous côtés. Personne, pas même Carrier, ne fit attention à l'expression de la physionomie de Pinard. On entendit seulement qu'il vantait le patriotisme de son voisin, et comme celui de Pinard avait une grande réputation, on chanta les louanges du nouveau venu. Le lieutenant de la compagnie Marat se pencha vers Marcof, et, le regard plus suppliant que jamais, il murmura à voix basse:

— Par pitié, je ne pourrais en endurer davantage. J'aimerais mieux mourir!

— Tu souffres donc?

— Comme un damné.

— Alors, songe à ceux que tu as fait souffrir!

— Oh! pensa Carfor, dussé-je être tué cette nuit par toi, tu ne sortiras pas vivant de cette maison.

XXX

PIÉTRO

Un tumulte étourdissant régnait dans la salle. On était à peine à la moitié du souper, et presque tous les convives étaient ivres. Carrier prodiguait ses caresses à Angélique Caron. Chacun criait, jurait, blasphémait, sans s'occuper de son voisin. Marcof alors se pencha vers Hermosa, à laquelle il n'avait encore adressé la parole que pour lui donner l'avertissement que nous connaissons.

— Tu m'as donc reconnu? demanda-t-il d'une voix railleuse.

— Oui, répondit sourdement la courtisane.

— Et cela t'étonne de me rencontrer ici?

— Qu'y viens-tu faire?

— Es-tu vraiment curieuse de le savoir?

— Peut-être.

— Allons! ne joue pas la comédie en prenant des airs de reine. Je te connais trop pour que tu te donnes cette peine. Cordieu! maîtresse de Carrier, c'est une belle fin, et j'ai dans l'idée que ce sera là ton dernier amour.

— Comme ce souper sera ton dernier repas.

— Je ne crois pas.

— Moi, je l'espère; tu vois que je suis franche.

— A merveille; seulement, n'oublie pas que si je tombe, tu tomberas avant moi! Cependant, il te reste un moyen de t'échapper de mes mains.

— Lequel?

— Celui de continuer à être franche.

— A quel propos?

— A propos des questions que je vais t'adresser.

— Des questions, à moi?

— Sans doute.

— Je ne comprends pas.

— Tu vas comprendre. Oh! ne t'alarme pas. Personne ne nous entend, et au milieu de ce bruit épouvantable nous pouvons causer ensemble; seulement, ne t'étonne pas de ce que je me tiens à demi penché vers ce cher Pinard; c'est un ami que j'aime tant, que je veux toujours avoir un œil sur lui; et puis, quand il entendrait notre conversation, il n'en abusera pas, je m'en porte garant. Dis-moi, ma belle, lorsqu'il y a un peu plus de deux années tu tombas entre mes mains, tu te rappelles, sans doute?

— Oui. Après?

— Un peu de patience. Cette même nuit, je trouvai dans l'abbaye de Plogastel un homme mourant. Cet homme se nommait le chevalier de Tessy, et passait pour ton frère...

— C'était mon frère, interrompit Hermosa.

— Vraiment?

— Certes!

— Eh bien! cela est fâcheux pour la famille, car j'ai reconnu dans celui qui se donnait ce titre un ancien bandit que j'avais vu dans les Calabres.

— Impossible!

— Bah! Il l'a avoué lui-même.

— Tu mens! dit Hermosa avec rage, car elle crut que le marin était plus instruit encore qu'il ne le paraissait. Tu mens! Aussi bien, dis ce que tu voudras, je ne répondrai plus.

— Tu ne répondras plus?

Hermosa garda le silence.

— Allons, continua Marcof, il faut que je te raconte une petite histoire. Tu vois ce digne Pinard qui est là, assis près de moi. Cette nuit, nous étions ensemble à quelques lieues de Nantes. J'avais à lui parler d'affaires, et j'étais venu le chercher hier. Eh bien! lui aussi ne voulait pas parler. Sais-tu ce que j'ai fait? Le moyen est des plus simples, mais il est infaillible. J'ai fait chauffer à blanc une petite plaque de tôle et je l'ai appliquée sur l'épaule droite du citoyen. La chair a crié, la plaque s'est enfoncée, et lorsque je l'ai enlevée, elle emportait avec elle la peau et laissait l'épaule à vif. Alors j'ai fait scier une étrille d'écurie et j'en ai appliqué un morceau du côté des piquants, bien entendu, sur la brûlure. Puis, j'ai fait attacher solidement l'étrille sur la plaie. En posant seulement le doigt dessus, je fais de Pinard tout ce que je veux; en ce moment, je n'ai qu'un geste à accomplir pour le voir tomber à genoux et demander grâce !

— Que m'importe ! dit Hermosa ; me crois-tu en ton pouvoir ?

— Je ne dis pas cela précisément ; mais ce qui est incontestable, c'est que je puis te brûler la cervelle avec ce pistolet.

— Tu ne le ferais pas !

— Pourquoi donc ?

— Parce que ce serait assurer ta mort.

— On ne tue pas Marcof comme cela. J'ai encore un poignard et un autre pistolet ; c'est plus qu'il n'en faut pour profiter de la surprise que causera ta mort.

— Mais que me veux-tu donc ? dit la courtisane dominée complètement par son interlocuteur dont elle connaissait l'audace à toute épreuve.

— Je veux que tu répondes à mes questions.

— Encore ?

— Toujours ! Regarde ! le canon de cette arme est à deux pouces de ta poitrine ; personne ne peut te sauver. Veux-tu répondre ?

— Mais...

— Veux-tu répondre, oui ou non ?

— Eh bien !... oui !

— Franchement ?

— Franchement.

— Ce Raphaël était-il ton frère ?

— Non !

— Avait-il donc volé le titre qu'il portait ?

— Oui !

— Tout à l'heure, Carrier t'a appelée Hermosa. Est-ce ton nom ?

— Oui.

— Tu ne te nommes donc plus Marie-Augustine ?

— Non !

— Mais qui es-tu ?

— Qui je suis ?

— Oui.

— La marquise de Loc-Ronan !

— Mensonge !

— Tu sais bien que je ne mens pas !

— Je veux connaître le mystère qui t'environne s'écria Marcof avec violence. Je le veux ! Parle !... parle ! ou tu es morte !

— Qui donc va mourir ? répondit Carrier qui depuis un moment prêtait une attention singulière à ce qui se passait en face de lui et remarquait enfin la contenance d'Hermosa.

Marcof, entraîné par la violence de son caractère, avait abandonné toute prudence.

Il n'était plus temps de reculer. Il se leva brusquement, et appuyant le canon de son pistolet sur le front de la courtisane :

— Réponds ! s'écria-t-il.

Hermosa poussa un cri d'horreur. Carrier, épouvanté, se leva avec précipitation. Tous les convives, surpris, hésitèrent un moment ; mais ce moment eut à peine la durée d'un éclair.

Pinard venait de profiter de la faute commise par son voisin ; saisissant l'instant où Marcof se levait, il avait arraché le second pistolet qui pendait à la ceinture du marin.

— C'est toi qui vas mourir ! hurla-t-il d'une voix triomphante.

Marcof fit un bond en arrière au moment où Carfor pressait la détente, et la balle, dirigée par la main de Dieu, effleura la poitrine du marin et brisa le crâne de la courtisane. Le corps inanimé d'Hermosa s'affaissa sur la table qu'il inonda de sang. Un cri d'épouvante répondit à la détonation. Marcof comprit qu'il était perdu.

Rassemblant toutes ses forces, il saisit le bord de la table, roidit ses nerfs d'acier et renversa le meuble sur les convives qui lui faisaient face. Les flambeaux glissèrent, les bougies s'éteignirent et l'obscurité remplaça subitement l'éclat des lumières. Alors le marin, son poignard à la main, s'élança, abattant et renversant tout ce qui lui faisait obstacle.

Il gagna rapidement la porte au milieu des cris et du pêle-mêle. Dans l'escalier il rencontra quelques sans-culottes qui accouraient. Une fenêtre s'ouvrait en face de lui; Marcof n'hésita pas un moment, il la franchit et sauta en dehors. Il était tombé devant le poste même de la compagnie Marat. La sentinelle croisa la baïonnette sur lui. Le marin se releva vivement et prit la fuite. Une balle siffla à ses oreilles et hâta encore sa course.

Par bonheur, Marcof avait pris la direction du Bouffay. Arrivé sur la place, il se précipita vers l'échafaud. Boishardy et Keinec l'y attendaient.

— Perdu! s'écria Marcof avec désespoir; tout est perdu par ma faute!

— Non! répondit Boishardy, tout est sauvé; nous pouvons pénétrer dans la prison!

— Comment cela? Il est neuf heures à peine.

— J'ai un blanc-seing de Carrier!

— Un blanc-seing de Carrier?

— Le voici; je l'ai rempli. Venez! je vous expliquerai tout plus tard. J'ai trouvé ce papier dans la poche du prisonnier fait tantôt par Keinec; venez, hâtons-nous!

La prison était voisine; les trois hommes y furent en quelques secondes. Boishardy s'avança le premier.

— Ordre de Carrier! dit-il en présentant la feuille tout ouverte à l'officier de service. Celui-ci la prit, puis la mettant dans le tiroir de la petite table devant laquelle il était assis :

— Passez, citoyens, dit-il.

— Tu vois ce qu'il nous faut? répondit Boishardy.

— Oui; mais ce n'est pas mon affaire. Entrez et adressez-vous aux geôliers.

Boishardy, Marcof et Keinec pénétrèrent dans la prison. Marcof laissait agir son ami. Celui-ci alla droit au bureau du directeur de l'entrepôt, comme disaient les sans-culottes. L'officier les avait fait accompagner par un grenadier chargé d'appuyer leur demande. Il

17.

avait gardé par devers lui l'ordre en blanc rempli par Boishardy, selon l'usage, afin de mettre sa responsabilité à couvert.

Boishardy formula le but de sa mission. Il venait chercher, au nom du citoyen représentant, deux prisonniers : le ci-devant marquis de Loc-Ronan et le citoyen Jocelyn, ci-devant valet de chambre. Le grenadier appuya la demande, comme il en avait l'ordre de son chef.

— Jocelyn... et Loc-Ronan... répéta l'inspecteur; mais ils sont exécutés depuis longtemps.

— Impossible, répondit Marcof; Pinard m'a affirmé le contraire.

— Quand cela?

— Aujourd'hui même.

— Peut-être a-t-il raison... En tous cas, ils ont été incarcérés dans la salle numéro 7; s'ils vivent, ils y sont encore.

— Et où est cette salle?

— Au fond de la deuxième cour, escalier H, troisième étage; voici l'ordre pour le geôlier de service... Veux-tu que je te fasse accompagner?

— Inutile, répondit Boishardy, nous trouverons bien.

Au moment où Marcof et ses compagnons gravissaient l'escalier indiqué, un roulement de tambour, appelant aux armes les hommes du poste de garde, retentit dans la première cour.

Ils s'élancèrent plus rapides que la pensée. A la faible lueur d'une lanterne fumeuse qui éclairait le corridor, ils distinguèrent deux portes se faisant face. L'une d'elles portait le numéro 7. L'autre était surmontée de cette inscription tracée en lettres noires :

CHAMBRE DU SURVEILLANT

Boishardy heurta violemment à cette dernière. Elle s'ouvrit aussitôt et Piétro parut sur le seuil. Il tenait à la main une petite lampe.

— Que veux-tu, citoyen? demanda-t-il.

— Le prisonnier Loc-Ronan et le prisonnier Jocelyn.
— Le citoyen Loc-Ronan? répéta le geôlier.
— Eh oui, tonnerre! s'écria Marcof en avançant.

La figure du marin se trouvait alors en lumière. Piétro poussa une exclamation joyeuse.

— Marcof! s'écria-t-il.
— Tais-toi! répondit le marin en tirant son poignard.
— Ne me reconnais-tu pas? Mais regarde-moi donc! disait le geôlier tremblant de joie. Quoi! tu ne veux pas reconnaître Piétro le Calabrais?
— Piétro?
— Lui-même.
— Eh bien, si tu m'aimes toujours, mon garçon, rends-moi un dernier service... Fais sortir tout de suite MM. de Loc-Ronan et Jocelyn.
— Le marquis?
— Oui.
— Ils ne sont plus dans la salle commune.
— Où sont-ils?
— Là, dans ma chambre. J'ai su que cet homme était ton frère, et je voulais le sauver.
— Brave garçon! s'écria Marcof dont les larmes sillonnaient le visage.
— Ainsi Philippe est là? demanda Boishardy.
— Oui, messieurs, répondit le marquis de Loc-Ronan qui venait de pousser la porte et se précipitait dans les bras de ses amis.

Keinec, pendant ce temps, pénétra dans la chambre et s'approcha vivement de la fenêtre donnant sur la cour. Il aperçut des sans-culottes portant des torches, et il reconnut Carfor parmi eux.

— Nous sommes cernés! s'écria-t-il.
— Allons... dit Boishardy, il ne nous reste plus qu'à mourir.
— Mais au moins nous mourrons ensemble, répondit Philippe. Une arme! Donnez-moi une arme! Nous sommes quatre!...

— Vous m'oubliez donc, monseigneur? fit une voix émue.

Le vieux Jocelyn s'avançait à son tour.

— Tiens, dit Marcof, prends ce poignard.

— Ils montent, cria Keinec.

— Essayons toujours de vaincre, répondit Marcof.

— Non, non, fuyons, interrompit Piétro. Venez, venez, suivez-moi. Que l'un de vous seulement éteigne la lanterne.

Keinec brisa la lampe. Piétro alors saisit la main de Marcof et l'entraîna dans l'obscurité. Leurs compagnons les suivirent. On entendait les pas des sans-culottes qui gravissaient hâtivement l'escalier. L'obscurité pouvait encore protéger Piétro et ceux qu'il dirigeait; mais cette obscurité allait cesser, car déjà la lueur des torches apparaissait à l'entrée du corridor.

Piétro venait d'atteindre l'extrémité opposée. Il poussa une porte tout ouverte, et pénétra dans une petite pièce dans laquelle brûlait une bougie enfermée dans une lanterne sourde. Tous se précipitèrent. Piétro referma la porte et poussa deux verrous intérieurs.

— La porte est doublée de fer, dit-il; pendant qu'ils l'abattront, nous aurons le temps de fuir.

— Par où? demanda Boishardy.

Piétro désigna les fenêtres. Il y en avait trois toutes garnies de barreaux de fer.

— Nous n'aurons pas le temps de scier les barreaux, fit observer Marcof.

— Ils le sont, répondit le geôlier. Détachez-les vite.

Keinec, Boishardy et Jocelyn s'élancèrent. Effectivement, les barreaux des trois fenêtres, sciés habilement, aux deux extrémités, n'offrirent aucune résistance. Pendant ce temps, Piétro, ouvrant un coffre, en tirait trois cordes à nœuds.

— Attachez cela, dit-il; j'ai ménagé un barreau exprès. Comme il n'y a pas de prisonniers dans cette aile, on ne pose plus de sentinelle au dehors de ce côté.

— Mais, dit Marcof, tu avais donc tout préparé?

— Sans doute. Puisque cet homme était ton frère, je devais le sauver.

— Oui, ajouta Philippe, ce pauvre garçon m'avait promis de fuir avec nous.

— Les cordes sont attachées, cria Keinec.

En ce moment, un bruit épouvantable éclata dans le corridor, et la porte trembla sous les coups de la hache.

— Partez ! fit Piétro.

— Philippe, Jocelyn et toi, d'abord, répondit Marcof.

— Mais...

— Il y va de la vie. Partez, tonnerre ! ou nous périrons tous.

L'hésitation n'était pas possible ; la porte commençait à se fendre. Philippe enjamba une fenêtre. Piétro s'élança sur l'autre, et Marcof aida Jocelyn à escalader la troisième. Tous trois disparurent.

— A nous ! fit M. de Boishardy. Dépêchons !

Il était temps en effet. La porte volait en éclats, les fers des piques la traversaient. Les plaques de tôle offraient seules encore une minime résistance. Pinard, l'œil en feu, l'écume aux lèvres, excitait les sans-culottes. Boishardy et Keinec étaient déjà au dehors ; leur tête passait encore au-dessus de l'appui de la fenêtre.

— Venez donc ! cria le gentilhomme à Marcof qui restait immobile.

Tout à coup la porte tomba, renversée dans l'intérieur. Marcof venait de saisir la corde à nœuds.

— Vite ! cria-t-il à ses compagnons qui se laissèrent glisser rapidement.

— Coupez les cordes, hurla Pinard en se précipitant vers la fenêtre sur laquelle venait de monter le marin. Coupez-les...

Il ne put achever. Une balle lui fracassait la mâchoire. Marcof laissa tomber son pistolet désarmé, et se laissant glisser rapidement, il acheva de descendre. Philippe le reçut dans ses bras.

— En avant, dit Boishardy ; du silence, et suivez-moi tous !...

— Où est Keinec? demanda Marcof.

— Il est parti en éclaireur, répondit Philippe.

— Silence! ordonna Boishardy; on se bat à l'une des portes de la ville.

Keinec accourait.

— Fleur-de-Chêne vient d'attaquer, dit-il vivement.

— Alors, nous sommes sauvés; en avant!

Et tous, suivant les pas du gentilhomme soldat, s'élancèrent dans la direction de l'Erdre.

— Comment Fleur-de-Chêne est-il déjà à Nantes? demanda Marcof sans ralentir la marche.

— Keinec lui a porté l'ordre de s'approcher de la ville. Tout s'est fait pendant votre absence. Seulement, Fleur-de-Chêne a attaqué trop tôt.

— Qu'importe! qu'il tienne jusqu'à notre arrivée, et nous passerons.

— Oh! il tiendra. Il a dû surprendre la garde; il avait le mot de passe.

— Qui le lui avait donc donné?

— Moi.

— Vous, Boishardy?

— Sans doute. J'ai fait de la besogne de mon côté. Savez-vous quel était l'homme que j'ai trouvé chez Pinard?

— Non.

— C'était le comte de Fougueray.

— Le comte de Fougueray?

— Eh oui, morbleu! le comte de Fougueray. C'est sur lui que j'ai trouvé le blanc-seing de Carrier, qui nous a servi à pénétrer dans la prison. C'est lui qui m'a donné le mot de passe que j'ai transmis à Fleur-de-Chêne, et grâce auquel Keinec a pu sortir de la ville et conduire Yvonne près de nos gars. J'ai su le faire parler. Cela a été long, mais enfin j'en suis venu à bout.

— Et qu'est-il devenu?

— Il est mort.

— Mort?

— Les souffrances l'ont tué.

— Tonnerre! Je ne saurai donc jamais la vérité? Je ne saurai donc jamais ce qu'était réellement ce bandit?

— Si fait, dit Piétro qui n'avait pas quitté Marcof, et venait d'entendre cette courte conversation. Je te la dirai, moi, car je sais tout.

— Tu connaissais cet homme? s'écria le marin avec étonnement.

— Cet homme se nommait Diégo, celui dont tu as détruit la bande dans les Abruzzes, la nuit même où tu nous as quittés. Rappelle-toi les deux voyageurs assassinés, la jeune fille sauvée par toi, et tu devineras la vérité.

— Oh! je comprends...

— Attention! interrompit Boishardy, nous voici en présence de l'ennemi!

Ils venaient en effet d'arriver près de la porte de la ville d'où partait la fusillade. Un violent combat s'y livrait. Les soldats républicains, surpris dans le sommeil par la bande de Fleur-de-Chêne, opposaient néanmoins une vive résistance.

Ils attendaient du secours de la ville. Ce secours arrivait. Goulin, à la tête des sans-culottes, déboucha sur la petite place au moment même où Boishardy et ses compagnons s'élançaient vers les leurs.

Le tambour battant la charge annonçait en même temps la rapide arrivée d'un nouveau renfort. Marcof et Boishardy comprirent que la lutte allait devenir impossible, et qu'il fallait forcer le passage coûte que coûte. Le marin fit entendre le cri de ralliement des chouans.

Aussitôt Fleur-de-Chêne arrêta l'élan de ses hommes. Les soldats de garde, décimés, se replièrent sur les sans-culottes. Un passage était libre. Boishardy en profita habilement.

— Fuyez! cria Marcof. Je reste avec Fleur-de-Chêne pour protéger la retraite.

— Non pas, partez tous! je réponds du reste! répondit

le chouan qui venait de pousser un cri de joie en reconnaissant ses chefs.

Boishardy et Keinec saisirent Marcof et l'entraînèrent malgré lui. En ce moment le combat recommença. Fleur-de-Chêne soutint bravement le choc. Il avait deux cents hommes avec lui, et il avait choisi les meilleurs soldats et les gars les plus déterminés du placis.

Les sans-culottes reculèrent; mais les soldats républicains les soutinrent. Alors une tuerie épouvantable ensanglanta la porte de la ville. Après une heure d'efforts surhumains, Fleur-de-Chêne, blessé, donna l'ordre de la retraite. Il avait perdu un quart de son monde.

Les chouans, à un signal donné, se dispersèrent tout à coup, et, mettant l'obscurité à profit, s'élancèrent dans la campagne. L'officier bleu qui avait pris le commandement des troupes, n'osa pas les poursuivre. Il craignait d'aventurer ses hommes, connaissant par expérience les ruses royalistes. Pendant ce temps, Pinard était transporté sans connaissance dans la maison du proconsul.

Quant à Marcof, à Boishardy, à Philippe, à Yvonne et à leurs compagnons, ils avaient atteint Saint-Étienne. La mission du marin était accomplie; il avait sauvé son frère. Seul Keinec était triste et sombre.

ÉPILOGUE

MADEMOISELLE DE FOUGUERAY

I

ALGÉSIRAS

A l'extrémité sud-ouest de l'Europe, au plein sud de la péninsule espagnole, et à l'entrée de ce canal étroit creusé entre les deux vieux continents par quelque bouleversement gigantesque, par quelque cataclysme effroyable, et qui du lac méditerranéen a fait une mer tributaire du vaste Océan, se creuse dans les terres, en découpures capricieuses, une énorme baie, profonde et sûre, fréquentée dès l'enfance de la navigation par les nombreux navires de toutes les nations maritimes. Cette baie est celle d'Algésiras, dont les deux bras, s'élançant à droite et à gauche dans les eaux bleuâtres qui les baignent, semblent s'efforcer de tendre à l'Afrique une main amie, que celle-ci refuse de prendre en s'éloignant.

Par un phénomène bizarre, et qui prouve jusqu'à l'évidence que jadis les deux continents ont été violemment désunis, tout ce qui est saillie dans l'un est creux dans l'autre. De Ceuta au Spartel, du cap Trafalgar à la pointe d'Europe, on dirait une vaste langue de terre découpée par le milieu à l'aide d'un seul coup d'un emporte-pièce : ici un promontoire, en face une baie; à droite et à gauche, les deux versants opposés d'une montagne tranchée par son centre en deux parties égales.

De sorte que si, par un effort titanesque, un rapprochement subit avait lieu, creux et saillies rentreraient les uns dans les autres pour ne former qu'un même tout, exactement comme la chose se pratique dans ces jeux de casse-tête chinois qui font la joie et le désespoir de l'enfance. Néanmoins, l'Afrique semble se renfermer dans son impassibilité orientale et se recule devant les démonstrations amicales que lui font les deux bras étendues de sa vieille sœur l'Europe. Ces deux bras, ces deux points extrêmes, sont Gibraltar et Tarifa.

Gibraltar, avec sa montagne aride descendant à pic dans la mer, comme s'enfonce en face d'elle la montagne des Singes, qui lui sert de pendant sur la terre africaine, Gibraltar, avec ses maisons anglaises, ses jardins impossibles, sa fumée de charbon de terre, ses sentinelles aux habits rouges, abritées des ardeurs du ciel sous de petits toits en paille ; Gibraltar, avec ses canons qui percent le roc et montrent leurs gueules menaçantes comme des milliers de têtes d'épingles enfoncées dans une grosse pelotte de soie brune.

Tarifa avec ses maisons mauresques, ses habitudes arabes, ses femmes enveloppées dans leur « *haich* » savamment drapé, qui leur couvre la figure et ne laisse passer que l'éclair d'un grand œil noir frangé de cils d'ébène ; Tarifa, enfin, avec ses balcons espagnols aux verts feuillages, et ses rues désertes à l'heure du soleil.

Au centre du golfe, assises sur la terre du Cid, on voit, à droite, San-Roque, à gauche, Algésiras, toutes deux véritables villes espagnoles, toutes deux filles non dégénérées de la poétique Andalousie. Puis pour horizon les montagnes qui entourent Grenade. Sur la tête un soleil sans nuage. Sous les pieds une mer calme et azurée. Gibraltar est un diamant maritime de l'Europe, et, suivant leur habitude, les Anglais l'ont fait monter pour le passer à leur doigt. Ils ont dédaigné les autres points du golfe dont la position topographique, pour être tout aussi pittoresque, est bien moins défendue par la nature. Mais ces considérations, dont le développement nous entraînerait trop loin, ne sont pas du ressort du roman. Contentons-nous de dire au lecteur que, sans plus ample peinture, nous le conduisons dans la baie que nous venons de nommer. Treize mois se sont écoulés depuis le moment où nous avons interrompu notre récit. C'est au mois de janvier 1794 que nous allons le reprendre.

Il est dix heures du matin ; l'air est tiède et le soleil rayonnant. Une forte brise de l'est souffle dans le détroit et augmente la force du courant qui porte la Méditerranée vers l'Océan. Un navire vient de doubler le rocher de Gibraltar et se dirige vers le centre du golfe. Ce navire est le lougre *le Jean-Louis*.

A l'avant, le vieux Bervic est appuyé sur les bastingages et contemple avec indifférence le riche paysage qui se déroule sous ses regards blasés. Un groupe de cinq personnes est à l'arrière. C'est d'abord Marcof, puis Keinec, Jahoua et Piétro Ils entourent un siège sur lequel est assise une femme aux traits amaigris, aux longs cheveux blonds, à l'expression mélancolique.

Cette femme peut avoir quarante ans. Toute sa personne est empreinte d'un cachet indéfinissable de distinction et de noblesse. Sa bouche souriante, son front pur, ses yeux aux doux rayonnements, aux regards bienveillants, indiquent l'ineffable bonté de l'ange qui a souffert et qui pardonne à ses bourreaux. Elle écoute avec une anxiété visible les paroles de Marcof, qui semble terminer un long récit.

— Après ? demanda-t-elle en voyant le marin s'interrompre.

— Après ?

— Oui.

— Piétro vous donnera plus de détails, mademoiselle. Qu'il complète mes révélations.

L'inconnue se tourna alors vers l'Italien.

— Vous avez entendu, mon ami. Voulez-vous avoir la bonté de parler à votre tour ? Surtout n'omettez rien ; racontez les plus légers détails. Vous devez penser à quel point ce récit m'intéresse. Ne vous inquiétez pas de mes larmes, si elles coulent encore. Il faut bien que je sache tout.

Piétro interrogea Marcof du regard.

— Parle ! répondit le marin.

L'Italien s'inclina respectueusement devant son interlocutrice et commença :

— Ce que je vais vous dire, mademoiselle, je l'ai déjà raconté à Marcof, et je le tiens de la bouche même de Cavaccioli, l'ami de Diégo. Voici ce qui s'est passé après que Marcof vous eut arrachée à une mort certaine. Diégo et Raphaël avaient emporté la cassette contenant les papiers de vos deux frères. Il paraît que dans ces papiers ils découvrirent un secret de famille.

— Secret que je puis vous révéler maintenant, interrompit l'inconnue, car ce secret n'en est plus un. Il faut que vous sachiez, messieurs, qu'en 1768 mon père fut exilé de France par ordre du roi Louis XV. Il avait eu le malheur de déplaire à madame Du Barry, et de s'être déclaré le partisan zélé de M. de Choiseul et des parlements. Libre de choisir le lieu de son exil, il adopta l'Italie, et vint avec sa famille s'installer à Rome. Nous étions trois enfants. L'aîné, mon frère, qui devait un jour hériter du nom et des armes de la famille, était alors le vicomte de Fougueray. Le second se nommait le chevalier de Tessy; et moi enfin, Marie-Augustine de Fougueray. Les premières années de notre séjour dans la capitale du monde chrétien se passèrent calmes et heureuses. Mon père avait fait réaliser une grande partie de sa fortune. Il ne possédait plus en France qu'une petite terre située dans la basse Normandie. Nous vivions grandement à Rome. Enfin le malheur s'abattit sur nous. Nous perdîmes notre père. Mon frère aîné sollicita du roi notre rentrée en France et il l'obtint. Nous résolûmes de quitter l'Italie. Nous étions alors en 1774.

La pauvre femme s'arrêta comme dominée par l'émotion, puis elle reprit :

— Il y avait douze années que j'avais quitté la France. Notre nom n'était pas oublié; mais il n'en devait pas être de même de nos personnes. Nous étions enfants lors du départ de notre père, et nous allions revenir personnages d'importance. Qui nous reconnaîtrait? Nous n'avions plus de proches parents. Qui nous attendrait, qui nous recevrait avec joie? Nous n'avions pas d'amis, nous étions bien seuls tous trois. Aussi n'étions-nous pas pressés de revoir la patrie. Mon frère aîné, le comte de Fougueray, nous proposa de visiter la partie de l'Italie que nous ne connaissions pas encore. J'avais un vif désir de parcourir les Calabres. Nous partîmes. Hélas! qui nous ayant vus joyeux au départ aurait pu supposer les malheurs sans nombre qui furent les suites de ce voyage? Mes deux frères tués sous mes yeux! Et moi!... moi!... Oh! que serais-je devenue sans la miséricordieuse intervention de celui qui m'a défendue au péril de ses jours! Marcof! comment vous exprimer jamais ce que je vous dois de reconnaissance?

— En aimant ceux près desquels je vous conduis, répondit le marin, qui d'un geste désignait la terre.

— Sommes-nous donc si près du port?

— Voici Algésiras, et bientôt des mains amies vont serrer les vôtres. Il y a entre vous et eux la fraternité du malheur, car vous avez tous souffert les tortures imposées par les mêmes bourreaux.

— Mais comment se fait-il que ces hommes aient eu l'audace de commettre une telle infamie?

— Vous allez le savoir en écoutant Piétro. Continue, mon ami.

Piétro reprit :

— La cassette que Diégo et Raphaël avaient emportée contenait probablement la relation exacte de tout ce que vous venez de dire, mademoiselle.

— Sans doute. Le chevalier avait l'habitude de tenir par écrit un compte régulier des moindres actions de sa vie. Il nommait cela son journal. Hélas! je prévois que ce soin puéril est devenu la source d'une partie des malheurs qui sont arrivés.

— Vous ne vous trompez pas. Ces deux hommes, sachant bien que personne en France ne vous connaissait, et croyant sans doute trouver dans le nom de Fougueray une source intarissable de fortune, prirent la résolution de remplacer vos deux frères. Ils avaient en leur puissance tous vos papiers de famille. Ils étaient à peu près du même âge que les deux gentilshommes assassinés. Ils ne manquaient ni d'esprit ni d'intelligence; lors même qu'ils vous eussent rencontrée, ils vous eussent accusée d'imposture. Je dois vous dire maintenant que Diégo avait ramassé dans les boues de Naples une femme dont il avait fait sa maîtresse. Cette créature, belle comme une madone du Titien, avait seize ans à peine à l'époque dont vous parlez. Mais son artifice et sa perfidie avaient devancé l'âge pour en faire une courtisane éhontée et dangereuse. A elle revint le rôle de la jeune fille. Hermosa se fit appeler Marie-Augustine de Fougueray. Ce fut sous ces noms volés qu'ils s'embarquèrent à Messine. C'est là tout ce que Cavaccioli en avait su.

— Le reste est facile à comprendre, reprit Marcof. Une fois à Paris, les bandits dissipèrent promptement leur fortune. Ils se souvinrent alors de la beauté d'Hermosa. Le marquis de Loc-Ronan fut la première proie qui tomba dans leurs filets.

— Et ces monstres sont morts? demanda Marie-Augustine.

— Oui, mademoiselle. Le premier, Raphaël, fut empoisonné par ses deux complices. Hermosa, elle, tomba frappée par une balle qui m'était destinée, et Diégo fut tué par M. de Boishardy, dont je vous ai souvent parlé.

— Justice du ciel! murmura mademoiselle de Fougueray, tes décrets sont inévitables.

Il y eut un moment de silence. Marie-Augustine semblait absorbée dans de sombres réflexions. Enfin, elle fit un effort pour s'arracher aux pensées qui assombrissaient son doux visage, et s'adressant à Marcof :

— Ainsi, dans quelques heures, je vais connaître le marquis de Loc-Ronan? demanda-t-elle, tandis que son regard errait sur la côte voisine.

Le lougre doublait en ce moment le port militaire, et mettait le cap sur Algésiras. Les maisons de Gibraltar apparaissaient sur la droite, accrochées à la base du rocher dénudé.

— Dans moins d'une heure, mademoiselle, répondit le marin, vous serez près du marquis et de sa digne femme.

— Elle a quitté le voile?

— Pas encore; mais je veux qu'elle vous doive le bonheur de reprendre le nom de son époux.

— Comment cela ?

— Le voyage que je viens d'accomplir avait un double but. Jusqu'à ce jour, j'avais voulu vous laisser entièrement à vos tristes souvenirs et ne pas y mêler le spectacle du bonheur d'autrui. Aujourd'hui, grâce au ciel, la force vous est revenue, et après vous avoir raconté les différentes particularités de la vie du marquis de Loc-Ronan, je puis reprendre mon récit au moment où je l'avais interrompu. Nous avons encore près d'une heure avant de nous occuper du mouillage. Vous plaît-il de m'écouter ?

— De grand cœur ; parlez vite. Vous vous étiez arrêté à l'instant où, grâce à votre dévouement, à celui de vos amis, vous veniez d'arracher votre frère, pardon, M. le marquis...

— Oh ! interrompit Marcof, vous pouvez dire « mon frère ». Philippe a fait serment de ne me revoir jamais si je n'acceptais pas ce titre.

— Eh bien, votre frère, qui sans doute est digne de vous, vous veniez de l'arracher, dis-je, à une mort certaine.

— C'est cela même, mademoiselle. Je vous ferai grâce, cependant, des détails des nouveaux dangers que nous avons courus pendant trois mois, et de la joie qu'éprouva mademoiselle de Château-Giron en revoyant son époux. Bref, j'exigeai que Philippe abandonnât, momentanément au moins, cette terre de Bretagne sur laquelle il avait tant souffert. Sa santé délabrée ordonnait impérieusement le calme et le repos. Lui ne voulait pas partir ; il se devait, disait-il, à ses amis et à la cause royale. Sa pauvre femme se désespérait. Encore six semaines de fatigues, et Philippe se mourrait d'épuisement. Alors je n'hésitai plus ; j'employai la ruse et la force pour l'embarquer à bord de mon lougre. Une fois en mer, il me maudit d'abord, puis il m'embrassa ensuite. La jeune fille dont je vous ai parlé, cette Yvonne, qui, elle aussi, avait si cruellement souffert, se partageait avec Julie le soin de veiller sur le malade. Il fallait un ciel pur, un air chaud, un pays calme pour rendre la santé à Philippe. J'avais toujours été charmé par le paysage qui nous entoure ; je connaissais quelques braves gens à Algésiras, et cette petite ville présentant toutes les conditions exigibles, je résolus d'y conduire Philippe. Puis j'étais poussé encore par deux autres pensées ; je voulais aller en Italie, et l'Espagne se trouvait sur ma route. En Italie, j'avais deux missions à remplir ; la première vous concernait.

— Brave et excellent cœur ! murmura mademoiselle de Fougueray avec une émotion profonde ; vous n'avez jamais songé qu'aux autres, et vous avez été la providence de tous ceux qui vous ont approché.

— Je remplissais un devoir, mademoiselle. Piétro, en me racontant la vérité, en m'apprenant quels étaient les deux gentilshommes dont Diégo et Raphaël avaient pris les noms, Piétro me parla de la jeune fille qui les accompagnait. Il savait que cette jeune fille avait été sauvée par moi. Jusqu'alors je n'avais pu m'informer de ce qu'elle était devenue. Lorsque, arrivés tous deux à Messine, je vous avais remise dans cette maison de santé, mademoiselle, votre état alarmant ne me permettait pas d'espérer une prompte guérison.

— Oui, interrompit Marie-Augustine; j'étais privée de la raison. La terreur m'avait rendue folle. Hélas! je suis restée dix-sept ans dans ce malheureux état! Le docteur Luizzi ne m'a jamais abandonnée. Et pourtant j'étais pauvre, je ne possédais rien. Ce digne homme avait gardé un si profond souvenir de votre généreuse action, Marcof, car il savait, lui, ce que je n'ai appris que plus tard, c'est-à-dire que vous m'aviez laissé tout ce que vous possédiez, payant de votre travail votre passage en France, le docteur Luizzi, vous disais-je, avait conservé de cette action un tel souvenir qu'il reporta sur moi toute la tendresse née de l'admiration qu'elle lui avait inspirée. Quand, il y a deux ans, je revins à la raison, il m'offrit de m'avancer l'argent nécessaire pour me mettre à même de retourner en France. Mais, il y a deux ans, la France était déjà interdite aux familles nobles. Il me fallut demeurer à Messine. C'était dans l'endroit même où vous m'aviez laissée que vous deviez me retrouver.

— J'ignorais ces détails, reprit Marcof. Mon frère lui-même m'engagea vivement à me rendre en Sicile et me fit promettre de vous ramener près de lui si vous viviez encore. Cette espèce de similitude qui régnait entre les malheurs qui vous avaient accablés tous deux, lui faisait considérer mademoiselle de Fougueray comme faisant réellement partie de sa famille. Julie elle-même désirait vivement vous connaître, car elle vous savait désormais seule au monde. Aller à Messine et vous ramener près d'eux était donc d'abord le premier but de mon voyage en Italie.

— Et le second? demanda Marie-Augustine.

Au lieu de répondre, Marcof appela un mousse qui rôdait autour du mât d'artimon. L'enfant accourut.

— Descends dans ma cabine, dit le chef, et apporte-moi le portefeuille en cuir rouge que tu trouveras sur ma table.

— Oui, commandant, répondit le mousse en se précipitant pour exécuter l'ordre qu'il venait de recevoir.

Il reparut promptement tenant à la main le portefeuille indiqué. Marcof le prit et l'ouvrit; il en tira une large enveloppe toute constellée de cachets; au centre étaient empreintes sur la cire les armes papales. La suscription portait :

A Mademoiselle Julie de Château-Giron.

Les cachets étaient volants. Marcof tendit l'enveloppe à mademoiselle de Fougueray.

— Prenez! dit-il.

— Qu'est-ce que cela? répondit-elle en tournant l'enveloppe de tous côtés.

— Veuillez ouvrir et lire.

Marie-Augustine s'empressa d'user de la permission. Elle déploya une large feuille de parchemin couverte d'écritures.

— Ah! fit-elle après l'avoir parcourue du regard. Sa Sainteté consent à relever mademoiselle de Château-Giron des vœux qu'elle avait prononcés. Il lui est permis de demeurer près de son époux et de reprendre le titre auquel elle a droit. C'est donc pour cela que nous avons touché à Civita-Vecchia et que vous êtes allé à Rome?

— Pour cela même, mademoiselle.

— Et vous voulez, n'est-ce pas, que ce soit moi qui remette cette lettre à la marquise ?

— Je vous en prie !

En ce moment Bervic, son chapeau ciré à la main, s'approcha du groupe.

— Tout est paré pour le mouillage, dit-il.

— Bien, répondit Marcof.

Puis, se tournant vers Keinec qui était demeuré immobile près de Jahoua, sans mêler un mot à la conversation qui venait d'avoir lieu :

— Veille à la manœuvre, lui dit-il.

Keinec s'élança sur le banc de quart et Jahoua s'ap

procha du bastingage. Marcof les suivit des yeux et laissa échapper un geste d'impatience.

— Qu'avez-vous, mon ami ? demanda Marie-Augustine.

— J'ai que je serais complètement heureux si ces deux gars pouvaient l'être également.

— Pauvres jeunes gens !

— Oui, plaignez-les, car ils sont véritablement à plaindre. Jadis ennemis acharnés, maintenant frères dévoués l'un à l'autre, le bonheur du premier doit faire le malheur du second.

— Leur amour n'a pas faibli ?

— Nullement.

— Et lequel Yvonne aime-t-elle ?

— Elle préfère Jahoua, mais la pauvre enfant s'efforcera d'aimer Keinec ; c'est lui qu'elle doit épouser.

— Pourquoi ?

— Ne vous rappelez-vous pas l'histoire de ce serment, que je vous ai racontée ?

— La jeune fille devait épouser celui qui la sauverait ?

— Oui, et Keinec est celui-là.

— Pourtant, il semble plus triste que son compagnon.

— Il l'est davantage, en effet. C'est un cœur d'or que celui de ce garçon-là. Depuis un an il lutte en secret contre son amour pour ne pas être un obstacle au bonheur d'Yvonne et de Jahoua. Moi seul connais ce qui se passe dans son âme. Il y a un an, avant qu'Yvonne s'embarquât pour suivre Philippe et Julie, Keinec devait l'épouser. Il a volontairement retardé le mariage. Lors de notre arrivée à Algésiras, il a voulu faire ce voyage d'Italie avec moi. C'est entre eux une lutte perpétuelle de générosité. Chacun emploie la ruse pour ne pas se laisser vaincre ; ainsi Jahoua n'est pas marin, eh bien, il n'a jamais voulu quitter mon bord pour ne pas demeurer seul à terre près d'Yvonne. Oh ! les pauvres enfants sont véritablement malheureux. Cependant il faut que cet état de choses ait un terme. Nous allons débarquer, et le mariage doit avoir lieu : eh bien, j'ai peur, je crains un funeste dénouement.

— Que Dieu nous aide ! murmura Marie-Augustine.

— Mouille ! interrompit la voix rude de Keinec.

La chaîne fila sur le fer de l'écubier et une légère secousse indiqua que l'ancre venait de mordre le fond de sable.

— Commandant, dit Bervic en s'approchant, une chaloupe à tribord.

— C'est Philippe, Julie et Yvonne ! s'écria Marcof en se penchant sur le bastingage.

Puis, s'adressant à Marie-Augustine :

— Venez, dit-il, venez, mademoiselle, que je vous présente votre nouvelle famille.

Mademoiselle de Fougueray, très émue, se leva et s'appuya sur le bras que lui offrait Marcof. Un canot accostait le lougre, et Philippe, s'élançant sur le pont, se retournait pour donner la main à sa charmante femme. Yvonne venait après elle. Keinec descendit lentement du banc de quart ; Jahoua le saisit par le bras.

— Viens donc aussi, lui dit-il ; viens saluer ta fiancée !

— Tu souffres bien, n'est-ce pas ? répondit Keinec.

— Non, fit le bon fermier en s'efforçant de sourire ; je suis heureux puisque tu vas l'être, et ton bonheur, vois-tu, c'est le mien.

Et Jahoua entraîna Keinec au-devant d'Yvonne. Pendant ce temps, Marcof avait présenté mademoiselle de Fougueray à son frère et à la marquise de Loc-Ronan. Tous trois s'accueillirent mutuellement comme de vieux amis.

— On vous a bien fait souffrir en mon nom, dit Marie-Augustine en pressant dans les siennes les mains que Julie lui avait tendues. Pourrez-vous jamais oublier assez pour m'aimer un peu ?

II

Le Moniteur DU 25 FRIMAIRE AN III

Philippe de Loc-Ronan habitait une charmante petite maison située sur le bord de la mer, et enfouie au milieu de touffes de jasmins, d'orangers et de grenadiers.

Le lendemain du jour qui suivit l'arrivée du *Jean-Louis*, la joie la plus vive régnait parmi la petite famille.

Marie-Augustine avait trouvé une sœur dans la personne de Julie de Loc-Ronan.

Marcof, heureux du bonheur dont, à juste titre, chacun le prétendait l'auteur, Marcof, disons-nous, n'avait plus qu'une préoccupation, celle de voir terminer l'union d'Yvonne et de Keinec. Mais Keinec était sombre et rêveur : Yvonne lui prodiguait en vain des témoignages de tendresse. Jahoua affectait inutilement une indifférence complète à l'égard de la jeune fille, rien ne parvenait à dissiper les nuages qui couvraient le front du jeune gars. Philippe de Loc-Ronan partageait les préoccupations de son frère. Il aimait Yvonne qui l'avait entouré de soins dignes d'une fille dévouée. Son cœur reconnaissant voulait le bonheur de Keinec, qui avait risqué ses jours pour sauver les siens, et il admirait la grandeur d'âme du fermier qui, plus fort que le Spartiate, riait quand le désespoir et le chagrin le dévoraient. Mais Jahoua tenait son serment; Jahoua se sacrifiait, et il essayait de cacher ses souffrances.

Le soir du jour dont nous venons de parler, les différents personnages qui habitaient la petite maison d'Algésiras étaient réunis dans une vaste salle du rez-de-chaussée. Marcof venait d'entrer en tenant à la main un paquet de journaux.

Le courrier anglais de Gibraltar avait apporté, le jour même, des nouvelles de France.

Chacun était avide de connaître ce qui s'y passait. Philippe ouvrit les journaux et les parcourut rapidement. Tout à coup il fit un geste d'étonnement, et son regard exprima une joie vive et inattendue.

— Qu'est-ce donc, mon ami? demanda la marquise.

— Ce journal... répondit Philippe en désignant le numéro du *Moniteur* qui portait la date du 25 frimaire an III de la République française.

— Eh bien ? fit Marcof.

— Il s'agit de Carrier.

— De Carrier?

— Oui.

— Encore de nouveaux crimes?

— Non; un juste châtiment.

— Il est mort?

— Guillotiné à Paris, le 15 décembre dernier.

— Ah! s'écria Marcof; il y a une justice au ciel!

Et, s'emparant du journal, il lut à haute voix les détails de la condamnation du terrible proconsul.

Après avoir donné rapidement connaissance du procès, il en arriva aux lignes suivantes :

« ..... Séance du 25 frimaire an III de la République française une et indivisible.

« Après de longs débats, après une défense habilement conçue, le représentant du peuple Carrier, sur la déclaration de nombreux témoins, dont les paroles ont fait plus d'une fois frémir l'auditoire, a été déclaré coupable d'avoir donné des ordres d'exécution, sans jugement préalable, signés de lui, et que le tribunal lui représente.

« Deux de ses coaccusés, le citoyen Pinard et le citoyen Grandmaison, l'un comme lieutenant de la compagnie Marat, l'autre comme membre du comité du département, convaincus de complicité avec le citoyen représentant, sont également déclarés coupables.

« En conséquence, les accusés Carrier, Pinard et Grandmaison sont condamnés à la peine de mort.

« Les autres accusés, considérés comme instruments passifs, sont renvoyés purement et simplement, déclarés innocents des crimes reprochés aux trois premiers. »

— Ainsi, s'écria Marcof en s'interrompant, ce misérable Carfor n'avait pas été tué par moi, comme je l'espérais. Je l'avais cependant vu tomber, et ma balle l'avait atteint à la tête.

— Mon Dieu! dit Marie-Augustine, qui donc avait pu pousser cet homme au crime?

— Rien autre que ses propres instincts, répondit Jahoua. J'ai connu jadis ce Ian Carfor en Bretagne. Avant d'être berger, sorcier et espion, il avait été garçon de ferme chez mon père. Obéissant à ses vices épouvantables, il avait volé et laissé accuser un pauvre gars innocent. Ce fut moi qui découvris son crime et qui avertis mon père. Un hasard me fit surprendre Carfor au moment où il accomplissait un nouveau vol. Chassé honteusement de la ferme, il me voua une haine mortelle. Trop lâche pour me braver ouvertement, il chercha à exploiter la haine d'un ami.

— La mienne, interrompit Keinec. Le monstre m'a-

18.

vait conduit à commettre un assassinat, et Dieu sait ce qui serait arrivé sans l'intervention de Marcof!

— Il a conservé jusqu'au dernier moment toute l'atrocité de son caractère, ajouta Philippe, qui venait d'ouvrir un autre journal. Voici ce que l'on écrit sur l'exécution de ces trois hommes : « Carrier et ses deux coaccusés ont marché tous trois à l'échafaud, le premier protestant énergiquement de son innocence, et disant qu'il n'avait fait qu'exécuter les ordres de la Convention. Au moment de l'exécution, et tandis que les aides du bourreau s'emparaient de Grandmaison qui devait mourir le premier, Pinard, transporté d'une sorte de rage, se précipita tête baissée sur Carrier, et, le frappant à la poitrine avec violence, le jeta presque sans vie sur les degrés de l'échafaud. Peut-être allait-il se porter à de nouveaux excès sur son complice, lorsqu'on parvint à l'entraîner et à le lier sur la bascule. Carrier, toujours inanimé, subit le dernier la peine capitale. »

— Les brigands sont morts, dit Marcof; mais j'aurais voulu les frapper moi-même.

— Ne parlez pas ainsi! fit Julie en saisissant la main du marin.

— Pourquoi? j'écraserais sans pitié le scorpion que je rencontrerais sur ma route. Agir ainsi, c'est rendre service à l'humanité.

— N'importe! ajouta Marie-Augustine; ces nouvelles sont un grand soulagement pour nous: et puisque vous êtes résolu à retourner en France, au moins saurons-nous que vous n'aurez pas à redouter les poursuites de ces hommes.

— Tu es donc décidé, frère? demanda Philippe.

— Il le faut, repartit Marcof.

— Tu pars... et je reste.

— Il le faut également. Tu n'es plus seul et tu as près de toi une pauvre femme qui a souffert, et qui mourrait de ta mort. Vis donc pour elle et consacre-toi à son bonheur! Puis n'insiste pas. Mon parti est pris, mes ordres sont donnés. Demain *le Jean-Louis* reprend la mer. Peut-être pourras-tu bientôt rentrer en France. Nous avons emporté en partant une partie de la fortune de ta femme; je te promets, quoi qu'il arrive, de te rapporter le reste dans moins d'une année. Allons, mes amis, ne vous attristez pas; je pars demain; que mes derniers moments soient gais, et qu'ils demeurent au fond de mon cœur comme un souvenir doux et bienfaisant qui m'aidera à supporter les fatigues et les dangers

— A quelle heure l'appareillage? demanda Yvonne.

— Après ton mariage, ma fille; je veux assister à la bénédiction nuptiale avant mon départ.

— Eh bien, dit Jahoua en souriant, vous pourrez lever l'ancre de bon matin; car j'ai prévenu le prêtre aujourd'hui même, et il bénira les époux au point du jour. Maintenant, Marcof, j'ai une grâce à vous demander.

— Laquelle?

— Laissez-moi partir avec vous.

— Volontiers, mon gars.

— Oui, mais j'entends partir comme marin. Je ne veux plus vivre à terre. La Bretagne est saccagée, ma ferme est brûlée; je n'ai plus rien. Engagez-moi!

— Ta place est prête à mon bord. Tu prendras celle qu'avait Keinec.

— Merci!

Keinec se leva brusquement.

— Où vas-tu? demanda Marcof.

— A bord du lougre; puisque tu pars demain, il faut que je transporte à terre le peu que je possède.

— Je vais avec toi, dit vivement le fermier.

— Non, non, demeure; avant une heure je serai de retour.

Et, sans attendre une réponse, le jeune homme s'élança au dehors. Marcof frappa du pied avec impatience. Yvonne s'était levée avec inquiétude. Jahoua allait sortir, lorsque le marin le retint.

— Laisse-le faire, dit-il; moi-même je vais à bord pour donner les derniers ordres, je saurai bien le ramener.

§

Une heure du matin venait de sonner à la charmante église de la petite ville, et un morne silence régnait dans le jardin attenant à l'habitation du marquis. Une fenêtre du rez-de-chaussée donnant sur un massif était seule ouverte. Yvonne, la tête enveloppée dans ses petites mains, y était accoudée. La pauvre enfant pleurait en étouffant ses sanglots. Tout à coup les branches du massif s'écartèrent, une ombre traversa rapidement l'allée et s'approcha de la fenêtre. Yvonne surprise releva la tête.

— Jahoua! murmura-t-elle.

— Oui, répondit le fermier, Jahoua qui voulait te voir une dernière fois et te parler.

— Keinec?

— Il n'est pas revenu.

— Mon Dieu!

— Oh! sois sans crainte! il est à bord avec Marcof. Mais écoute, Yvonne, le temps presse, il faut que je te parle. Yvonne, tu sais si je t'ai aimée, si je t'aime encore. Je donnerais sur l'heure la moitié de ce qui me reste à vivre pour qu'il me fût permis de passer l'autre moitié près de toi. Hélas! un pareil bonheur m'est refusé! Tu pleures, tu es émue, tu m'aimes encore peut-être?

— Oui, murmura la jeune fille.

— Alors, c'est au nom de notre amour à tous deux, que je te conjure de m'oublier. J'aime Keinec presque autant que je t'aime. Tu lui appartiens. Nous nous devons au serment prononcé lorsque nous te croyions à jamais perdue pour nous. Keinec t'a sauvée. Keinec a vengé la mort de ton père. Keinec t'aime autant que je t'aime. Épouse-le, Yvonne, épouse-le sans regrets. Deviens sa compagne et rends-lui amour pour amour. C'est un grand cœur, fais qu'il soit heureux!

— Oh! s'écria la jeune fille, demain je serai sa femme, et je te jure, par la mémoire de mon père, d'être pour lui une compagne aimante et fidèle; mais que veux-tu, Jahoua! demain il faudra que je sourie; laisse-moi pleurer cette nuit.

— Pleure donc, pauvre enfant, pleure, et que ces larmes te donnent la force nécessaire pour accomplir le sacrifice.

— J'aurai du courage, Jahoua! Jahoua! je saurai lutter et être digne de toi et de lui.

— Adieu alors! adieu pour longtemps, pour toujours peut-être.

— Mon Dieu! ne te reverrai-je donc plus?

— Keinec connaît mon amour; Keinec sait que tu

m'as aimé ; ma présence pourrait le faire souffrir plus tard. Il ne le faut pas. Demain, après la bénédiction, je m'embarque avec Marcof, et j'irai chercher l'oubli dans les dangers. Adieu donc, Yvonne! adieu ; c'est là tout ce que je voulais te dire. Sois forte maintenant ; sois digne de celui qui va recevoir ta foi.

Et le jeune homme, serrant avec force la main de la jeune fille, s'élança sans oser tourner la tête, et disparut dans le jardin. Yvonne leva les yeux vers le ciel, et, refermant la fenêtre, alla s'agenouiller devant une image de la Vierge apposée dans un angle de la chambre. Le silence régna de nouveau dans le petit jardin. Alors du massif même qu'avait traversé Jahoua sortit un homme qui, pendant toute la conversation précédente, s'était tenu blotti sans mouvement. Cet homme était Keinec.

Depuis deux heures il guettait, pour ainsi dire, les sanglots d'Yvonne sans avoir eu le courage de se montrer. Enfin il allait le faire, lorsque Jahoua était arrivé. Alors il avait écouté. Lorsque le jardin était devenu désert et silencieux, il s'était relevé doucement, ainsi que nous venons de le dire. Il demeura un moment immobile. Il fit ensuite quelques pas dans la direction de la fenêtre d'Yvonne, puis il s'arrêta de nouveau.

Enfin, prenant un parti décisif, il traversa le jardin, franchit le petit mur qui servait d'enclos, et gagna le bord de la mer.

Le Jean-Louis se balançait à une demi-lieue en rade. Aucune embarcation n'était sur la grève. Keinec se déshabilla, attacha ses effets sur une planche, se jeta à la nage, et, poussant la planche devant lui, il se dirigea vers le lougre. Arrivé sous le beaupré, il saisit une amarre et grimpa lestement à bord. Bervic veillait sur le pont.

— Où est Marcof? demanda le jeune homme en reprenant ses habits.

— Dans sa cabine, répondit le vieux marin.

— Merci.

Et Keinec s'élança dans l'entrepont.

Marcof effectivement était assis dans son hamac, et paraissait absorbé dans ses rêveries.

Keinec courut à lui.

— Que veux-tu? demanda vivement le marin en remarquant la profonde altération des traits de son ami.

— Je veux qu'Yvonne soit heureuse! répondit Keinec d'une voix sourde; je veux que tu m'aides à assurer son bonheur, et je vais te dire ce qu'il faut que tu fasses.

III

LE MARIAGE

A l'aube naissante du jour, Julie et Marie-Augustine vinrent frapper à la porte d'Yvonne. Les deux femmes voulaient parer de leurs mains la jeune fille. Chacune lui apportait un souvenir d'amitié et un témoignage d'affection : Yvonne souriante, la pauvre enfant avait séché ses larmes, Yvonne écoutait avec une respectueuse reconnaissance les douces paroles murmurées à son oreille.

Julie surtout, la sainte créature qui, mieux que personne, comprenait l'abnégation de soi-même, Julie, qui avait deviné depuis longtemps ce qui se passait dans le cœur de la jeune fille, lui prodiguait les mots les plus affectueux. A sept heures et demie Yvonne était prête.

Le mariage devait avoir lieu à huit. Yvonne voulut aller saluer le marquis. Les trois femmes croyaient Keinec et Marcof auprès de Philippe. Elles n'y trouvèrent que Jahoua qui, paré de ses plus beaux habits, devait servir de témoin à la jeune fille.

— Keinec n'est-il donc pas ici? demanda Julie avec étonnement.

— Non, répondit Philippe; il se prépare sans doute. aura passé la nuit à bord du *Jean-Louis*, et Marcof va nous le ramener.

— Nous allons sans doute voir les embarcations du lougre, ajouta Jahoua en s'approchant de la fenêtre qu'il ouvrit.

Le fermier poussa un cri étouffé. Puis il passa la main sur ses yeux et regarda encore.

— Mon Dieu! dit-il.

— Qu'est-ce donc? s'écria Julie effrayée en accourant près de lui.

— *Le Jean-Louis* n'est plus au mouillage!

— Impossible! s'écria Philippe en s'élançant à son tour.

— Mon Dieu ! qu'est-ce que cela veut dire ? murmura Yvonne en pâlissant.

— La rade est nue ! fit le marquis avec stupeur.

En ce moment on ouvrit la porte du salon et un domestique entra.

— Que voulez-vous ? demanda Philippe en voyant le valet s'avancer vers lui.

— C'est une lettre, monseigneur, que le commandant m'a dit de vous remettre.

— Marcof ?

— Oui, monseigneur.

— Et quand vous a-t-il donné cette lettre ?

— Ce matin, à quatre heures.

— Pourquoi ne pas me l'avoir remise plus tôt ?

— Parce que le commandant m'avait ordonné expressément de ne la remettre à monseigneur qu'au moment de la célébration du mariage, et huit heures viennent seulement de sonner.

Philippe prit la lettre, fit un signe, et le valet sortit.

Tous attendaient avec anxiété.

Le marquis brisa le cachet d'une main tremblante.

Puis sa physionomie si noble s'illumina ; et tendant le papier à Julie :

— Lisez, dit-il, je me sens trop ému.

Julie parcourut la lettre ; et faisant un doux geste de la main :

« Cher frère, lut-elle, au moment où tu recevras ces lignes, *le Jean-Louis* sera en plein détroit. Il met le cap sur la France. Keinec est à bord. Le brave gars a voulu jusqu'à la fin se sacrifier au bonheur de celle qu'il aime.

« Sa volonté expresse est qu'Yvonne épouse Jahoua ce matin même. Il l'ordonne au nom de son propre bonheur. Keinec a voulu se tuer cette nuit.

« Maintenant il est calme ; et ce calme vient de la certitude où il est que sa volonté sera accomplie. Je lui en ai engagé ma parole. Que Jahoua et Yvonne obéissent et ne l'oublient pas. Pour moi, mon frère, je vais où tu sais : servir mon pays, et combattre les ennemis de la France.

« A bientôt, si j'en crois mes pressentiments secrets. Soyez heureux tous ; et quand le vent mugira, quand la

Pagination incorrecte — date incorrecte

NF Z 43-120-12

LIRE PAGE (S) 324
AU LIEU DE PAGE (S) 424

tempête grondera, priez quelquefois pour les marins. Au revoir, frère ; au revoir à tous ceux que j'aime.

« MARCOF. »

Julie s'arrêta. Des larmes étaient dans tous les yeux. Yvonne sanglotait et n'osait pas regarder Jahoua. Philippe s'avança lentement vers eux.

— Enfants, leur dit-il d'une voix grave ; enfants, vous avez entendu? Vous n'avez pas le droit de refuser. Keinec l'ordonne... Le prêtre vous attend au pied des autels, venez ; et nous prierons le Seigneur pour qu'il envoie l'oubli à l'un, le bonheur aux autres, le calme et le repos à tous.

A neuf heures, les cloches de la chapelle sonnaient à toutes volées pendant la bénédiction nuptiale.

Yvonne et Jahoua, courbés religieusement devant l'autel, échangeaient leur foi en présence du marquis, de Julie, de mademoiselle de Fougueray et du vieux Jocelyn.

A l'instant où le prêtre officiant élevait, en s'agenouillant, le divin calice, un navire doublait la pointe de Tarifa et longeait les côtes du Maroc.

Ce navire naviguait sous le pavillon de la vieille monarchie française : c'était le lougre *le Jean-Louis*.

Deux hommes, à l'arrière, laissaient errer leurs regards sur l'azur de la mer.

— Keinec, disait l'un, jadis je t'avais proposé de devenir mon second ; aujourd'hui tu me le demandes, la moitié de ce que j'ai t'appartient. Tu as perdu ta fiancée, mais tu as retrouvé un père. Viens dans mes bras, enfant, et sois fort, car ton cœur est grand ! Le passé porte le voile des veuves, l'avenir celui des vierges. Derrière nous les souvenirs, devant nous l'immensité de l'espérance. La main de Dieu sait mettre un baume sur chaque blessure ! Espère et regarde en avant !

FIN

SCEAUX. — IMPRIMERIE CHARAIRE ET FILS.

www.ingramcontent.com/pod-product-compliance
Lightning Source LLC
Chambersburg PA
CBHW060401170426
43199CB00013B/1950